政府会计与财政管理探析

张守美　管延兵　著

东北大学出版社
·沈　阳·

ⓒ 张守美 管延兵 2023

图书在版编目（CIP）数据

政府会计与财政管理探析 / 张守美，管延兵著. —
沈阳：东北大学出版社，2023.10
ISBN 978-7-5517-3376-2

Ⅰ. ①政… Ⅱ. ①张… ②管… Ⅲ. ①预算会计－研
究－中国②财政管理－研究－中国 Ⅳ. ①F812.3

中国国家版本馆 CIP 数据核字（2023）第 194645 号

出 版 者：东北大学出版社
　　　　　地址：沈阳市和平区文化路三号巷 11 号
　　　　　邮编：110819
　　　　　电话：024－83680176（编辑部）　83687331（营销部）
　　　　　传真：024－83683655（编辑部）　83680180（营销部）
　　　　　网址：http：∥www.neupress.com
　　　　　E-mail: neuph@ neupress.com
印 刷 者：沈阳市第二市政建设工程公司印刷厂
发 行 者：东北大学出版社
幅面尺寸：185 mm×260 mm
印　　张：12.25
字　　数：276 千字
出版时间：2023 年 10 月第 1 版
印刷时间：2023 年 10 月第 1 次印刷
策划编辑：刘桉彤
责任编辑：白松艳
责任校对：乔　伟
封面设计：潘正一
责任出版：唐敏志

ISBN　978-7-5517-3376-2　　　　　　　　　　定　价：48.00 元

前　言

在当代社会中，财政管理的重要性愈加突显。随着国家治理现代化的推进，财政管理需要不断适应新的挑战和机遇，以更加高效、公正、透明的方式实现公共资源的合理配置和公共服务的优质提供。而政府会计作为财政管理的核心，对于推动财政管理现代化具有至关重要的作用。

在本书的撰写过程中，我们秉持着客观、准确、实用、可操作的原则，结合国内外政府会计与财政管理的最新发展动态，力求提供全面、系统、有价值的内容。本书涵盖了政府会计与财政管理的各个方面。

第一章对政府会计和财政管理的基本概念与作用进行阐述，并探讨二者之间的关系。第二章介绍会计核算的基本原则和政府会计制度的基础知识，并着重介绍政府会计制度改革的相关内容。第三章探讨行政事业单位新政府会计核算理论的相关内容，包括资产负债表、收入费用表的编制方法及预算管理和绩效管理的基本原理。第四章介绍政府会计信息公开的重要意义和相关内容及政府会计信息公开的规范和制度。第五章深入探讨财政管理的实践问题，包括政府预算管理、财政审计与风险管理和财政改革与发展等方面。第六章展望政府会计与财政管理的未来，包括趋势、信息技术的应用及全球化对政府会计和财政管理的影响。

本书旨在深入浅出地介绍政府会计与财政管理领域的相关知识，让读者更加深入地了解和认识政府会计与财政管理的重要性和作用。我们希望通过本书，能够促使政府会计与财政管理领域的进一步发展和进步，为推进国家治理现代化提供有力的支持和保障。希望本书能够为政府会计与财政管理工作人员、学生和研究者提供参考和帮助，同时也为关注公共部门治理现代化的各界人士提供一定的启示和借鉴。

对于本书的撰写存在的不足之处，欢迎读者朋友提出宝贵的意见和建议，共同推动政府会计与财政管理的发展。

著　者

2023 年 8 月

作者简介

张守美，出生于 1971 年 7 月 30 日，籍贯为青岛市黄岛区。本科学历，高级会计师及高级经济师职称。山东省委党校经济管理专业，现任职于青岛市黄岛区卫生健康局。主要研究方向为财政管理。

管延兵，出生于 1973 年 9 月 23 日，籍贯为青岛市黄岛区。本科学历，高级经济师。山东省委党校经济管理专业，现任职于青岛市黄岛区王台街道办事处，主要研究方向为财务管理。

目 录

第一章 政府会计与财政管理概述

政府会计与财政管理是研究政府财务活动和财政管理制度的一门学科，是现代财政理论的重要组成部分。在现代社会中，政府的财政活动涉及公共财政收支的规划、监督、调控和管理等方面，对国家经济发展和社会稳定起着至关重要的作用。因此，政府会计与财政管理的研究与实践具有重要意义。

政府会计与财政管理的范畴包括财政收支管理、预算管理、会计核算、内部控制、绩效评估、审计监督等方面。其中，预算管理是政府会计与财政管理的核心，是政府财政收支管理的基础；会计核算是政府财务管理的重要环节，是政府财务监督的基础；内部控制是确保政府财务管理有效性和准确性的基本手段；绩效评估是政府财政管理现代化的重要保障；审计监督则是政府财务管理的重要监督手段。

在当前社会经济发展的大背景下，政府会计与财政管理更加需要高效、透明和科学的管理。随着国家治理体系和治理能力现代化的深入推进，政府会计与财政管理的质量和水平也得到了极大提升。同时，在新时代的背景下，政府会计与财政管理也面临着新的挑战和机遇。在全面深化改革、推进供给侧结构性改革和扩大对外开放的大背景下，政府会计与财政管理需要更好地适应和服务于国家经济社会发展的新形势，不断推动政府财政管理现代化、数字化、智能化的进程。

第一节 政府会计的定义和作用

政府会计是指记录、分类、汇总和报告政府组织或公共部门财务活动的经济管理工作，也指从事这项工作的人。政府会计在政府和公共部门中扮演着至关重要的角色，负责维护公共财务的透明度和合法性，以确保政府资金的合理使用和公共资源的合理分配。政府会计的职责包括制定财务政策、准备财务报表、管理预算、监督财务运作、进行内部审计和管理风险等。政府会计的作用不仅在于提供财务信息，还涉及公共部门的决策制定、预算管理、资源配置等方面。

一、政府会计的历史渊源和发展概述

政府会计的历史渊源可以追溯到公元前 2000 年左右的古埃及和古巴比伦。在古代，

政府会计主要是记录农田面积、耕作情况及税收等方面的信息，以便于统治者对国家财政进行管理。随着国家财政的不断发展，政府会计逐渐成为国家财政管理中的重要组成部分。

在我国，政府会计的历史可以追溯到商周时期，早在商朝时期就已经有了记账活动。

在古代，政府会计主要是由官吏进行管理，记账方式较为简单，一般是通过口头传递或手写账本来记录收支情况。然而，随着国家财政不断发展，政府会计的复杂程度也逐渐提高。在古代罗马帝国时期，政府会计系统的建立就比较完善，已经采用复式记账法和借贷记账法。

政府会计发展经历了从单纯的账务管理到制度化、规范化的发展历程。18 世纪末，英国首次在议会上提出政府会计改革的议案，之后政府会计制度逐渐得到规范和改善。19 世纪末，美国成立了第一个政府会计师事务所，并逐步形成完整的政府会计制度。20 世纪初，欧洲各国纷纷制定了政府会计准则和标准，将政府会计从单纯的财务管理转变为对公共财政的全面管理。

目前，各国政府会计制度的建设已经比较完善，政府会计已经成为国家财政管理中不可或缺的组成部分，逐渐发展为一门独立的学科。政府会计在实现政府财务公开、透明和合规化方面发挥着重要作用，对于保障公共利益、促进社会稳定和经济发展具有重要意义。

二、政府会计的定义、特点和职责

政府会计是一门特殊的会计学科，指负责记录、分析、报告政府或公共机构财务信息的会计职业。政府会计与企业会计不同，政府会计的职责范围更广泛，包括政府预算管理、财务报告、税收管理、内部控制等方面。政府会计的主要目标是确保政府或公共机构的财务管理合规、透明和高效。

政府会计是专门负责管理政府或公共机构财务信息的一种职业。它是基于会计学原理和规范，专门应用于政府和公共机构的财务管理的一门学科。政府会计与其他类型的会计有一些不同之处，它具有以下几个特点。

（一）广泛的职责范围

政府会计的职责涵盖政府或公共机构的各个方面，包括预算管理、财务报告、税收管理、内部控制、资产管理等。这反映了政府会计的综合性和复杂性，与企业会计相比，其关注点更为多元化。

政府会计在预算管理中负责协助政府部门制定、执行和监控财政预算。这包括参与预算的编制过程、监控各项预算支出的执行情况，以确保政府财政资源的合理分配和使用。政府会计的财务报告编制反映了政府在一定时间内的财务状况和经营绩效。资产负债表、收入费用表等财务报表展示政府财务的健康状况，为内部管理和外部监督提供了重要依据。管理税收是政府会计的重要职责之一。这包括确保税收的准确征收、合规管理税收流程、监控税收的使用情况。政府会计通过有效的税收管理确保政府有足够的财政资源来支持公共服务和项目。为确保财务管理的合规性和高效性，政府会计需要建立和维护内部控制体系。内部控制涵盖财务流程、审批程序、风险管理等方面，以防范财务不当行为，确保财政资源的安全和合法使用。

政府会计负责对政府或公共机构的资产进行管理和监控。这包括土地、建筑、设备等各类资产的登记、折旧、清查等工作，以确保这些资产的合理利用和保值增值。政府会计的工作旨在提高财政透明度，使财务信息对公众、政府管理层和其他利益相关方更为透明。与此同时，政府会计需要确保其工作符合相关法规和会计准则，以保障财务信息的合规性。

政府会计通过对财政资源的收支、资产状况的分析，为政府提供关于资源合理配置的建议。这包括对公共服务、项目、社会福利等方面的资源分配进行评估，确保资源最大程度地满足社会需求。政府会计的工作直接支持政府提供公共服务的目标。通过有效的财务管理和资源分配，政府能够更好地履行其责任，提供教育、医疗、基础设施等各类公共服务，满足社会的基本需求。

总体而言，政府会计的多元化关注点反映了其在公共管理中的重要性。通过对政府财务的全方位管理和监督，政府会计有助于确保公共资源的有效利用，促进公共服务的提供，实现政府在社会中的使命和责任。

（二）政府预算管理

作为政府会计的核心任务之一，预算管理涉及协助政府部门制定、执行和监控财政预算。政府会计需要确保财政资源的合理配置，预算的执行符合法规和政策要求，以实现政府财政目标。

政府会计首先参与协助政府部门制定财政预算。这涉及收集和分析各部门的需求和计划，估算预算期间的财政收入，确定支出计划，并确保预算符合国家法规和政府政策。预算的制定需要综合考虑政府的战略目标、社会需求和可行性等因素。政府会计在预算管理中的关键任务之一是确保财政资源的合理配置。这包括在预算编制阶段对各部门提出的预算要求进行评估和优化，确保资源分配符合政府的优先事项，以满足社会需求。一旦预算得到批准，政府会计需要监督和协助各部门按照预算计划执行财政活动。这包括拨款、支出、项目资金的分配等方面的实际操作。政府会计要确保预算的执行符合法规和政策要求，保障公共资源的有效利用。

预算管理还包括对预算执行情况的持续监控。政府会计需要定期审查和分析各部门的实际支出与预算计划的符合程度，及时发现偏差并采取措施进行调整。这有助于避免资源浪费和确保政府财政目标的实现。预算管理要求政府会计确保财政活动的合规性和透明度。这包括遵守相关法规、会计准则，以及确保财政信息的公开透明，使公众和相关利益方能够了解政府的财政状况和资源利用情况。

在财政年度计划中，可能出现各种原因导致预算计划需要调整或变更。政府会计需要灵活应对，及时提供支持和建议，以确保任何预算变更都能够符合法规，同时继续保持对资源的有效管理。预算管理的最终目标是确保政府财政目标的实现。这包括提供足够的财政支持以满足公共服务的需求，促进经济发展，改善社会福利等。政府会计通过预算管理为政府提供了实现这些目标的有效工具。

预算管理是政府会计在公共财政管理中的核心职责，它不仅涉及财政资源的筹措和分配，还直接关系政府对社会的服务水平和公共事务的有效管理。通过有效的预算管理，政府会计能够为政府实现财政目标提供重要的支持和指导。

（三）财务报告

政府会计负责编制财务报表，这些报表反映了政府在特定时间内的财务状况和经营绩效。主要的财务报表包括资产负债表和收入费用表，它们为政府管理层、公众，以及其他利益相关方提供相关信息。

资产负债表是政府会计编制的重要财务报表之一。它详细列出了政府在特定时间点的资产和负债状况。资产方面包括政府的现金、投资、土地、建筑等各类资产，而负债方面则包括政府的债务、未偿还的贷款等。资产负债表通过对资产和负债的详细列示，为政府和其他利益相关方提供了了解政府财务状况的基础。

另一方面，收入费用表详细记录了政府在一定时间内的收入和支出情况。这包括政府的税收收入、非税收收入、各种费用支出等。收入费用表展示了政府是如何获取资金并将其用于支持公共服务和项目的。

这两种财务报表共同构成了政府的财务报告体系，为相关方提供了以下方面的信息。资产负债表展示了政府的净资产，即资产减去负债，提供了对政府整体财务健康状况的评估。如果净资产为正，表示政府有足够的资产来抵消其负债，反之则需要仔细审视财务状况。公众和其他利益相关方可以清晰地了解政府是如何获取资金、如何运用这些资金，以及财政活动对整体财务状况的影响。

财务报表为政府管理层提供了基于数据的决策支持。通过对报表的分析，政府管理者可以识别财政健康的强项和弱项，制定合理的财政政策和战略。财务报表的编制需遵循相关法规和会计准则，确保财务信息的准确性和合规性。这有助于提高政府的财政透明度，同时也为监管机构提供了依据。

政府会计编制的财务报表是政府财政管理的重要工具，为管理层决策、公众监督，以及政府与其他机构交流提供了关键信息。这些报表的透明度和准确性对于建立信任、提高治理效果至关重要。

（四）税收管理

税收管理是政府会计职责的重要方面，涵盖确保税收的准确征收、合规管理税收流程，并监控税收的使用情况。税收作为政府主要的收入来源之一，对于维持公共服务和项目的运作至关重要。

政府会计需要确保税收的准确征收，这涉及对个人和企业的各类税收进行合理、公正、准确征收。这包括所得税、增值税、企业所得税等各种税种。准确征收税收有助于确保政府财政稳定，并提供充足的资源用于公共服务。税收征收过程中需要遵循一系列法规和政策，以保证税收的合规性。政府会计在税收管理中负责制定和执行相应的程序和政策，确保税收征收的过程合法、公正，并且符合国家法规。一旦税收被征收，政府会计需要监控税收的使用情况。这包括确保税收资金被合理分配和使用于支持公共服务、基础设施建设、社会福利等方面。监控税收的使用情况有助于提高公共服务的效率和质量，满足社会的需求。

税收管理也涉及防范逃税和滥用税收制度的行为。政府会计需要建立有效的监管机制，确保纳税人遵守税收法规，防止逃避税收责任的行为，维护税收的公平性和合法性。政府会计可以通过对税收收入和支出的分析，提供税收政策建议。这包括根据财政需求和宏观经济状况调整税率、制定新的税收政策，以更好地适应社会和经济变化。税收政策对经济发展有着直接影响。政府会计可以通过制定合理的税收政策，激励企业投资、提高就业水平，从而促进经济的可持续增长。

稳定的税收收入是维持财政稳定的关键因素。政府会计通过有效的税收管理，确保税收的持续稳定增长，为政府提供稳定的财政基础，有助于更好地规划和实施各项公共政策。

政府会计在管理税收方面的职责是确保税收合规、准确征收，并监控税收的使用，以支持公共服务和项目的运作，促进社会的可持续发展。税收管理的有效性直接关系到政府的财政健康和社会的整体经济状况。

（五）内部控制

建立和维护内部控制体系是政府会计为确保财务管理合规性和高效性所采取的关键措施。内部控制体系涵盖了财务流程、审批程序、风险管理等方面，旨在防范财务不当行为，确保财政资源的安全和合法使用。

内部控制体系首先涉及财务流程的规范化。政府会计需要确保财务活动按照既定的程序和规则进行，从而减少错误和不当行为的发生。规范的财务流程有助于提高工作效率，减少潜在的风险。内部控制体系包括设立审批程序，确保财务活动经过适当审批和监督。审批程序可以涉及对预算、支出、项目投资等方面的审批，以防范潜在的滥用和不当行为。内部控制需要对潜在的风险进行全面管理和评估。政府会计应该识别可能影响财务管理的各种风险，包括财务欺诈、数据安全、预算执行风险等，并采取相应措施进行管理和缓解。

随着信息技术在政府会计中的广泛应用，内部控制体系需要确保信息系统的安全性。这包括对数据的保护、访问权限的管理、防范网络攻击等方面的控制，以保障财务信息的机密性和完整性。内部控制还包括建立内部审计和监督机制。内部审计旨在独立评估和改进内部控制体系的有效性，确保其符合法规和政策。内部监督则可以通过内部部门或专门的监察机构，对财务活动进行实时监测，及时发现和纠正问题。内部控制的有效性还与工作人员的培训和意识提升密切相关。政府会计需要确保工作人员了解和遵守内部控制的规定，强调合规性和财务操守的重要性。

内部控制体系应包含应急计划，以便在出现紧急情况或危机时，政府会计能够迅速采取措施，减轻潜在影响，确保财务管理的稳定性和持续性。内部控制体系需要具备透明度，政府会计应确保内部控制的相关信息对于利益相关方是可见的。内部控制体系是政府会计确保财务管理合规性和高效性的基础，其有效性直接关系到财务管理的稳定性和可持续性。通过规范流程、设立审批程序、管理风险等措施，政府会计可以更好地履行职责，保障公共资源的安全、合法和有效使用。

（六）透明度与合规性

提高财政透明度是政府会计的重要目标之一。与此同时，政府会计需要确保其工作符合相关法规和会计准则，保障财务信息的合规性。

通过公开政府的财务信息，公众能够监督政府的财政活动，能够参与财政决策。通过了解政府的财政计划，公众可以更好地参与到对公共服务和项目的决策过程，提出建议和意见，从而实现更加民主和包容的财政管理。为了提高财政透明度，政府会计需要确保其工作符合相关法规和会计准则。这包括制定和执行符合法规的财务报告标准，确保财务信息的真实性、准确性和完整性。

在提高财政透明度的过程中，政府会计也需要遵循国际财务报告准则，以提高国家或地区间的财务信息比较性。符合国际标准有助于增强国际社会对政府财政管理的认可和信任。财政透明度还需要政府会计确保财务报告的清晰和易懂。报告应采用简明扼要的语言，避免使用过于专业化的术语，以便广大公众能够理解和参与。利用信息技术，政府会计可以采用在线平台、数据可视化等方式，将财务信息以更直观的形式呈现给公众。这有助于提高信息的可访问性和易理解性。

政府会计需要制定定期的财务报告，并及时更新财务信息，确保公众和利益相关方能够获取最新的财政状况，了解政府的最新财务决策和实施情况。政府会计在工作中应积极倡导透明度文化，将财政透明度纳入其社会责任范畴。透明度文化有助于树立政府的良好形象，增加社会对政府的信任。

提高财政透明度既是一种社会责任，也是有效治理的一部分。政府会计在确保合规性的同时，通过公开财务信息，使其更容易为公众和利益相关方理解，从而促进了公共治理的透明度和参与度。

（七）资源合理配置

政府会计致力于确保财政资源的合理配置。通过对收入、支出、资产的综合分析，政府会计可以为政府提供关于资源利用效率的建议，从而优化资源配置和提高整体绩效。

政府会计首先需要对财政收入进行综合分析。这包括来自税收、非税收和其他财政来源的收入。通过深入了解各项收入的来源和规模，政府会计能够评估财政收入的稳定性、可预测性和可持续性。在确保收入的基础上，政府会计需要审慎管理财政支出。这包括对各项支出的优先级和必要性进行评估，确保资源投入能够最大程度地满足社会需求。支出管理也包括合理控制开支，避免浪费和不必要支出。对于政府承担的各项项目和投资，政府会计需要进行效益评估。这包括对项目的社会经济效益、长期影响和风险进行分析，以确保政府的投资产生最大的社会价值。

基于对收入和支出的分析，政府会计可以提出资源配置的优化建议。这涉及调整税收政策、优化财政预算分配、推动资源向效益更高的领域转移等，以实现资源的最佳配置。政府会计可以制定绩效评估指标，以评估各个部门和项目的执行效果。这有助于政府更好地了解资源的使用效果，从而调整策略和决策，提高整体绩效水平。

在资源配置过程中，政府会计需要考虑各种风险，包括经济波动、自然灾害等。建立有效的风险管理机制和应对策略，有助于降低不确定性对资源配置的不利影响。政府会计可以通过促进社会参与和提高透明度，获取更多的信息和反馈。公众的参与有助于政府更全面地了解社会需求，从而更科学地配置资源以满足这些需求。政府会计应倡导持续改进的理念，定期评估和调整资源配置策略。灵活应对社会、经济和政治环境的变化，确保资源配置策略的及时性和灵活性。

通过上述方式，政府会计不仅能够确保财政资源的合理配置，满足社会需求，还能为政府提供有针对性的建议，提升财政管理的效率和效果。这有助于实现社会经济的可持续发展，提高政府的治理水平。

总体而言，政府会计的主要目标是确保政府或公共机构的财务管理在合规、透明和高效的原则下运作。这为社会提供了一种公共治理机制，通过财务信息的记录、分析和报告，实现了对政府财政活动的监督、评估和决策支持。

三、政府会计在公共管理中的地位和作用

政府会计在现代公共管理中具有重要的地位和作用，其职责不仅仅是财务数据的记录和报告，更是为政府提供财政管理、决策支持，以及促进财政透明度。以下是政府会计在公共管理中的地位和作用：

（一）财政管理的核心

政府会计作为财政管理的核心组成部分，承担着对财政收支、资产负债等数据的全面记录和分析责任，为政府的财政决策提供基础数据和信息，帮助政府实现财政目标。

政府会计负责记录和分析政府的财政收支情况。这包括从各种税收、非税收，以及其他财政来源获得的收入，以及政府的各项支出，如公共服务、基础设施建设等。通过全面了解财政收支状况，政府会计能够为决策提供清晰的基础数据。

基于对财政收支情况的了解，政府会计参与编制财政预算。这包括协助政府部门制订合理的财政计划，确保财政资源的合理配置，以满足政府的各项责任和社会需求。预

算编制是政府决策的起点，政府会计在其中发挥着重要作用。

政府会计通过对财政数据的深入分析，为政府高层提供决策支持。这包括对不同政策和项目的财务影响进行评估，帮助政府领导制定科学、合理的财政决策。决策支持有助于政府在有限的财政资源下实现最大的社会效益。政府会计负责编制财务报表，反映政府在特定时间内的财务状况。这包括资产、负债、收入、支出等方面的数据。

政府会计通过对财政数据的分析，帮助政府优化资源配置。这包括推动资源向效益更高、社会需求更紧迫的领域转移，以提高财政资源的使用效率。效益分析有助于确保资源得到最佳利用，满足公共服务的需求。政府会计负责确保财务报告符合相关法规和会计准则。通过合规性监督，政府会计能够防范和纠正财务不当行为，保障财政管理的合规性。这有助于维护政府财政活动的公正和公平。

政府会计参与风险管理，评估潜在的财政风险并提出相应的风险应对策略。这包括经济波动、外部压力、自然灾害等因素可能对财政活动产生的不利影响。风险管理有助于提前发现问题，采取措施降低风险对政府财政的不良影响。

通过上述工作，政府会计不仅为政府提供了全面的财政数据和信息，更在财政决策、资源管理、合规性监督等方面发挥了关键作用，为政府实现财政目标和有效公共管理提供了坚实支持。

（二）决策支持

政府会计为政府高层提供决策支持，通过对各个部门和项目的财务状况进行分析，为政府领导提供关于资源分配、政策制定和项目投资等方面的建议，从而帮助政府做出明智的决策。

政府会计通过对各部门财务数据的分析，了解各部门的经济状况和资金需求。这有助于政府高层了解不同部门的财政需求，优化资源分配，确保有限的财政资源得到最有效利用。这种分析能够促使政府更有针对性地满足不同领域的需求，提升公共服务水平。财务数据的分析为政府制定政策提供了实质性依据。政府会计通过深入了解各个部门的财务状况，能够为政府领导提供有关制定新政策或调整现有政策的建议。这有助于确保政府决策与财政状况相符，提高政策的可行性和可持续性。

政府会计通过对项目的财务数据分析，为政府高层提供关于项目投资的建议。这包括对项目的预算、回报率、风险等方面进行评估，以确保政府的投资产生最大的社会效益。政府领导可以借助这些分析结果做出关于项目投资的明智决策。

政府会计负责评估财政的可持续性，分析当前和未来的财政状况。这有助于政府高层了解财政的稳健性，及早发现潜在的财政风险，制定相应的财政政策和调整方案，确保财政的可持续性。

政府会计通过对债务的财务状况和管理进行分析，为政府高层提供债务管理建议。这包括评估债务的可承受性、债务结构的优化，以及债务偿还计划的合理性，确保政府债务得到有效管理。财务数据的分析能够为政府高层提供关于财政政策调整的建议。例如，在经济波动或外部压力下，政府会计可以提供有关财政政策灵活性、税收政策调整等方面的建议，以应对不同的财政挑战。政府会计通过对各部门和项目的财务状况进行全面分析，帮助政府高层识别潜在的财政风险。基于这些分析结果，政府可以制定灵活的风险管理策略，及时调整决策，降低不确定性对财政的不良影响。

政府会计为政府高层提供了有力的决策支持，使政府能够更加科学地制定政策、管理资源，从而实现更有效的公共治理和财政管理。这有助于提高政府的治理水平，满足社会需求，推动国家的可持续发展。

（三）财政透明度的保障者

公开、透明的财务报告，有助于建立政府与公众之间的信任关系，提高社会对政府财政管理的监督和参与度。

提供公开、透明的财务报告是政府会计的一项基本责任。通过向公众和利益相关方公开政府的财政信息，政府会计确保了财政活动的透明度。透明度使得政府的财政运作过程更为清晰，减少了信息不对称，提高了公众对政府财政活动的了解。

透明度是建立政府与公众之间信任关系的重要桥梁。通过向公众展示财政收入的来源、支出的去向，以及资产负债等情况，政府会计向社会传递了真实、可信的信息，有助于增加公众对政府的信任。信任关系的建立有助于减少社会对政府行为的猜疑，促进社会的和谐稳定发展。

公开财务报告有助于提升社会对政府的监督效果。公众和利益相关方可以通过财务报告深入了解政府的财政决策、支出项目等细节信息，从而更有能力监督政府的行为。这种监督有助于防范腐败、滥用权力等不当行为，推动政府更加负责任地履行职责。透明的财务报告有助于引导舆论，使社会更理性地评价政府的财政决策。公众可以基于真实的财政数据提出合理的建议和意见，参与到公共事务的讨论中。这有助于提高公众的参与度，使政府决策更具社会共识和公正性。

公开透明的财务报告为政府财政管理的责任追究提供了基础。如果政府在财政运作中存在不当行为，公众和媒体可以依据财务报告中的数据进行查证和追踪。这有助于形成对不当行为的有效监督，保障公众利益。

透明的财务报告有助于促进社会的广泛参与。公众了解到政府如何使用纳税人的金钱，对政府的决策更具理解，更愿意积极参与社会事务。这种参与有助于形成良性的社会互动，推动社会的可持续发展。通过公开财务信息，政府向国际社会展示了负责任的财政管理态度，有助于维护国家在国际上的信誉，提升国际影响力。

（四）合规性的监督者

政府会计负责确保财务报告符合相关法规和会计准则，通过对财务活动的监督，防范和纠正财务不当行为，保障财政管理的合规性。政府会计在编制财务报告时必须遵守国家法规和相关财务会计准则。通过深入了解法规要求和会计准则的规定，政府会计能够确保财务报告的内容和格式符合法律法规的要求，维护财务报告的法规合规性。

会计准则是确保财务信息准确、可比、透明的基础。政府会计需要深入理解并遵循国际、国家或地方的会计准则，以确保财务报告的编制符合规范，反映了政府财政活动的真实状况。为确保合规性，政府会计需要建立健全的内部控制体系。内部控制包括对财务流程、审批程序、风险管理等方面的规范和监控，以预防和发现财务不当行为。这有助于保障政府财政管理的合规性和效率。财务审计是确保财务报告真实性和合规性的重要手段。政府会计应积极配合内外部审计机构进行财务审计，确保财务报告的真实性和合规性得到独立的验证。审计结果能够为政府提供改进财务管理的建议。

政府会计负责进行财务风险评估，识别潜在的财务风险和漏洞。通过对财务数据的监控和分析，政府会计能够及时发现异常情况，采取预防措施，避免潜在的合规性问题。一旦发现财务不当行为，政府会计需要采取迅速有效的纠正措施。这包括对涉及人员的调查、追责、整改措施的制定等，以确保违规行为得到及时纠正，防止问题扩大化。

为确保合规性，政府会计需要不断提升团队成员的业务水平和合规意识。通过培训和教育，政府会计能够使团队成员深入了解法规和准则的变化，及时调整财务管理流程，确保合规性的持续性。政府会计需要关注法规和会计准则的更新，及时调整财务管理体系，进行持续改进。这包括对内部控制的不断优化，财务流程的精细调整，以适应法规和会计准则的变化。

政府会计能够确保财务报告的合规性，防范和纠正财务不当行为，从而维护财政管理的透明度和信誉。这有助于建立一个公正、规范、高效的财政管理体系，服务于公众和社会的利益。

（五）绩效管理的支持者

政府会计通过制定和分析绩效指标，帮助政府评估各个部门和项目的绩效，从而更好地了解资源的使用效果，优化资源配置，提高整体绩效水平。政府会计参与制定与政府部门和项目相关的绩效指标。这些指标可以涉及经济、社会、环境等多个方面，旨在全面评估各部门和项目的工作效果。制定合理的绩效指标是提高政府绩效评估的前提。

通过对各个部门和项目的绩效指标进行评估，政府会计可以了解资源的使用效果。这包括财政资源、人力资源等各类资源的投入与产出的关系，有助于评估各部门和项目在资源利用上的效益。基于绩效评估的结果，政府会计可以提供有针对性的建议，帮助政府更合理地配置资源。对于表现优异的部门和项目，可以考虑增加资源投入以进一步提高其效益；而对于效益较低的部门和项目，可以采取调整资源配置、优化管理流程等手段以提升其绩效水平。

政府会计通过绩效评估为政府决策提供数据支持。政府领导在制定政策和调整预算时，可以根据各部门和项目的绩效情况做出更科学、更有针对性的决策，以实现政府的战略目标。基于绩效评估的结果，政府可以建立激励与奖惩机制。对于取得显著绩效的部门和项目，可以给予奖励、提高资源支持，以鼓励其持续发挥优秀绩效；而对于绩效较差的部门和项目，可以采取相应的纠正措施，推动其改进。

绩效评估结果可以反映政府对公共服务的实际效果，从而影响公众对政府的满意度。政府会计通过对绩效指标的监测，帮助政府了解公众对各项服务的期望和满意度，为政府提供改进服务的方向。通过绩效评估和持续的优化措施，政府会计可以帮助政府提高整体绩效水平。这不仅对于实现政府的长期发展目标至关重要，也有助于提升政府在社会中的声誉和形象。绩效评估结果也为各部门和项目提供了学习的机会。政府会计可以促进各单位之间的经验分享，推动成功经验的传播，帮助整个政府体系不断学习和进步。

（六）社会责任的承担者

政府会计在履行职责的过程中，肩负着重要的社会责任。通过保障财政透明度、合规性监督和绩效管理等工作，政府会计有助于增强政府的社会形象，提升公共信任。

政府会计通过制定规范的财务报告、公开政府收支情况等方式，促进了财政透明度。透明的财政管理可以让公众清晰了解政府的财务状况和资源利用情况，为社会提供了监督的基础，增强了政府的透明度和可信度。作为合规性监督的关键角色，政府会计负责确保政府财务活动符合法规和会计准则。通过积极履行这一责任，政府会计有助于建立一个守法守规、诚信经营的形象，提升政府在社会中的信誉。

通过公正、客观地进行绩效评估，政府会计有助于确保政府各个部门和项目都能公平地受到评价，避免不当干预。这有助于维护政府公正形象，减少公众对绩效评估的质疑和争议。政府会计通过履行职责传递出对社会的责任感。负责任、透明的财政管理是政府对社会的一种回馈，表达了对公众利益的尊重和关注。这种社会责任感有助于建立政府良好形象，赢得公众认同。通过维护财政透明度和合规性，政府会计为建设和谐社会提供了有力支持。公众对政府的信任是社会和谐的基石，而透明、合规的财政管理是建立这种信任的关键因素。

政府会计通过合规性监督，防范腐败和权力滥用。通过公正、透明的财政管理，政府会计有助于建立一个廉洁的政府形象，降低腐败风险，增强社会对政府的信任。在危机时期，财政透明度和合规性监督变得尤为重要。政府会计通过确保信息的及时公开和财务管理的规范性，有助于维护社会的稳定，降低危机带来的负面影响。通过对绩效的评估和管理，政府会计可以帮助政府更好地了解公共服务的质量和效果。这为政府提供了改进公共服务的方向，提升政府在社会中的形象。

政府会计在履行职责的过程中不仅仅是一个财务管理者，更是社会责任的承担者。通过确保透明度、合规性和绩效管理，政府会计有助于塑造政府积极、负责、可信的形象，从而提升公众对政府的信任，促进社会的稳定和发展。

（七）国际合作的参与者

在全球化的背景下，政府会计需要遵循国际财务报告准则，参与国际合作。

随着全球化的发展，国际财务报告准则（IFRS）成为了全球范围内财务报告的主导标准。政府会计采用国际财务报告准则，有助于确保本国财务信息与国际标准保持一致，提高其在国际上的可比性和可信度。

遵循国际财务报告准则的政府会计能够更好地满足国际投资者、跨国公司，以及国际金融机构的需求。这有助于提升国际社会对本国财政管理水平的认可度，吸引更多国际投资和合作。通过遵循国际财务报告准则，政府会计能够更顺利地参与国际合作。国际合作包括与其他国家政府、国际组织，以及跨国企业等的合作。在合作中，遵循共同的财务报告标准有助于建立更为透明和高效的合作关系。

国际投资者更倾向于在遵循国际财务报告准则的国家投资，因为这意味着财务信息更为透明、规范，降低了信息不对称的风险。政府会计的国际化有助于吸引更多国际投资，促进本国经济的发展。在全球化背景下，国际社会对政府的财务管理提出了更高的标准和期望。通过遵循国际财务报告准则，政府会计能够更好地适应国际压力，回应国际社会对透明度和财务规范的要求。

国际社会对政府的信任是国际合作和投资的基础。政府会计通过遵循国际财务报告准则，表明其愿意接受国际标准的监督，提高了国际社会对本国财政管理的信任度。采用国际财务报告准则的政府会计能够更加便捷地与其他国家和组织进行信息交流。这促进了国际经验和最佳实践的分享，有助于各国在财政管理领域的共同进步。通过遵循国际财务报告准则，政府会计能够在国际上展示本国财政管理的成熟度和规范性。这有助于提升国家在国际社会中的声望和影响力。

（八）信息技术的引领者

随着信息技术的迅猛发展，政府会计在引领政府财务信息化和数字化方面发挥着重要作用。通过引入先进的信息技术，政府会计可以提高数据处理和管理的效率，使政府在信息化时代更具竞争力。

政府会计通过采用数字化财务管理系统，实现对财务数据的电子化记录、处理和存储。这提高了数据的可追溯性和准确性，减少了手工录入的错误，同时也简化了数据的检索和分析过程。云计算技术使政府能够将财务数据存储在云端，提高了数据的可访问性和安全性。大数据分析则使政府会计能够更好地利用庞大的财务数据集，从中提取有价值的信息，为政府决策提供更准确的数据支持。

通过引入人工智能技术，政府会计可以实现智能化财务报告的生成和分析。这提高了报告的及时性和准确性，同时降低了人力成本。智能化报告还可以根据不同用户的需求生成定制化报告。利用信息技术，政府会计可以实现电子化的预算编制和支出管理。这包括在线审批流程、实时监控支出执行情况等功能，提高了预算的灵活性和管理的效率。

区块链技术可以提高政府财务信息的安全性和透明度。通过区块链的分布式账本，政府会计可以确保财务信息的不可篡改性，防范财务数据被恶意篡改和滥用。通过移动端应用和在线服务，政府会计可以实现财务信息的随时随地访问。这方便了政府工作人员的实时管理和决策，也提高了政府与公众之间的信息交流效率。

随着信息技术的广泛应用，网络安全和风险管理成为政府会计亟须关注的问题。政府会计需要采用先进的网络安全技术，确保财务信息不受到网络攻击和数据泄露的威胁。引入信息技术需要政府会计具备相应的技术技能。因此，政府需要培训和发展政府会计团队的技术素养，以确保其能够熟练运用新技术，推动数字化转型的顺利进行。

政府会计是现代公共管理中不可或缺的一部分，其地位和作用直接关系政府财政管理的效果和社会的稳定发展。政府会计的职责不仅仅局限于财务核算，更是涵盖了支持决策、保障合规、促进透明等多个方面，为政府的良好治理提供了重要支持。

四、预算会计与财务会计

政府会计包括预算会计和财务会计两个主要方面。这两个方面相互关联，共同构成了政府财务管理的基础。

（一）预算会计

预算会计主要关注政府在一定时期内的财政计划和开支。它涉及编制、执行和监控政府的财政预算，旨在确保政府在财政年度内按照预定的计划合理支配和运用公共资源。预算会计对政府部门和项目的预算执行进行追踪和监控，以保障公共资源的有效利用。

1. 编制预算

预算会计的首要任务是协助政府机构制定财政预算。这包括从各个部门收集信息、估算财政收入和支出、设定财政政策目标，最终形成全面的财政预算计划。编制过程中需要考虑政府的优先事项、经济状况、社会需求等多方面因素。

2. 预算执行

一旦预算通过审批，预算会计职能延伸至执行阶段。此时，预算会计要确保政府各部门按照预算计划执行其财政活动。这涉及拨款、支出、项目资金的分配等方面的实际操作。确保预算的有效执行对于实现政府财政目标至关重要。

3. 监控与调整

预算会计不仅关注预算的执行，还负责监控整个财政年度内的财政状况。通过监控实际收入和支出情况，预算会计可以及时发现偏差，并采取必要的调整措施。这种实时监控有助于政府更灵活地应对财政变化和不可预见的情况。

4. 财政责任和透明度

预算会计有助于确保政府在财政管理方面负有责任。透明度是其关键特征之一，通过向公众和相关利益方提供准确的预算信息，预算会计促进了政府的财政透明度，增加了公众对政府财政活动的了解和信任。

5. 资源优化

预算会计通过对实际执行情况的分析，可以帮助政府部门更好地理解资源的利用效果。这有助于识别高效的项目和部门，从而在未来的预算编制中更加科学地配置资源，实现资源的最优化利用。预算会计是政府财政管理中不可或缺的一部分，通过规划、执行、监控和调整，确保公共资源的合理利用，达到政府财政目标，同时提高财政责任和透明度。

（二）财务会计

财务会计更侧重于记录和报告政府在一定时期内的实际财务活动，包括收入、支出、资产、负债等方面。财务会计旨在提供对政府财务状况和经营绩效的全面、准确的反映。这包括编制资产负债表、收入费用表等财务报表，以便政府和公众能够清晰地了解政府的财务健康状况。

1. 财务活动记录

财务会计负责记录政府在财政年度内的各项财务活动，包括收入、支出、资产、负债等方面的交易和变动。这确保了每一笔财务交易都被准确记录，形成财务账簿的基础。

2. 编制财务报表

财务会计通过对记录的数据进行整理和汇总，编制财务报表，主要包括资产负债表、收入费用表等。这些报表反映了政府在一定时期内的财务状况和经营绩效，为内部管理和外部利益方提供了全面的财务信息。

3. 资产负债表

资产负债表是财务会计中的重要报表之一，用于展示政府在一定时间点上的资产、负债和净资产。资产负债表提供了对政府财务健康状况的总体认识，包括其拥有的资产和所欠的债务。

4. 收入费用表

收入费用表反映了政府在一定时期内的收入和支出情况。这包括各种税收、政府项目的收入，以及用于政府运营和服务的支出。通过收入费用表，可以清晰了解政府的财政来源和去向。

5. 透明度和决策支持

财务会计的报表能使管理层了解机构的财务状况，为外部利益方（如公众、投资者等）提供了财务信息。这些信息对于制定财政政策、做出决策，以及公众对政府财务状况的监督具有重要意义。

6. 合规性和审计

财务会计负责确保所有财务活动符合相关法规和会计准则。此外，政府的财务报表需要接受独立审计，以验证其准确性和合规性，增强报表可信度。

7. 财务分析

财务会计的数据可用于财务分析，包括比较不同时间点的财务状况、评估政府项目和部门的经济绩效等，以便进行未来决策和规划。

财务会计通过准确记录、编制财务报表，为政府内外提供了深入了解政府财务状况的重要工具。这有助于确保财政管理的透明度、合规性，并为未来决策提供可靠的信息支持，确保了政府在财政管理方面既有计划和控制的工具（预算会计），也有对实际财务状况的记录和报告机制（财务会计）。

第二节 财政管理的概念及其职能

财政管理是指政府通过对财政收支进行计划、组织、指挥、协调和监督等一系列活动，实现国家财政收支平衡，促进经济社会发展的管理活动。财政管理是现代国家治理体系中的重要组成部分，对于维护国家财政稳定、推动经济发展、实现社会公平等方面都起着至关重要的作用。在此背景下，本书将探讨财政管理的概念及其职能。

一、财政管理的概念与特征

财政管理是一个广泛的概念，涵盖了政府和其他公共机构如何管理财务资源以实现目标的一系列活动和措施。作为公共部门中的一项重要职能，财政管理在确保公共资源的合理使用和公共服务的提供方面扮演着至关重要的角色。

财政管理是指政府对公共财政资源的筹措、分配、使用、监督和评估等一系列管理活动。它是政府的一项基本职能，也是实现政府经济、社会和政治目标的重要手段之一。财政管理涵盖了财政预算、会计核算、税收征管、财政审计、债务管理、国际金融合作等多个方面，是一个综合性管理体系。

财政管理的目标是实现公共利益和公共财政可持续发展。在这个过程中，财政管理需要平衡政府收入和支出、债务和资产、稳定和发展等多个方面的因素，以满足政府和公众对于公共服务、社会保障、经济发展、环境保护等方面的需求。

财政管理的实践经验表明，一个有效的财政管理体系应该具备以下特点。

（一）系统性

财政管理应该是一个系统性管理体系，涵盖预算编制、执行、会计核算、监督和评估等多个环节，从而保证财政管理的全面性和连贯性。

财政管理是指政府或公共机构对财政资源的组织、管理和运用，旨在实现公共财政的有效管理和利用，以支持政府的各项决策和提供公共服务。财政管理的目标是为政府或公共机构提供稳定的财政基础，为社会和经济发展提供必要的公共服务和基础设施。

财政管理通常包括预算编制、预算执行、会计核算、监督和评估等多个环节。其中，预算编制是财政管理的基础，是政府或公共机构确立财政政策、计划和项目的重要依据。预算执行是指政府或公共机构按照预算安排和计划，对公共资源进行合理管理和利用的过程。会计核算是财政管理的重要手段，是确保财政活动准确、规范、透明的保障。监督和评估是保证财政管理有效性和透明度的重要手段，包括内部监督和外部监督两个方面。

在实践中，财政管理需要针对不同的经济和社会背景进行相应调整和改进。例如，当经济形势不稳定或出现重大社会事件时，政府或公共机构需要通过调整财政政策、重新安排预算、加强监督等手段，以确保财政管理的稳定性和可持续性。

财政管理是政府或公共机构的核心职能之一，其重要性和复杂性不容忽视。只有通过科学、规范的财政管理，才能更好地支持社会和经济的发展，实现公共资源利用的最大化。

（二）透明度

财政管理的信息应该具有高透明度，政府和公众应该能够获得准确、及时的财政信息，从而促进政府和公众的监督和参与。

透明度是财政管理的一个重要原则，也是现代财政管理的基本要求之一。具有高透明度的财政信息可以让政府和公众更好地了解财政活动的情况，促进政府和公众的互动与合作，以实现财政管理的公正、公开和有效。

在透明度方面，财政管理表现在以下几个方面。

1. 预算信息的透明度

公开预算编制的原则和过程是关键步骤。政府应当制定明确的预算编制原则，例如公平性、效率性和可持续性，以确保预算的合理性和公正性。预算编制的过程应该是透明的，包括公开征求意见、公开讨论和审议等环节，使公众有机会了解和参与决策过程。

此外，政府还应当公开预算数据和结果。预算数据应该清晰明了地呈现给公众，使公众能够了解财政支出的具体细节和分配情况。同时，政府应当公开预算执行的结果，包括支出的实际执行情况和取得的成果。这样可以让公众对财政支出的效果进行评估和监督。

2. 财务报表的透明度

政府和公共机构的财务报表是评估其财务状况和运行情况的重要依据。财务报表的透明度可以通过政府公报、政府网站、广播、电视等方式公开。

3. 财政政策的透明度

政府应该公开其财政政策的目标、原则、措施和效果，以促进政策制定和执行的公开、透明和有效。让公众了解政府的财政政策，从而提高政府的公信力。

4. 财政监管的透明度

政府应该建立财政监管体系，加强对各级政府和公共机构的财务管理和监督，同时公开监督的过程和结果，以确保财政管理的透明度和公正性。

透明度是现代财政管理的重要要求，具有高透明度的财政信息可以促进政府和公众的互动与合作，加强政府的信任度和公信力，从而提高财政管理的效率和公正性。

（三）有效性

财政管理应该是有效的，能够实现政府经济、社会和政治目标的最大化，同时保证公共财政资源的合理分配和使用。

有效的财政管理是政府实现各项经济、社会和政治目标的基础和保障。在财政管理中，要通过合理规划和有效执行预算，确保公共资源的最大利用率和最大效益。财政管理还需要监督公共财政资源的流向和使用情况，防止浪费和滥用公共财政资源。

财政管理的有效性不仅体现在经济层面，还需要考虑社会公正和政治稳定等因素。例如，财政管理可以通过调节财政支出和税收收入，促进社会公正和改善社会福利，同时防止不必要的政治风险和社会动荡。在财政管理中，还需要考虑不同群体的利益和需求，以确保财政资源的公平分配和社会和谐稳定。

为了实现有效的财政管理，政府应该建立健全的财政管理制度和政策，并配合各项法规和标准，确保财政管理的合法性和规范性。政府还需要加强对财政管理机构的培训和监督，提高其管理水平和专业能力，以确保财政管理的有效性和稳定性。

（四）公平性

财政管理的公平性是指政府在分配和使用公共财政资源时，要遵循公平、公正、合理的原则，不偏袒任何一个社会群体，确保资源的公正分配和社会的公平稳定。

首先，公平的财政管理应该遵循公平原则，即所有人都应该被平等对待，享有平等的机会和权利。政府应该通过税收政策、社会保障政策等手段，保障弱势群体的基本生活和权益，如教育、医疗、住房、就业等。同时，政府也应该鼓励和支持企业和个人的创新和发展，激发社会活力和创造力，促进社会经济的公平发展。

其次，公平的财政管理应该遵循公正原则，即按照规定的程序和标准分配和使用公共财政资源。政府应该建立完善的财政管理制度和法规，明确财政资源的分配标准和程序，确保分配的公正和合理。同时，政府也应该加强对公共财政资源的监督和管理，及时发现和纠正分配不公和浪费的问题，确保公共财政资源的有效使用。

最后，公平的财政管理应该遵循合理原则，即在分配和使用公共财政资源时，应该根据实际情况和需求，采取合理的方式和手段，确保资源的最大效益和社会的可持续发展。政府应该注重长远规划和战略，从中长期发展的角度出发，科学规划和合理配置公共财政资源，促进经济、社会和环境的协调发展。

公平的财政管理是社会公正和稳定的重要保障，政府应该加强财政管理制度和法规建设，提高财政管理的透明度和效率，确保公共财政资源的公正分配和有效使用，推动经济社会的可持续发展。

（五）可持续性

财政管理的可持续性是指财政活动能够长期稳定地满足政府和公众的需求，并且不会对未来的经济和社会发展造成负面影响。在财政管理中，可持续性是一个至关重要的原则，因为财政资源是有限的，必须合理分配和利用，以确保未来经济和社会的可持续发展。

在实现财政管理可持续性的过程中，需要考虑以下几个方面。

1. 预算规划的长期性

预算规划应该具有长期性，不仅要考虑当前的财政需求，还要考虑未来的财政需求和发展趋势。政府需要在预算规划中确立长远的财政目标和计划，以确保财政稳定性和可持续性。

2. 财政收支的平衡

财政收支平衡是实现财政可持续性的基础。政府应该保持财政收支平衡，避免财政赤字和债务过高，从而保持财政稳定和可持续发展。

3. 资源分配的公正性和高效性

资源分配需要遵循公正原则，确保公共财政资源的合理分配，同时也需要高效使用，确保资源最大化利用，为未来的经济和社会发展提供支持。

4. 财政监管的强化

财政监管是实现财政可持续性的重要手段。政府需要加强财政监管和审计，确保财政资源的合法、合规、透明、公开和有效使用，从而保障公共利益和经济可持续发展。

确保财政管理的可持续性需要政府在财政决策和管理中，以长远发展为导向，注重资源的合理配置和利用，遵循财政收支平衡原则，并加强财政监管，以确保公共财政资源的长期稳定和可持续发展。此外，还需要加强对财政管理的预测和评估，及时发现问题并采取有效措施，以保证财政管理的可持续性。

二、财政管理的职能

财政管理是政府管理的重要组成部分，其职能主要包括预算编制、财政收支管理、财政监督和评估等方面。在这些职能的基础上，财政管理致力于实现政府经济、社会和政治目标的最大化，同时保证公共财政资源的合理分配和使用。

财政管理的职能包括预算编制、财政收支平衡、资源配置、财政监管和评估等方面，这些职能都是为了保证公共财政资源的合理分配和使用，以及政府经济、社会和政治目标的最大化。

（一）预算编制

预算编制是财政管理的核心职能之一。政府必须通过预算编制来规划和管理公共财政资源，确保公共支出的合理性和有效性。预算编制需要考虑政府的各项支出，包括社会保障、公共设施、教育、医疗等，同时也要考虑收入来源，如税收、政府借贷等。预算编制需要遵循预算法规定的程序和原则，确保预算的合法性和公正性。

预算编制是财政管理职能，也是财政管理的基础和起点。预算编制通过规划和管理公共财政资源，确保公共支出的合理性和有效性，从而实现政府的经济、社会和政治目标。

政府需要确定合理的收支平衡预算，确保公共支出不超过收入，从而避免财政赤字和债务累积。此外，预算编制还需要考虑宏观经济环境的变化和社会需求的变化，及时调整预算，确保预算的适应性和灵活性。

预算编制需要遵循预算法规定的程序和原则，如公开、透明、合理、规范、民主等原则。政府应该公开预算编制的过程和结果，接受公众和立法机构的监督和审查。同时，政府需要遵循公共资源优化配置原则，确保预算的合法性和公正性。预算编制需要建立健全的内部控制机制，防范财务风险和财政失误，确保预算的安全和准确性。同时也需要接受公众和立法机构的监督和审查，保障公共资源的合理使用和分配。

（二）财政收支平衡

财政收支平衡也是财政管理的重要职能。政府需要通过控制支出和增加收入来实现财政收支平衡，以确保公共财政的稳定和可持续发展。

财政收支平衡是指政府在一定时期内支出和收入之间的平衡状态。在这种状态下，政府的支出能够通过相应的收入来覆盖，从而保证公共财政的稳定和可持续发展。财政收支平衡是财政管理的重要职能之一，对于经济和社会发展具有重要意义。

政府通过控制支出和增加收入来实现财政收支平衡。控制支出的方式包括减少浪费和冗余开支、优化公共支出结构、提高政府采购效率等。增加收入的方式包括增加税收收入、改进税收征管、扩大政府借贷等。在实现财政收支平衡的过程中，政府还需要考虑经济和社会发展的需求，避免过分节制和过度扩张，以确保财政的稳定性和可持续性。

此外，政府还可以通过制定适当的财政政策，如税收政策、货币政策等，来调节经济发展和社会需求。税收政策可以通过调整税率、税收种类和税收征收等来影响市场经济的运作，调节资源分配和收入分配。货币政策可以通过调节货币供应量和利率等来影响货币市场和信贷市场的运作，以达到稳定价格、促进经济增长和提高就业率的目的。

实现财政收支平衡需要政府通过控制支出和增加收入来平衡财政收支，同时需要制定适当的财政政策来调节经济和社会的发展。

（三）资源配置

政府需要将公共财政资源分配到不同的领域和部门，以满足社会的各种需求。资源配置需要考虑各个领域的需求和政策目标，同时也需要考虑财政资源的有限性，避免浪费和不合理支出。

资源配置同样是财政管理的重要职能。政府需要将有限的公共财政资源分配到各个领域和部门，以满足社会的各种需求，包括社会保障、教育、医疗、公共设施、环境保护等方面。资源配置需要考虑不同领域的需求和政策目标，以及社会的公平性和可持续性等因素。

首先，政府需要考虑各个领域的需求和政策目标。不同领域的需求和政策目标是不同的，需要针对性地进行资源分配。例如，教育领域需要投入大量资源来改善教育设施、提高教育质量，医疗领域需要加强医疗设施建设、提高医疗服务水平等。政府需要了解各个领域的需求和政策目标，确保资源分配能够切实满足各领域的需求和目标。

其次，政府需要考虑资源的有限性，避免出现浪费和不合理的支出。公共财政资源是有限的，政府需要合理配置资源，避免浪费和不必要的支出。资源配置需要在预算编制的基础上进行，制订明确的目标和计划，通过绩效评估等手段对资源的使用进行监控和调整。政府还可以通过优化财政支出结构、加强财政管理、推进财政体制改革等措施来提高资源配置的效率。

最后，政府需要考虑社会的公平性和可持续性。资源分配需要考虑社会的公平性，确保资源的合理分配，避免资源的过度集中和不合理分配现象。同时，政府还需要考虑资源配置的可持续性，确保公共财政资源的长期可持续发展。这包括制定合理的财政政策、优化税收制度、推进财政体制改革等措施。

（四）财政监管

财政监管作为财政管理的职能之一，是政府对公共财政资源的管理和使用进行监督、检查和控制的过程。财政监管是财政管理的重要环节，可以保证公共财政资源的合法性、安全性和有效性，防止腐败和滥用财政资源的情况发生。

财政监管的具体内容包括审计、内部控制、风险管理等方面。首先，审计是财政监管的重要手段之一。政府需要委托独立的审计机构对公共财政资源的使用进行审计，以确保财政资源的合法性和安全性。审计可以查明财政资源的使用情况，包括公共支出的真实性和合理性，以及相关单位的财务状况和财务管理制度的有效性。

其次，内部控制是财政监管的另一个重要环节。政府需要建立和完善内部控制机制，规范公共财政资源的使用和管理。内部控制可以确保公共财政资源的安全性和合法性，防止财务管理中的错误和不当行为。政府需要建立和完善财务管理制度和财务监管体系，强化财政管理的透明度和公正性。

最后，风险管理也是财政监管的重要内容之一。政府需要识别和评估公共财政资源管理过程中的风险，制定风险管理策略和措施，保证财政资源的安全和稳定。风险管理包括预防和应对风险，政府需要采取措施避免财政资源的浪费和不当使用，同时需要应对突发事件和财政风险。

财政监管需要政府建立完善的监管体系和机制，保证公共财政资源的安全、合法和有效使用。只有这样，才能实现财政管理的目标和政策要求，促进经济和社会的可持续发展。

（五）评估

评估也是财政管理的职能之一。政府需要对公共财政支出进行评估，以确定是否达到政府制定的政策目标。评估可以帮助政府优化政策和进行资源分配，提高政府的决策效率，增强决策效果。

财政管理的评估职能是指对公共财政支出进行全面、客观的评估和监测。通过评估，政府可以了解公共财政支出的实际效果和影响，以及对政策和预算的执行情况进行全面审查和监督。评估主要包括政策评估和预算评估两方面。

政策评估是指对政府实施的政策进行全面、客观的评估。政府实施政策是为了实现一定的政策目标，政策评估的目的是检验政策是否达到预期目标。政策评估主要包括政策目标的制定、政策执行过程的监测和政策效果的评估三个环节。政策目标的制定需要考虑政策的合理性、可行性和可衡量性，以及政策对经济、社会和环境的影响。政策执行过程的监测需要收集和分析数据，以确定政策执行的情况和存在的问题。政策效果的评估需要对政策的实际效果进行评估，以确定政策是否达到预期目标。

预算评估是指对政府预算的执行情况进行评估。政府预算的编制和执行需要遵循一定的程序和原则，预算评估的目的是检验政府预算的执行是否符合预算原则和预算编制的要求。预算评估主要包括预算执行情况的监测、预算效果的评估和预算制度的改革三个方面。预算执行情况的监测需要对预算执行过程中的收支情况、问题和解决方案等进行监测和分析。预算效果的评估需要评估预算对经济、社会和环境的影响，以确定预算是否达到预期效果。预算制度的改革需要通过完善预算制度，优化财政资源配置，提高预算管理水平和透明度，实现预算制度的长期可持续发展。

评估的实施可以帮助政府及时发现问题，并及时采取措施进行调整。评估的内容包括政策目标是否实现、支出是否符合预算、支出效果是否达到预期等方面。评估需要建立一套科学的评估体系和方法，以确保评估结果的客观性和可靠性。同时，评估结果也需要及时向公众披露，以提高政府的公信力和政府工作的透明度。通过评估，政府可以不断完善财政管理体系，提高财政资源的利用效率和公共服务质量，为社会的可持续发展提供有力支持。

三、财政管理的基本原则

财政管理是指政府对财政收支、资产负债和财政活动进行规划、组织、指导、控制和监督的一系列管理活动。为了确保财政管理的公正、公开、透明和有效，财政管理必须遵循一些基本原则，这些原则不仅是财政管理工作的指导思想和基本要求，也是财政管理能否取得良好效果的关键因素。

财政管理的基本原则是指财政管理活动中应当遵守的核心准则，它们包括以下几个方面。

（一）公开、透明原则

财政管理应该遵循公开、透明的原则，让政府的财政收支情况、财政决策和财政信息公开、透明、公正，让公众了解政府的财政收支情况，促进政府的财政管理更加科学、规范和有效。

首先，公开透明有助于提高政府的公信力。政府是公共权力的代表，必须在公民监督下行使权力。财政管理的公开透明能够使公众了解政府的财政收支情况，有助于加强政府与公民之间的信任，提高政府的公信力，从而更好地履行其职责。

其次，公开透明有助于促进政府的财政管理更加科学、规范和有效。财政管理的公开透明能够让公众了解政府的财政收支情况，有助于公众监督政府的财政管理，促进政府更加科学、规范和有效地进行财政管理。同时，公开透明能够加强政府内部的监督，防止财政管理出现失误和违规行为。

最后，公开透明有助于提高政府的责任感。财政管理的公开透明能够让政府承受更多的责任和压力，要求政府更加负责任地进行财政管理，更加注重财政资金的使用效益，更加重视财政决策的公正性和合理性，更加注重公众利益和社会责任。

财政管理的公开透明是政府财政管理的重要保障，有助于促进政府的财政管理更加科学、规范和有效，提高政府的公信力和责任感。

（二）责任原则

责任原则是财政管理的核心原则之一，其主要目的是确保财政资金的使用符合法律法规和政策规定，确保公共资金的安全、有效和合理利用。

首先，政府应当对公众负责。政府是公共权力的代表，行使权力必须遵循公共利益和公共需要，为公民谋利益，维护公共利益和社会稳定。政府在财政管理中应当注重公共利益和社会责任，确保财政资金的使用符合法律法规和政策规定，为公民提供公共服务和公共产品，促进社会公平和谐发展。

其次，财政部门应当对政府负责。财政部门是政府的重要部门，负责政府的财政管理工作。财政部门应当制定和实施科学规范的财政政策和财政管理制度，加强财政资金管理和监督，确保公共资金的安全、有效和合理利用，促进经济社会可持续发展。

最后，财政管理人员应当对财政部门负责。财政管理人员是财政管理的实施者，其职责是贯彻落实财政政策和制度，保障公共资金的安全、有效和合理利用。财政管理人员应当具有高度的责任感和职业道德，坚守法律底线，严格遵守职业规范，确保财政资金的使用符合法律法规和政策规定，为政府和公众创造价值。

只有遵循责任原则，才能确保财政资金的安全、有效和合理利用，为经济社会发展和公共福利提供有力保障。

（三）效率原则

财政管理的效率原则，是指财政管理部门应当通过优化财政支出结构、财政管理流程等手段，提高财政管理的效率和效益，达到更好地促进经济社会发展的目的。

首先，优化财政支出结构是提高财政管理效率的重要途径。财政支出结构的优化，可以实现财政资金的精准使用，避免浪费和冗余。财政部门应当根据政策需求和公共利益，合理安排财政支出，加强对财政支出的监督和评估，确保财政资金的使用符合规定，提高资源的配置效率。

其次，优化财政管理流程也是提高财政管理效率的重要手段。财政管理流程的优化，可以降低行政成本，提高工作效率，加快决策和执行速度。财政部门应当借鉴国内外先进的财政管理经验，逐步推行数字化、信息化的财政管理模式，减少纸质文书的使用，提高工作效率和质量。

最后，提高资源配置效率也是财政管理注重效率的重要内容。财政管理应当根据经济社会发展的需要，合理配置财政资源，实现资源的优化。财政部门应当注重公共资源的集中配置，提高资金利用效益，促进经济社会发展。

财政管理注重效率，不仅可以提高资源配置效率，还可以降低行政成本，提高工作效率和质量，促进经济社会可持续发展。

（四）经济原则

财政管理应当遵循经济原则，保证财政支出的合理性和经济性，坚持限额管理，加强预算管理，确保财政资金的最大化利用。

首先，保证财政支出的合理性和经济性是财政管理遵循经济原则的重要内容。财政支出的合理性，意味着财政支出必须符合国家法律法规和政策规定，严格控制非必要性支出。财政支出的经济性，则强调财政支出必须保持节约，控制成本，实现财政资金的最大化利用，实现财政管理的经济效益。

其次，坚持限额管理是财政管理遵循经济原则的重要手段。限额管理是指对财政支出实行明确的限额和审批制度，加强财政支出的管理和监督，避免出现超标准、超预算、超规模的财政支出行为。

最后，加强预算管理也是财政管理遵循经济原则的重要手段。预算管理是财政管理的核心内容之一，通过制定合理的预算，明确财政支出的来源和用途，加强财政支出的管理和监督。预算管理可以有效控制财政支出，保证财政支出的合理性和经济性。

财政管理遵循经济原则，不仅可以提高资源利用效率，还可以避免浪费和滥用，保证财政支出的合理性和经济性，促进经济社会发展。

（五）信息化原则

随着信息技术的快速发展，财政管理应当利用信息化手段，建立和完善财政管理信息系统，实现财政管理的信息化、数字化和智能化，提高财政管理的科学性和精确性。

首先，建立和完善财政管理信息系统可以提高财政管理的效率。财政管理信息系统可以帮助财政管理人员及时、准确地掌握财政收支情况，实现财政预算管理、账务管理、统计分析等业务的自动化、智能化，大大提高了财政管理的效率和精确度，减轻了财政管理人员的工作压力。

其次，财政管理信息系统可以提高财政管理的透明度。财政管理信息系统可以公开财政收支情况、财政资金使用情况等信息，让公众了解政府的财政管理情况，促进政府的财政管理更加公开、透明、公正。

再次，财政管理信息系统可以加强财政管理的风险控制。财政管理信息系统可以实时监控和分析财政收支情况，发现财政管理中的潜在风险，提前预警并采取有效措施，避免财政风险发生，确保公共资金的安全、有效和合理利用。

最后，财政管理信息系统可以提高财政管理的科学性。财政管理信息系统可以通过大数据分析、人工智能等技术手段，对财政收支情况、财政政策效果等进行分析和评估，提供科学、准确的数据支撑，为决策者提供更加科学的决策依据，促进财政管理的科学化。

财政管理应当利用信息化手段，建立和完善财政管理信息系统，实现财政管理的信息化、数字化和智能化，提高财政管理的科学性和精确性。财政管理信息化，不仅可以提高财政管理的效率和透明度，还可以加强财政管理的风险控制，促进财政管理的科学化，进一步推动经济社会发展。

这些基本原则是财政管理的核心准则，它们的实践和贯彻将有助于促进财政管理的科学化、规范化和有效化。

四、财政管理在国家治理中的地位和作用

财政管理在国家治理中具有重要的地位和作用。作为公共财政的核心，财政管理不仅关乎国家财政收支的平衡和稳定，也关系到经济社会发展的全局。在这样的背景下，探究财政管理在国家治理中的地位和作用，可以更深入地了解财政管理的重要性和意义，进而给财政管理提供更有益的思路和启示。

财政管理在国家治理中扮演着重要角色。财政是国家政权的重要基础和保障，财政收支的平衡和优化对于国家的发展和稳定至关重要。财政管理涉及国家财政收支、国债、税收、预算等方面，是国家治理的重要组成部分。

首先，财政管理对于国家发展和稳定具有关键性作用。财政管理的好坏直接影响国家经济的健康发展和社会稳定。良好的财政管理可以为国家提供充足的财政资源，支持国家各项事业的发展，同时可以保障社会公共服务的提供和社会福利的完善。而财政管理不良则会导致财政赤字、债务危机、通货膨胀等问题，给国家发展和社会稳定带来危害。

其次，财政管理是国家治理的重要手段。财政管理的职能包括预算管理、税收管理、国债管理、财务管理等多个方面，这些职能直接关系到国家治理的效能和质量。财政管理可以通过预算调控、税收调节、国债发行等手段对国家经济进行有效引导和调整，同时可以通过财政审计、监督检查等手段对政府部门的行为进行监督和约束，维护政府部门的廉洁和公正。

最后，财政管理是民主政治的重要基础。财政管理涉及国家财政收支、公共资源分配等方面，是政治决策的重要依据和支撑。财政管理的透明度、公开性和民主性对于实现政治决策的公正和合法至关重要。只有通过公开透明的财政管理，才能使政治决策更好地体现人民利益和民意，增强政治决策的合法性和可信度。

财政管理在国家治理中具有关键性作用。政府应该加强财政管理能力建设，提升财政管理的科学性、民主性和规范性，确保财政管理的有效性和公正性，为国家的发展和

稳定提供坚实的基础和保障。

第三节　政府会计与财政管理的关系

政府会计与财政管理是密切相关的两个领域。政府会计作为一种特殊的会计体系，主要用于监督和管理政府的财务活动。而财政管理则是指政府运用财政手段，合理配置和管理公共财政资源，实现经济、社会和政治目标的最大化。政府会计为财政管理提供了必要的财务信息和决策支持，两者相互依存、相互促进。本节将详细探讨政府会计与财政管理之间的关系。

一、政府会计制度的建立与发展

政府会计制度是指为规范政府会计核算和财务管理行为，制定的包括会计准则、制度、程序、方法等一系列规范性文件的体系。政府会计制度的建立与发展是一个不断完善和提高的过程，主要包括以下几个方面。

（一）制定相关政策法规

首先，政府会计制度的建立首先要以国家制定的相关的政策法规为基础，明确政府会计核算的基本原则、准则、制度和规范，例如《中华人民共和国会计法》《中华人民共和国财政法》等。这些法规规定了政府会计核算的目的、内容、程序、方法、制度等方面的要求，为政府会计制度的建立和发展提供了法律保障。

其次，政府会计制度的建立需要制定相关的会计准则和规范。政府会计准则是指政府会计核算的基本原则、规则和标准，是政府会计制度的重要组成部分。政府会计规范则是指政府会计核算中的操作规范、流程和程序等，是政府会计制度的实施规范。政府会计准则和规范的制定需要遵循会计法和财政法等法律法规的要求，同时需要考虑国家经济社会发展和财政管理的实际需求，以及吸收和借鉴国际先进经验和做法。

再次，政府会计制度的建立需要建立相关的管理体制和制度。政府会计制度的实施需要由专门的会计管理机构和会计人员负责，需要建立完善的管理体制和制度，包括会计人员的资格和培训、会计信息系统的建设和维护等。此外，还需要建立相关的内部控制制度和风险管理制度，确保政府会计核算的准确性、及时性和可靠性。

最后，政府会计制度的建立需要不断适应国家经济社会发展和财政管理的要求。随着国家经济社会发展和财政管理的变化，政府会计制度也需要不断调整和完善，以适应新的形势和要求。例如，随着市场经济的发展，政府会计制度需要更加注重会计信息的透明度和公开性，以满足公众对政府财务状况的了解和监督需求。

（二）制定会计准则

政府会计准则是指规定政府会计核算原则、方法和程序等方面的标准性文件。政府会计准则的制定需要遵循会计法律法规和财政部门的有关规定，结合政府财务管理的实际需要，明确政府会计核算的标准和要求，如《政府会计准则——基本准则》。

政府会计准则是政府会计制度的重要组成部分，它的制定和实施对于提高政府财务管理水平和保障财政收支安全具有重要作用。政府会计准则的制定需要考虑政府会计核算的实践和技术水平、国家财政政策和经济发展状况、财务管理和风险控制等方面的因素。

政府会计准则的主要作用是规范政府财务核算行为，提高财务信息质量和透明度，保证政府财务信息的真实性、准确性和完整性，防范和化解财政风险，提高政府财务管理的效率和效果。

政府会计准则的制定一般分为以下几个阶段。

1. 研究制定方案

政府会计准则制定委员会或相关部门会对政府会计核算的理论、方法和实践进行研究，探讨制定政府会计准则的必要性和可行性，明确制定政府会计准则的主要任务和目标。

2. 起草政府会计准则

政府会计准则起草组或专家委员会将根据前期研究的结果，结合政府财务管理的实际需求，起草政府会计准则草案，并通过内部审议和公开征求意见等环节进行完善。

3. 公布政府会计准则

政府会计准则的公布需要通过国家财政部门的审批和公示程序，确保政府会计准则的科学性、可操作性和可管理性。政府会计准则公布后，政府各级部门和机构应按照规定执行。

4. 定期修订政府会计准则

政府会计准则是动态的、发展的，需要随着政府财务管理的变化和发展进行修订和完善。政府会计准则的修订应该遵循科学、规范、公开、公正的原则，通过内部审议和公开征求意见等环节，形成统一的修订意见，并经过国家财政部门的审批和公示程序，确保政府会计准则的适应性和实效性。

（三）制定会计制度

政府会计制度是指针对政府财务管理中的各项业务，明确政府会计核算具体程序和方法的规范性文件。政府会计制度是财务管理工作的基础和保障，能够保证政府财务信息的准确、及时、完整。

政府会计制度的建立需要根据政府会计准则的要求，结合政府财务管理的实际需要，制定各种会计核算制度和办法。例如，《财政总预算会计制度》等。这些制度和办法规定了政府各项财务收支活动的核算内容、方法、程序和报表，确保政府会计核算工作的规范化、标准化。

政府会计制度的建立需要考虑政府财务管理的特殊性和复杂性。政府会计制度要求具有相对稳定性，一旦制定就应该长期有效，并根据实际需要进行适当修订。政府会计制度还要考虑与国际接轨的需求，兼顾国际财务报告准则和国内法律法规的要求，推进政府会计国际化进程。

在政府会计制度建立的过程中，需要加强对政府会计工作的监督和评价。需要对政府会计制度的执行情况进行定期审计和评估，及时发现和解决问题，确保政府财务管理的规范和有效。同时，政府会计制度的建立需要与政府预算管理、财务审计、内部控制等方面相衔接，形成统一、科学、有效的财务管理体系。

（四）加强财务管理

政府会计制度的建立和发展离不开财务管理的加强，这是因为政府财务管理是政府治理和公共服务的基础性工作之一，直接关系到政府财政的稳定和健康，也关系到政府的公信力和形象。因此，政府会计制度的建立和发展需要加强财务管理，主要有以下几个方面。

1. 建立完善的财务管理制度和流程

政府会计制度的建立和发展需要建立完善的财务管理制度和流程，包括会计核算、预算管理、资产管理、财务审计等方面。需要从预算编制、执行、管理到会计核算、报表编制、分析和报告等全过程进行规范和管理，确保政府财务管理的合规性、科学性和有效性。

2. 完善财务管理人员的专业能力和素质

政府会计制度的建立和发展需要完善财务管理人员的专业能力和素质。政府财务管理人员需要具备扎实的财务和会计理论知识，熟悉政府会计核算的规范和方法，掌握相关的法律法规和政策，能够独立开展财务管理工作，具有分析和解决问题的能力和思维方式。

3. 提高政府财务管理的水平和效率

政府会计制度的建立和发展需要提高政府财务管理的水平和效率，实现财务管理的科学化、规范化和信息化。政府财务管理需要利用现代科技手段，推广电子财务管理系统，提高财务信息的时效性、准确性和透明度，提高政府财务管理的效率和服务质量。

4. 加强对政府财务活动的监督和管理

政府会计制度的建立和发展需要加强对政府财务活动的监督和管理。政府应当建立健全财务监督和审计机制，加强对政府各级财政预算的编制、执行和管理的监督和审计，及时发现财务管理中的问题和风险并予以纠正和排除，加强政府财务管理的内部控制和风险管理。

在政府会计制度的建立和发展中，需要各级政府部门认真贯彻执行国家有关政策法规和标准，积极推进财务管理现代化，加强财务监督和管理，提高政府的财务管理水平和效率。政府会计制度的健全和完善，有利于推动政府财务管理的科学化、规范化、透明化和监督化，保障国家财产安全，维护公共财务利益，促进经济社会持续健康发展。

二、政府会计与财政管理的内在关系

政府会计和财政管理是密不可分的两个领域，它们之间的关系紧密相连。政府会计是财政管理的重要组成部分，它为政府财务决策提供了有关财政状况的信息，帮助政府实现财政收支平衡和资源优化配置。

首先，政府会计为财政管理提供了基础数据和信息。政府会计的工作是对政府财务收支状况、财政资源的利用情况进行记录、统计、分析和报告，提供财政管理所需的重要数据和信息，为政府决策提供依据。政府会计对政府的预算执行情况、收支状况、资产负债表等进行监督和检查，为政府财政管理提供实时、准确、可靠的数据支持。

其次，政府会计提升了财政管理的透明度和公开性。政府会计要求政府部门公开财务信息，对政府财政的收支情况进行公开，防止财务违规行为的发生，提高政府决策的公正性和透明度，增强公众对政府的信任和支持。

最后，财政管理也促进了政府会计的规范化和科学化。政府会计需要遵守政府会计准则和法规，确保会计信息的真实性、准确性和完整性，而财政管理可以通过对政府会计信息的分析和评估，发现问题、改进管理，提高政府财务管理的水平。

政府会计和财政管理关系密切，政府会计为财政管理提供了关键的信息和支持，帮助政府实现财政收支平衡和资源优化配置，促进财政管理的现代化和规范化。

三、政府会计在财政管理中的监督作用

政府会计在财政管理中起着至关重要的监督作用，通过对财务数据的记录、分析和报告，为财政管理者提供了有效的监督手段，确保财政资金的安全、合规和有效使用。在政府会计的监督下，财政管理得以规范化、制度化和透明化，为实现良好的财政管理和公共财政的可持续发展提供了坚实的基础。

政府会计在财政管理中的监督作用主要表现在以下几个方面。

（一）财务数据的记录和报告

政府会计通过对财务数据的记录和报告，及时准确地反映财政收支情况，为财政管理者提供了重要的决策依据。政府会计应当按照法定程序、规范和标准，记录和汇总政府的财务数据，如预算编制、执行、决算报告、财务年度报告等。通过财务数据的记录和报告，政府会计能够为政府管理者提供及时准确的财务信息，从而实现对财政资金的全面监督和管理。

（二）财务数据的分析和评估

政府会计不仅要记录和报告财务数据，还应当对其进行分析和评估，发现存在的问题并提出改进措施。政府会计应当根据财务数据的分析和评估结果，为政府管理者提供政府的有关财务情况、财政决策和预测的信息，为政府决策提供科学的参考。

（三）财务内部控制的设计和实施

政府会计应当参与财务内部控制的设计和实施，以确保财政资金的安全和有效使用。政府会计应当制定和完善会计制度和财务管理制度，明确职责分工和工作流程，规范财务管理行为，避免财务风险和财务违规行为。

（四）财务审计和监督

政府会计应当参与财务审计和监督，为政府管理者提供可靠的审计和监督报告。政府会计应当配合审计机关的工作，对财务数据进行审核和检查，发现问题及时报告，并协助有关部门采取纠正措施。

政府会计在财政管理中的监督作用是不可或缺的，它通过记录和报告财务数据、分析和评估财务情况、设计和实施财务内部控制、参与财务审计和监督等方式，确保财政资金的安全、合规和有效使用，保障公共利益和社会公正，促进政府的公共财政可持续发展。

四、政府会计为财政管理提供决策支持

政府会计在财政管理中的决策支持作用十分重要。通过会计信息的收集、整理、分析和报告，政府会计能够为财政管理提供可靠的数据和信息，为政府决策提供有力的支持。

政府会计为财政管理提供决策支持的具体表现主要有以下几个方面。

（一）提供财政收支信息

政府会计通过会计核算在为财政管理提供决策支持的过程中起到了至关重要的作用。政府会计通过对各级政府财政收支情况进行及时、准确的记录和核算，为政府提供了可靠的财务数据和信息，为政府的决策提供了实时、准确的数据支持。

政府会计提供的财务数据和信息涉及预算执行情况、收入情况、支出情况、资产负债情况等。在预算执行情况方面，政府会计通过对各项预算的执行情况进行核算和分析，并及时反馈，为政府管理者了解预算执行情况、调整预算和采取相应措施提供了基础数据。在收入情况方面，政府会计通过核算各项收入情况，包括税收、非税收入、财政补贴等，为政府决策者提供收入来源和数量的详细数据，帮助政府合理制定收入政策、调整收入结构和增加收入来源。在支出情况方面，政府会计通过核算各项支出情况，包括行政支出、公共服务支出、社会保障支出等，为政府决策者提供支出情况的实际数据，帮助政府制定支出计划、调整支出结构和合理控制支出。在资产负债情况方面，政府会计通过核算政府的资产、负债和净资产情况，为政府管理者提供政府资产和负债的真实情况，帮助政府制定资产管理和负债管理政策。

此外，政府会计还通过财务分析和财务报告为政府决策提供支持。政府会计根据核算结果编制财务报告，通过财务报告反映政府财务状况和运行情况，包括收入费用表、预算单位支出明细表等。政府决策者可以通过这些财务报告了解政府的财务状况、运行

情况和财政中长期可持续性，为政府的决策提供基础数据和参考依据。政府会计还可以通过财务分析和预测为政府决策提供支持。政府会计可以对财务数据进行分析，提出合理的财务建议和决策。

（二）分析财政数据

政府会计在会计核算的基础上，通过对财政数据的分析，为政府决策提供深入的财务分析报告。例如，会计人员可以对政府不同领域的收支情况进行分析，发现问题并提出改进建议，为政府的决策提供支持。

除了会计核算，政府会计还可以通过对财政数据的分析为政府决策提供支持。这需要会计人员具备一定的财务分析能力和对政策环境的了解。

首先，会计人员可以对政府不同领域的收支情况进行分析。通过对政府收入和支出的情况进行分析，会计人员可以发现其中的规律和变化趋势，进而发现其中存在的问题和风险。例如，如果政府的某项收入长期下降，会计人员可以调查并发现问题的原因，提出改进建议，帮助政府采取措施以提高收入。类似地，如果某项支出长期增加，会计人员也可以调查并提出优化建议。

其次，会计人员可以根据政策环境的变化，对财政数据进行分析，为政府决策提供支持。政策环境的变化会对政府的财政决策产生影响，会计人员需要对这些变化进行深入分析，为政府提供实时的数据支持和决策建议。例如，如果某个行业的税收政策发生变化，会计人员需要及时更新税收核算规则，并提醒政府注意相关的财政风险和机会。

政府会计在财政管理中的作用不仅是提供财务核算服务，还可以通过财务分析为政府决策提供支持和建议，提高政府的决策质量和效率。

（三）辅助预算编制

政府会计在预算编制过程中，通过预算分析、预算编制等工作，提供预算执行和监控的基础数据，并对预算的执行情况进行跟踪分析，及时向政府或相关部门提供预算执行情况报告，为政府决策提供可靠的参考数据。

首先，政府会计通过对过往的财政数据进行分析，为政府预算编制提供参考依据。通过对过往的收支情况、经济发展情况、社会状况等数据的分析，政府会计可以提供对预算编制的建议，包括预算规模、重点领域、预算分配等方面。这些建议对政府制定科学合理的预算起到重要作用。

其次，政府会计在预算编制过程中，通过对财政数据的分析，为政府决策提供预算执行情况报告。政府会计可以根据预算编制的情况，制订预算执行计划，监控预算执行情况，并进行跟踪分析。政府会计及时向政府或相关部门提供预算执行情况报告，为政府决策提供可靠的参考数据，帮助政府及时发现预算执行中的问题，并加以解决。

最后，政府会计在预算执行过程中，对预算执行情况进行监控。政府会计可以对各项预算支出进行监控，发现问题并及时提出改进建议，避免资源浪费，从而提高预算执行效率，为政府决策提供有力支持。

因此，政府会计在预算编制和执行过程中，发挥着重要的决策支持作用。政府会计通过会计核算、财务分析、预算编制和执行监控等工作，为政府决策提供实时的数据支持和可靠的参考数据，帮助政府及时发现问题并加以解决，促进政府决策的科学化和规范化。

（四）提高决策效率

政府会计通过建设和应用会计信息系统，对提高财政管理决策的科学性和有效性发挥着至关重要的作用。会计信息系统可以将财政数据进行集中管理，提高财政数据的准确性、完整性和一致性，实现财政数据的快速、便捷、高效采集和加工处理，提高政府决策的及时性和准确性。

首先，会计信息系统可以实现政府财政数据的实时监控。通过建立财务报表、预算执行报告等多种形式的报告，对财政收支、预算执行等重要财务数据进行及时的监控和分析。会计人员可以通过实时查询和分析，监控政府各项收入和支出情况，及时发现异常情况和问题，并及时向政府领导层提供解决方案和决策建议，为政府决策提供可靠的参考数据。

其次，会计信息系统可以实现财政数据的标准化和规范化管理。通过对财政数据的标准化和规范化管理，可以提高财政数据的一致性和可比性，使财政数据更加精准和可靠。会计信息系统可以将财政数据进行分类、归档和管理，实现财政数据的快速、准确、一致化的采集和处理，提高财政管理的效率和精度。

最后，会计信息系统还可以对政府决策的数据进行分析和预测。会计信息系统可以对财政数据进行数据挖掘和分析，通过统计分析、数据建模和数据挖掘技术，预测政府财政收支情况、预算执行情况等，为政府决策提供决策支持和预警机制。

政府会计通过对会计信息系统的建设和应用，提高了政府决策的科学性和有效性，使政府决策更加符合实际情况和财政运行规律，为实现国家财政管理目标提供了坚实的数据保障。

政府会计在财政管理中的决策支持作用非常重要，能够为政府决策提供可靠的数据和分析报告，提高决策的科学性和效率。

五、财政管理对政府会计的实践和应用的影响

政府会计与财政管理密不可分，二者相辅相成，相互作用。财政管理对政府会计的实践和应用产生了深远的影响，不仅在财政预算编制和执行、资金管理和监督、审计监督等方面发挥着重要作用，而且在改善政府财务状况、提高政府效率和公共服务水平等方面也具有重要意义。下面将从几个方面展开论述。

第一，财政管理对政府会计制度的制定和实施产生影响。财政管理为政府会计制度的制定提供了重要的基础和指导，确保了政府会计规则的合理性、透明度和一致性。财政管理还通过制定预算、审批支出、控制财政风险等措施，引导政府机构合理开支，促

进财政收支的平衡，进一步完善政府会计制度。

第二，财政管理对政府会计信息的获取和分析产生影响。财政管理为政府会计信息的获取提供了重要的支持和保障，确保了会计信息的真实、准确和及时。同时，财政管理对政府会计信息的分析和应用产生了重要影响。通过对会计信息的综合分析和研究，财政管理能够更好地了解政府财政的状况和问题，为财政决策提供科学的依据和参考。

第三，财政管理对政府会计的监督和管理产生影响。财政管理通过对政府机构的财务活动进行监督和管理，确保了政府会计的合规性、规范性和可靠性。同时，财政管理也为政府会计的改进和优化提供了重要的支持和指导。

财政管理对政府会计的实践和应用产生了深刻的影响，为政府会计的发展提供了坚实的基础和保障。政府应该进一步加强财政管理与政府会计的协调与合作，发挥它们的相互作用，共同推动政府财政的健康发展。

政府会计作为财政管理的重要组成部分，通过会计核算、财务分析、预算编制等工作，为政府决策提供了可靠的数据支持和决策依据，提高了财政管理的科学性和精确性，促进了政府决策的科学化、民主化和法治化。随着信息技术的发展和财政管理的不断改革，政府会计的作用和地位将会不断得到强化和提升，为实现财政管理现代化和治理现代化提供更为有效的支持。

第二章　行政事业单位会计制度

政府会计是一门特殊的会计学科，其目的是记录、核算和报告政府单位的财务活动。与企业会计不同，政府会计主要关注公共财政的管理和使用，强调透明度、公正性和合法性。政府会计的基础知识包括政府会计准则、会计核算方法、财务报告等方面，这些知识对于政府财政管理和预算编制至关重要。本书将详细介绍政府会计的基础知识，帮助读者更好地理解政府会计的意义和作用。

第一节　行政事业单位会计制度基础知识

行政事业单位新政府会计制度是为了规范行政事业单位的财务管理和会计核算而制定的一套会计准则和规定。它基于国家财务会计准则体系，并结合行政事业单位的特点和需求，旨在提高行政事业单位财务信息的准确性、可比性和透明度。行政事业单位新政府会计制度的实施对于行政事业单位的财务管理和决策具有重要意义。本书将介绍行政事业单位新政府会计制度的核算基础知识，包括会计主体、会计核算对象、会计账簿等内容，以帮助读者了解和掌握新政府会计制度的基本概念和操作要点。

一、行政事业单位新政府会计的基本概念

行政事业单位新政府会计核算是指在行政事业单位领域内，根据新颁布的政府会计制度，进行财务管理和会计核算的一套规范和程序。行政事业单位作为公共部门的一部分，具有特殊的财务管理需求和责任。下面将详细介绍行政事业单位新政府会计核算的基础知识。

行政事业单位新政府会计是指在我国行政事业单位改革背景下建立的一种财务管理体系，旨在规范和优化行政事业单位的财务管理和核算制度。这一新型的会计体系综合运用了财政会计和企业会计的理念，以适应行政事业单位的特殊性和复杂性。

（一）双基础体系

新政府会计采用双基础核算的设计理念，将财政会计和管理会计有机结合，旨在更好地服务于政府的决策和管理需求。这一双基础核算的模式在强调财政管理合规性的同时，也注重对政府整体绩效的评估和提升。

财政会计侧重于政府的收入和支出，确保政府财务的合规性和透明度。通过翔实而准确地记录政府财政活动，提供了财政报告的基础，使政府财务决策更加合规和可信。财政会计的数据为政府提供了决策支持，有助于进行财政预算和资源配置，确保公共资源的合理利用，满足社会需求。

管理会计强调政府绩效评价，通过建立科学的绩效评估体系，对政府各项活动的效果进行监控和评估。这有助于优化资源配置，提高整体绩效水平。管理会计提供更多全面、灵活的财务信息，为管理者提供决策所需的数据，支持制定科学合理的政策和管理策略。

通过引入信息化技术，双基础核算得以更高效运作。现代化的会计信息系统可以加速数据的处理和报告的生成，提高会计工作的效率。信息化支持使得政府管理者能够实时监控财政活动和绩效状况，及时做出决策调整。通过整合财政会计和管理会计的优势，新政府会计双基础核算的模式更好地适应了政府复杂多样的管理和决策需求，为提高政府财务管理的现代性和科学性提供了坚实的基础。

（二）双报告制度

新政府会计强调双报告，即财政报告和管理报告的编制，旨在实现财务信息的全面、透明，为行政事业单位的内外部管理提供更丰富的参考。

财政报告主要关注政府的财政决策和财政状况，确保财政管理的合规性和透明度。翔实而准确的财政报告对于公众和相关利益方了解政府的财政健康至关重要。财政报告为政府提供了决策支持的基础数据，帮助进行财政预算和资源配置，确保公共资源的合理利用，满足社会需求。

管理报告强调政府绩效评价，通过建立科学的绩效评估体系，对政府各项活动的效果进行监控和评估。这有助于优化资源配置，提高整体绩效水平。管理报告提供更多全面、灵活的财务信息，为管理者提供决策所需的数据，支持制定科学合理的政策和管理策略。

双报告的编制为行政事业单位提供了全面的内部管理工具。管理层可以通过细致的管理报告了解各项活动的实际效果，及时调整管理策略，确保行政事业单位的高效运作。双报告的公开使得政府活动对公众更加透明。这有助于建立政府与公众之间的信任关系，提高社会对政府财政管理的监督和参与度。

财政报告和管理报告的联合编制维护了财务信息的权威性。两者相辅相成，互为依据，加强了财务信息的可信度。双报告体系使得政府决策更为科学，充分考虑了财政和管理两个层面的需求，确保了决策的全面性和准确性。

通过双报告的模式，新政府会计不仅强调财政报告的合规性和透明度，还注重管理报告对政府绩效的全面评估，使得财务信息更全面、更可信，为行政事业单位的内外部管理提供了更为丰富的参考依据。这种综合性的信息体系有助于政府更好地履行职责，提高公共服务水平，实现资源的科学配置。

（三）依法合规

严格依照法律法规的规定，确保政府会计的核算和报告符合国家相关政策和法规，是维护公共财务合法性和透明度的重要举措。政府会计必须建立在健全的法律法规体系之上。严格依照国家相关法律法规，确保政府会计核算和报告的合法性。在核算过程中，政府会计需要确保所有的会计操作和财务报告都符合国家法律法规的规定，包括会计制度、会计政策等，以保障财务信息的合法性和可靠性。

政府会计在核算和报告过程中应贯彻执行国家的财政政策和法规，确保各项政策要求得到有效的贯彻和执行。这包括对公共支出、财政预算等方面的要求。

在财政预算的编制和执行过程中，政府会计需要严格遵循相关法规，确保预算的合规性，防范超支等不当行为。依照法律法规规定，政府会计需要按照一定的透明度要求，主动公开相关财务信息。这有助于公众了解政府的财政状况，提高财政活动的透明度。在编制财务报告时，政府会计应当严格遵循相关法规规定的报告格式，确保报告的结构合理、内容准确，符合国家规定的报告要求。

为增强合规性，政府会计通常接受独立审计机构的审计。审计机构的参与有助于验证财务信息的合法性和准确性，确保政府财务的真实性。审计过程中，政府会计需要积极配合审计机构的工作，确保审计结果的合规性，及时整改发现的问题，以提高财务管理的合法性和透明度。

通过严格依照法律法规的规定，政府会计能够确保其核算和报告的合法性，从而维护了公共财务的透明度，增强了社会对政府财务管理的信任。这种合规性的维护是政府会计工作不可或缺的一环，有助于建设法治化的财政管理体系。

（四）强调绩效导向

新政府会计倡导绩效管理理念，强调通过科学的核算方法和财务信息，评估和监控行政事业单位的绩效，以提升服务水平和社会效益。绩效管理强调明确的目标和绩效指标，政府会计在核算过程中需要确保这些目标和指标得到准确体现，为绩效评估提供基础数据。绩效管理关注实际结果，而不仅仅是过程。政府会计需要通过财务信息的综合分析，反映行政事业单位的实际绩效，包括服务质量、效率、效益等方面的表现。

财务信息是绩效管理的重要数据源之一。政府会计通过准确记录和报告财务活动，为绩效评估提供了关键性的数据，帮助评估行政事业单位的财务健康状况。

绩效管理需要建立关联指标，将财务数据与绩效目标直接联系起来。政府会计在核算过程中需要确保这些关联指标的准确性和科学性。通过对财务数据的分析，政府会计可以帮助管理者理解资源的使用效果，为资源的合理配置提供建议，实现行政事业单位的效益最大化。绩效管理要求进行成本效益分析，政府会计需要提供有关成本、效益、产出等方面的财务信息，以帮助管理者优化资源配置，提高工作效率。

倡导绩效管理的政府会计应建立健全的绩效监控体系，定期评估行政事业单位的绩效，及时发现问题并采取改进措施。财务信息是绩效监控的重要反馈源，政府会计需要确保相关数据及时、准确地传递给管理者，为其决策提供有力支持。

绩效管理不仅关注内部效益，还注重对外部社会效益的影响。政府会计需要通过财务信息的呈报，帮助评估行政事业单位对社会的贡献和影响。政府会计可以参与编制社会效益报告，反映行政事业单位在社会责任履行方面的表现，为公众和相关方提供全面的信息。

通过绩效管理理念的引入，政府会计在核算和报告中更加注重服务水平和社会效益的评估，通过科学的方法为行政事业单位的提升提供有力支持。这种管理模式有助于实现政府资源的有效利用，提高公共服务的品质，增进政府与社会的互信关系。行政事业单位新政府会计是对传统会计模式的创新，旨在更好地适应行政事业单位的管理和财务需求，推动财务管理的现代化和规范化。

二、行政事业单位新政府会计的主体和核算范围

行政事业单位新政府会计作为公共财务管理的重要组成部分，涵盖了广泛的主体范围和复杂的核算范围。其主体包括政府机关、事业单位等各类公共组织，而核算范围则涉及财政会计和管理会计两个关键领域。在这个复杂的体系中，通过详细记录、分析和报告财务信息，行政事业单位新政府会计致力于保障公共资源的合理运用、提升管理效率，并确保财务活动的合法性和透明度。

（一）主体范围

1. 政府机关

各级政府机关，从中央到地方的各级政府部门，以及派出机构和事业单位构成了行政事业单位新政府会计的主体范围。这一广泛的组成涵盖了国家机构、地方政府和各类事业单位，这些组织共同为公众提供服务和维护社会秩序。其中，政府机关负责制定和执行政策，而事业单位承担着重要的公共服务职责。新政府会计通过对这些主体的财务核算，致力于确保公共资源的合理分配和财务管理的合规性。

政府机关作为政策制定和执行的主体，其财务活动直接关系到国家和地方的经济发展和社会进步。从中央到地方，政府层级之间存在着复杂的财政体系，新政府会计为各级政府提供了重要的财务信息，支持其预算编制、执行和决算工作，确保政府资源的有效利用。事业单位作为公共服务的承担者，其经费主要来自政府拨款。新政府会计通过对事业单位的核算，不仅关注其财务状况，还注重绩效评价和管理，以确保其能够履行社会责任，提供高质量的公共服务。

政府机关和事业单位的广泛涵盖构成了行政事业单位新政府会计的主体范围，为其提供了丰富而复杂的财务信息，以支持公共资源的科学配置、管理效率的提升，以及公共服务的持续改善。

2. 事业单位

行政事业单位新政府会计的主体范围广泛涵盖各类事业单位，包括学校、医院、文

化单位等。这些事业单位由政府出资或全额拨款，并承担着重要的公共服务责任。通过对这些事业单位的财务核算，新政府会计旨在保障其财务活动的透明性、合规性，以支持它们有效履行社会使命。

学校作为教育机构，是社会培养人才的重要场所。政府通过拨款或直接出资，支持学校的基础设施建设、教育资源配置和师资培养。新政府会计通过对学校财务的详细核算，确保经费的合理使用，促进教育事业的健康发展。医院是保障公众健康的关键组成部分，通常由政府提供财政支持。新政府会计通过对医院财务的监控和核算，追踪医疗资源的使用情况，确保医疗服务的可及性和质量。

文化单位承担着维护文化传承和推动文化发展的使命。政府为这些单位提供财政支持，以促进文化事业的繁荣。新政府会计通过对文化单位的财务核算，保障文化资源的充分利用，支持文化事业的可持续发展。各类事业单位的涵盖使得行政事业单位新政府会计主体范围更加丰富多样。通过精细的财务核算，政府能够更好地了解这些单位的财务状况，支持它们更有效地履行公共服务责任，推动社会各个领域的协调发展。

3. 其他行政事业单位

行政事业单位新政府会计的主体范围还包括其他政府管理的事业性单位，其中公益性社会组织等也被纳入考虑。这些单位在社会管理中扮演着重要角色，通常由政府提供经费支持，以履行其特定的社会责任。新政府会计通过对这些单位的财务核算，旨在确保其经费的合理使用、财务活动的合规性，以支持它们更好地履行公益使命。

公益性社会组织是民间力量的组织形式，通常以提供社会服务或推动社会公益事业为目标。政府可能通过拨款或项目资助等方式，为这些组织提供财政支持。新政府会计通过对这些社会组织的财务核算，确保其经费的透明使用，以及活动的社会效益。其他政府管理的事业性单位涉及各种领域，如科研机构、公共基础设施管理单位等。这些单位在社会发展中具有独特的功能，政府通过提供资金和资源支持它们。新政府会计通过对这些单位的核算，关注其财务状况和管理效率，以确保公共资源的有效利用。

通过将这些其他事业性单位纳入核算范围，行政事业单位新政府会计更全面地服务于社会公共事务的管理需求。通过翔实的财务记录和透明的报告，政府可以更好地监控和支持这些单位的活动，推动社会的全面进步。

（二）核算范围

1. 财政会计

政府的日常收支、资产负债等财务活动是行政事业单位新政府会计的核心内容。新政府会计首先关注政府的预算编制和执行过程。预算是政府财政计划的基础，通过详细的预算编制，政府能够明确各项支出、收入的计划，为实现财政目标提供框架。新政府会计在这一阶段的职责包括协助政府部门制定财政预算、确保各项预算符合法规和政策要求。一旦预算通过审批，新政府会计的工作延伸至预算执行阶段。此时，会计需要确保各政府部门按照预算计划执行其财政活动。这涉及资金拨款、支出的实际操作，以及对项目资金的分配等方面。确保预算的有效执行对于实现政府财政目标至关重要。

财政决算是对财政年度末各项收支情况的全面总结和报告。新政府会计在这一阶段负责核算财政年度的各项实际收支情况，编制财政决算报告。这有助于政府了解年度末的财政状况，评估预算执行情况，为未来的财政决策提供数据支持。

新政府会计还关注政府的资产和负债状况。这包括政府的资产清单，如土地、建筑、设备等，以及负债方面，如债务和应付款项等。通过对资产负债的详细核算，政府可以清晰了解自身的财务健康状况，为长期财政规划提供依据。

通过精确的财政核算，新政府会计为政府提供了财务数据和信息，支持政府进行合理的财政决策，确保公共资源的合理配置和有效使用。这对于保障政府财政活动的透明性和合规性，以及提升政府绩效水平具有重要意义。

2. 管理会计

在新政府会计中，管理会计是一个关键领域，其侧重点在于行政事业单位内部的管理和运营。管理会计在成本核算方面的任务是追踪和分析行政事业单位的各项成本，包括直接成本和间接成本。这有助于单位了解不同活动、项目或部门的成本分布，从而进行成本效益分析，优化资源配置，提高经济效益。

管理会计通过制定和分析绩效指标，评估行政事业单位各个部门和项目的绩效水平。这包括定量指标如生产效率、服务质量，以及定性指标如员工满意度等。绩效评估为管理者提供了有针对性的信息，帮助他们制定战略决策，提高整体绩效水平。在管理会计中，预测规划是指通过对过去和当前数据的分析，预测未来的财务状况和业务趋势。这有助于单位在不同情景下做出合理的财政规划，更好地应对潜在的挑战和机遇。

管理会计为内部决策提供了重要的支持。通过提供翔实的财务信息，管理会计使管理者能够做出更明智、基于数据的决策。这涉及资源分配、项目投资、业务扩展等方面的决策，以确保单位的可持续发展。在管理会计中，内部控制是确保单位财务活动合规和有效的关键要素。管理会计通过制定规范的财务流程、审批程序，以及进行风险管理，确保单位的财务活动在法规框架内进行，并减少财务不当行为的风险。通过这些管理会计的实践，行政事业单位可以更灵活、更科学地管理和运营，提高资源利用效率，进一步推动单位的整体发展和改善服务水平。

（三）具体核算项目

1. 预算核算

在新政府会计中，财政会计扮演着关键的角色，特别是涉及政府预算的编制、执行和决算等方面。财政会计首先涉及政府预算的编制。这包括对各项目的经济分类、功能分类、行政区划等方面的核算。在这个阶段，会计需要协助政府部门收集相关信息，进行合理的财政规划，确保各项支出和收入都得到适当的预算安排。一旦预算通过批准，财政会计的职能延伸至执行阶段。此时，会计需要确保各政府部门按照预算计划执行其财政活动。这涉及拨款、支出、项目资金的分配等实际操作，以确保政府在财政年度内按照预定的计划合理支配和运用公共资源。

预算决算是财政会计中的一个关键环节。在财政年度结束时，会计需要对实际执行情况进行核算，形成预算决算报告。这个报告对比了预算和实际执行情况，反映了政府财政活动的实际状况，为政府决策提供了重要的参考。财政会计需要对各种项目进行经济分类，以更好地了解资源的使用情况。这涉及不同项目的资金来源、支出用途等方面的详细分类，有助于政府更精确地了解各项活动的经济效果。

功能分类是对预算和支出进行功能划分，使政府能够清晰地了解各个领域的开支情况。这有助于政府更有针对性地制定财政政策，优化资源配置，实现财政资源的最大化利用。财政会计还需要考虑行政区划对财政预算的影响。这涉及不同地区的经济发展状况、财政需求等方面的核算，以确保各个行政区域都得到合理的财政支持。

通过以上财政会计的实践，政府能够更好地进行财政规划和管理，确保公共资源的合理分配和使用，促进各项活动的有序进行，实现政府的财政目标。

2. 资产负债核算

在新政府会计中，核算基础知识的一项重要内容是资产负债核算和成本核算。

资产负债核算是财务会计的核心之一，主要用于记录政府资产和负债的变动情况。这包括政府的各类资产，如土地、建筑物、设备等，以及负债如贷款、债券等。核算旨在确保政府的资产负债状况清晰可见，提供对政府财务健康的全面了解。通过资产负债表的编制和分析，政府能够有效监控和管理其资产，确保资源的有效利用。成本核算涉及行政事业单位的各项成本，包括人力成本、物资成本、管理费用等。以下是成本核算的具体内容：

（1）人力成本：包括工资、社会保险、福利等人员相关的费用。这部分成本是行政事业单位最重要的一项，直接关系到人员的薪酬福利待遇，需要进行详细核算，以确保公平合理的薪酬分配。

（2）物资成本：涵盖了行政事业单位使用的各类物资和资源的费用，如办公用品、设备、耗材等。通过对物资成本的核算，可以更好地管理资源的使用，实现成本的控制和节约。

（3）管理费用：包括行政事业单位的一般管理和运营费用，如办公场地租金、水电费用、行政人员的差旅费等。成本核算可以帮助单位了解各项费用的构成，为管理层提供决策支持，优化费用结构。

成本核算不仅有助于单位内部的成本效益分析，还能够为决策者提供详细的财务信息，帮助其做出合理的经济决策。通过合理的成本核算，政府能够更好地掌握资源利用情况，实现财务管理的透明度和高效性。

3. 绩效核算

在新政府会计中，绩效管理是一个关键的方面，它强调通过科学的核算方法和财务信息来评估和监控行政事业单位的绩效，以更好地提升服务水平和社会效益。绩效评估旨在全面了解行政事业单位的各项服务的效果和经济效益。这包括对服务质量、效率、成本效益等方面的评估，以确保单位达到其设定的目标和标准。通过绩效评估，政府能够更好地了解各项服务的优势和改进空间，为提高整体绩效水平提供指导。

绩效管理需要明确量化的绩效指标，这些指标应当与行政事业单位的目标和使命相一致。可能的绩效指标包括服务满意度、服务响应时间、资源利用效率、经济效益等。政府会计需要与管理层协作，确保选择的绩效指标能够全面反映单位的绩效状况。绩效核算是通过对各项绩效指标的核算，对单位的绩效状况进行全面评估。这包括对服务过程中的各个环节进行成本核算，以确定各项服务的成本效益，同时结合服务效果进行评估。绩效核算的结果将为管理层提供决策支持，帮助其优化资源配置，提升服务质量。

绩效报告是将绩效评估的结果以清晰、透明的方式呈现给相关利益相关方的重要工具。政府会计需要编制绩效报告，向公众、政府领导以及其他相关方介绍单位的绩效情况。这有助于建立单位与公众之间的信任关系，提高社会对行政事业单位的满意度和认可度。绩效管理是一个闭环过程，包括目标设定、绩效评估、绩效核算、绩效报告和反馈等环节。政府会计需要在整个过程中发挥重要作用，确保绩效管理的信息准确、及时地反馈给管理层，以便及时调整和优化管理策略。

通过科学的绩效管理，政府能够更加有效地提高服务水平，实现社会效益最大化，同时保证财务资源的合理利用。

（四）会计报告

1. 财政报告

在新政府会计体系中，汇总和展示政府整体的财政状况是至关重要的，主要通过编制预算执行情况、资产负债表和收支平衡表等报告来实现。

预算执行情况报告是政府会计在财政年度结束后编制的一份重要报告。它详细说明了政府在预算中制定的各项收入和支出计划与实际执行情况之间的差异。该报告通过对预算执行情况的比较分析，揭示了政府在财政管理方面的表现，有助于发现潜在的财政问题和改进管理策略。

资产负债表是一份反映政府财务状况的重要财务报表。它将政府的资产（包括现金、投资、固定资产等）和负债（包括债务、未支付的支出等）进行清晰的分类和总结。通过编制资产负债表，政府会计能够全面了解政府的净资产状况，为决策提供基础数据，并确保政府的财务状况得以透明呈现。

收支平衡表是反映政府在一定时期内总收入和总支出之间平衡关系的财务报表。该表汇总了政府的全部收入（如税收、资产收益等）和全部支出（如行政开支、项目支出等），从而评估财政的平衡性。通过分析收支平衡表，政府会计可以评估财政的可持续性，判断是否需要调整财政政策，以保持收支平衡。

综合财政报告是将以上各项报告综合汇总的一份报告，通常包括预算执行情况、资产负债表、收支平衡表等内容。这一报告为政府提供了整体的财政状况，帮助政府决策层全面了解政府财务的健康状况，同时向公众和其他利益相关方展示政府的财政透明度。

通过以上报告的编制和展示，政府会计能够为政府决策层提供重要的决策支持，同时增强公众对政府财务管理的信任和监督力度。这有助于确保政府财政资源的合理配置和高效利用。

2. 管理报告

内部管理层需要详细的财务信息以支持内部决策、规划和绩效评估，这是组织顺利运营和实现战略目标的关键因素。提供财务信息帮助管理层评估各种投资选择，包括新项目、设备采购或市场扩张。揭示公司现金流状况，支持决策者在不同业务部门之间进行资金分配，确保最优的资源利用。

提供历史财务数据，帮助制定下一期的预算，确保财务目标与公司战略一致。

通过财务信息，管理层可以更好地规划业务战略，制定目标并识别可能的风险。

利用关键绩效指标（KPIs）来评估公司在财务方面的表现。这包括利润率、资产回报率、市场份额等。将公司的财务绩效与行业标准或竞争对手进行对比，以识别潜在的改进空间。

提供关键财务指标，帮助管理层识别和管理与财务健康有关的潜在风险。通过财务数据，管理层能够制定有效的应急计划，以便在市场波动或财务危机时能够做出迅速而明智的决策。提供清晰的财务报告，确保公司遵循会计准则和法规，降低法律风险。通过财务信息，支持内部审计过程，确保公司内部控制体系的有效性。基于财务绩效，设计员工激励计划，以激发员工为公司的财务目标做出贡献。使用财务数据作为绩效评估的一个重要指标，确保员工的贡献与公司的财务成功相关联。

详细的财务信息对于内部管理层来说是至关重要的，它不仅帮助管理层更好地理解公司的财务状况，还为他们提供了有效的工具和信息来做出明智的决策，规划未来，并评估公司的整体绩效。

（五）法规和政策遵循

1. 法规合规性

行政事业单位新政府会计需要符合国家相关法规和会计准则，以确保财务核算的合法性和规范性。行政事业单位需遵循国家相关法规，如《会计法》《国有资产管理法》等，以确保会计核算的合法性。这包括明确财务报告的编制要求、报送时限等。行政事业单位需要按照国家颁布的会计准则进行财务核算，如我国的《企业会计准则》。这确保了会计信息的一致性和可比性，促进了信息透明度和财务报告的真实性。

按照法规和准则，行政事业单位需要合法地核算和呈现资产、负债、权益等财务要素，确保这些信息的真实性和准确性。依法进行成本核算，明确费用的发生、计量和分配原则，确保相关成本合法合规。按照法规和准则，确定政府补贴和资金的确认和处理方法，确保相关资金的合法性和透明度。如有必要变更会计政策，需要符合法定程序，并在财务报告中充分披露，以确保透明度和合规性。

保证财务报告中的信息真实可靠，符合实际情况。这包括对收入、支出、利润等方面的真实核算，以及对可能的风险和损失进行合理估计。提供完整的财务信息，确保所有重要的财务信息都得到充分的披露，帮助相关方全面了解行政事业单位的财务状况。建立健全的内部控制体系，确保会计核算过程中的合规性和有效性，减少错误和欺诈的风险。接受内部和外部审计，确保财务报告的合规性，并在审计报告中清晰地揭示任何重大的法规或准则违规事项。

通过遵循国家法规和会计准则，行政事业单位能够建立起合法、规范、透明的财务核算体系，从而保障财务信息的准确性、可靠性和真实性，为相关利益相关方提供可信赖的财务信息，维护组织的声誉和稳健经营。

2. 政策遵循

在核算和报告过程中，遵循政府的财政政策和会计政策对于确保政府财务活动的一致性和合理性至关重要。政府财政政策涉及国家经济目标的实现，如通货膨胀控制、就业促进等。在核算和报告过程中，会计应当确保财务活动符合财政政策的整体方向，以支持国家的经济发展目标。遵循政府预算和财政政策，确保支出符合政府的优先事项和战略方向。此外，合理执行财政政策对税收政策、债务管理等方面也具有指导作用。

政府会颁布专门的会计准则，规范政府单位的会计核算和报告。会计人员需要遵循这些准则，确保核算和报告过程的一致性和合规性。根据政府会计政策，确定合适的核算基础，例如现金会计基础或权责发生制，以确保财务报告的一致性和可比性。遵循会计政策，进行合理的会计估计，如资产减值准备、退休福利成本等，以确保财务报告中的数字反映实际情况。

遵循政府规定的财务报告披露要求，确保相关信息的透明度。政府财务报告应当充分披露关键财务信息，以便公众、利益相关方和监管机构能够理解政府财务状况和财政活动。政府财务报告应当遵循公开透明的原则，使公众能够追踪政府的财务决策和资源利用情况，促进政府的负责任和透明治理。

在核算过程中，确保财务活动与预算的一致性。如果有必要进行调整，需要符合相关法规和财政政策的规定，确保合理性和合规性。强化财务控制措施，以确保政府的财政活动符合财政政策，预防和发现潜在的财务风险和不规范行为。

通过遵循政府的财政政策和会计政策，政府能够确保其财务活动的一致性、合理性和透明度。这不仅有助于维护政府的财务声誉，还为公众和其他利益相关方提供了对政府财务状况的准确和全面的了解。

行政事业单位新政府会计的主体和核算范围因具体机构和行业而异，但总体而言，其核心在于维护公共财务的合法性、透明度和管理的有效性。这有助于更好地服务于公众、提升政府的决策水平，以及推动行政事业单位的可持续发展。

第二节　行政事业单位新政府会计制度与政府会计制度

行政事业单位新政府会计制度是指行政事业单位根据新的政府会计理论和规定，建立和实施的会计制度。行政事业单位需要依照新政府会计制度进行财务管理和会计核算，以确保财务信息的准确性、透明度和合规性。行政事业单位新政府会计制度与传统的政府会计制度相比，有一些改革和创新，以适应时代的需求和行政事业单位的特点。下面将对行政事业单位新政府会计制度和政府会计制度进行详细的论述。

一、行政事业单位新政府会计制度的特点

行政事业单位新政府会计制度的特点是指行政事业单位在财务管理和会计核算方面所具备的独特性和显著特征。这些特点反映了行政事业单位会计制度的目标、原则和规定，以及适应行政事业单位特殊性质和需求的要求。下面将介绍行政事业单位新政府会计制度的几个重要特点，以便人们更好地理解其在行政事业单位财务管理中的作用和意义。

（一）依法合规

行政事业单位新政府会计制度的一个重要特点是要求符合国家法律法规和相关会计准则的规定。这是为了确保会计核算的合法性和规范性，以维护行政事业单位财务管理的正当性和透明度。具体而言，行政事业单位在财务管理和会计核算过程中必须遵循以下规定。

首先，遵循国家法律法规。行政事业单位新政府会计制度要求行政事业单位遵守国家颁布的有关财务管理和会计核算的法律法规，包括《中华人民共和国财政法》《中华人民共和国会计法》等。行政事业单位必须合法合规地开展财务管理活动，确保财务操作符合法律法规的要求。

其次，遵循会计准则。行政事业单位新政府会计制度要求行政事业单位按照国家规定的会计准则进行会计核算，如《政府会计准则——基本准则》等。会计准则提供了会计核算的基本原则和规范，包括会计信息的计量、确认、报告等方面的规定，以确保财务信息的准确性和可比性。

再次，保证财务信息的真实性和完整性。行政事业单位新政府会计制度要求行政事业单位确保财务信息的真实性和完整性。行政事业单位在进行会计核算时，应准确记录和报告经济业务的发生和基本信息，不得故意隐瞒或篡改财务数据，保证财务信息的真实和完整。

最后，强调内部控制和审计监督。行政事业单位新政府会计制度要求行政事业单位建立健全的内部控制制度，并接受内部审计和外部审计的监督。内部控制制度有助于确

保财务信息的准确性和合规性，而审计监督则能够对行政事业单位的财务管理和会计核算进行独立评估和监督，发现问题并提出改进意见。

行政事业单位新政府会计制度的特点之一是要求符合国家法律法规和相关会计准则的规定，以确保会计核算的合法性和规范性。通过遵循法律法规和会计准则的要求，行政事业单位能够保证财务信息的准确性、真实性和完整性，提升财务管理的合法性和透明度。

（二）综合性和全面性

行政事业单位新政府会计制度涵盖了行政事业单位各个方面的财务管理和会计核算内容，包括预算编制、会计核算、财务报告、审计监督等。它要求行政事业单位在财务管理过程中全面考虑各个方面的因素，确保财务信息的全面性和真实性。

首先，预算编制。行政事业单位新政府会计制度要求行政事业单位进行预算编制，确保财务管理与预算管理相衔接。预算编制包括确定年度预算和预算执行计划，明确各项经济活动的财务预期和限额，为财务决策提供基础和参考。

其次，会计核算。行政事业单位新政府会计制度规定了行政事业单位的会计核算要求。它要求行政事业单位按照会计准则和会计政策进行会计核算，包括会计分录的登记、会计凭证的填制、会计账簿的建立和维护等。通过会计核算，行政事业单位能够记录和反映经济业务的发生和基本信息。

再次，财务报告。行政事业单位新政府会计制度要求行政事业单位编制财务报表，以向内部管理和外部利益相关方提供财务信息。财务报表包括资产负债表、收入支出表、现金流量表等，反映了行政事业单位的财务状况、经济活动和现金流量情况。财务报表的编制应符合会计准则和新政府会计制度的规定。

最后，审计监督。行政事业单位新政府会计制度强调审计监督的重要性。行政事业单位应接受内部审计和外部审计的监督，以评估财务管理和会计核算的合规性和有效性。审计监督有助于发现问题和风险，并提出改进建议，提升财务管理的质量和效率。

行政事业单位新政府会计制度的宗旨在于全面规范行政事业单位的财务管理和会计核算，确保财务信息的全面性和真实性。通过预算编制、会计核算、财务报告和审计监督等环节的规定，行政事业单位能够全面考虑各个方面的因素，从而提高财务管理的科学性和规范性，增强财务信息的可靠性和可比性，为决策提供准确的财务依据。

（三）灵活性和适应性

行政事业单位新政府会计制度注重灵活性和适应性，以适应行政事业单位的特点和需求。它可以根据行政事业单位的规模、性质、经济活动等因素进行调整，确保会计制度与行政事业单位的实际情况相匹配。

首先，根据规模和性质进行调整。行政事业单位的规模和性质各不相同，因此新政府会计制度要考虑到这些因素，以便进行相应的调整。小型行政事业单位可能需要更简化的会计程序和报告要求，而大型行政事业单位可能需要更复杂的制度和更详细的报告。

其次，适应不同经济活动。行政事业单位从事的经济活动也各不相同。一些行政事业单位可能主要从事公共服务，而另一些可能涉及商业运营。因此，新政府会计制度需要根据不同经济活动的特点和要求进行调整，以确保能够准确记录和报告相关的财务信息。

再次，灵活的制度框架。行政事业单位新政府会计制度的制度框架应具有一定的灵活性，以便根据行政事业单位的需求进行调整。制度框架应提供基本的会计原则和规范，同时留出一定的空间供行政事业单位根据实际情况制定具体的会计政策和程序。

最后，需求导向的变革。行政事业单位新政府会计制度应该是一个持续演进的过程，根据行政事业单位的需求和变化进行调整。制度的变革应基于对行政事业单位需求的深入了解和反馈，以适应不断变化的环境和要求。

通过注重灵活性和适应性，行政事业单位新政府会计制度能够更好地满足行政事业单位的实际情况和需求。它能够根据行政事业单位的规模、性质和经济活动进行调整，确保会计制度与行政事业单位相匹配，提供准确、可靠的财务信息，为行政事业单位的决策和管理提供有力支持。

（四）信息化和数字化

行政事业单位新政府会计制度倡导信息化和数字化的应用，通过使用先进的会计软件和技术，实现财务信息的自动化处理、存储和报告。它要求行政事业单位提高信息化水平，提高财务信息的准确性和时效性。

新政府会计制度鼓励行政事业单位采用先进的会计软件和系统，以实现财务信息的自动化处理。包括自动记录经济业务、自动生成会计分录、自动计算财务指标等。通过自动化处理，可以提高工作效率，减少人为错误，确保会计信息的准确性和一致性。

新政府会计制度要求行政事业单位将财务信息进行数字化存储和管理。通过电子化的存储方式，可以有效管理大量的财务数据，并实现数据的快速检索和共享。此外，数字化存储还能够提高数据的安全性和保密性，减少信息丢失和被篡改的风险。

此外，信息化和数字化的应用使行政事业单位能够实现财务信息的实时报告。财务数据可以通过系统自动生成报表和分析，提供准确、及时的财务信息给管理者和利益相关方。这样，决策者可以基于最新的财务数据做出准确的决策并及时调整。

同时，信息化和数字化的应用使得行政事业单位能够更好地进行财务数据的分析和预测。通过数据挖掘和数据分析技术，可以深入了解财务指标的变化趋势，发现潜在的问题和机会，并做出相应的决策。这有助于提高行政事业单位的经营效益和财务稳定性。

通过信息化和数字化的应用，行政事业单位新政府会计制度能够实现财务信息的自动化处理、存储和报告，提高财务信息的准确性、时效性和可靠性。这不仅提高了工作效率和管理水平，还为行政事业单位提供了更好的决策依据和发展方向。同时，也推动了行政事业单位的数字化转型,适应信息化时代的发展趋势。

(五)透明度和公开性

行政事业单位新政府会计制度注重财务信息的透明度和公开性,要求行政事业单位向利益相关方和社会公众披露财务信息,让他们了解行政事业单位的财务状况和经营绩效。倡导行政事业单位与社会公众建立良好的信息沟通机制,提高财务信息的透明度和可理解性。

首先,利益相关方的权益保护。新政府会计制度要求行政事业单位将财务信息向利益相关方进行披露,包括政府监管部门、投资者、债权人、供应商、员工等。这样做的目的是保护利益相关方的权益,让他们了解行政事业单位的财务状况和经营绩效,以便做出明智的决策。

其次,提高财务信息的透明度。行政事业单位新政府会计制度要求披露的财务信息应具有透明度,即能够清晰、准确地反映行政事业单位的财务状况和经营绩效。通过披露详细的财务报表、注释和附注等信息,利益相关方可以全面了解行政事业单位的财务情况,增强对行政事业单位的信任和合作意愿。

再次,信息沟通机制的建立。新政府会计制度倡导行政事业单位与社会公众建立良好的信息沟通机制。包括定期发布财务报告、举办投资者和媒体沟通会议、消除社会公众的财务疑虑等。通过与利益相关方进行沟通和交流,行政事业单位可以更好地解释财务信息,回答疑问,增强信息的可理解性和可信度。

最后,提高治理效能。财务信息的透明度和公开性有助于提高行政事业单位的治理效能。通过向社会公众披露财务信息,行政事业单位接受外部的监督和审查,促使其规范财务管理、加强内部控制,从而提高财务管理的透明度和合规性。

透明度和公开性是行政事业单位新政府会计制度的重要特点。通过向利益相关方和社会公众披露财务信息,行政事业单位能够建立信任,增强与外部利益相关方的合作关系,促进行政事业单位的可持续发展。同时,透明度和公开性也是现代财务管理的重要要求,符合社会发展的趋势和法律法规的要求。

行政事业单位新政府会计制度的特点使得行政事业单位能够更加规范、高效地进行财务管理和会计核算,提升财务信息的准确性和可靠性,为行政事业单位的决策和管理提供重要支持。

二、行政事业单位新政府会计制度的要素

行政事业单位新政府会计制度是指针对行政事业单位特点和需求所制定的会计管理规范和指导性文件。它包含一系列要素,旨在规范行政事业单位的财务管理和会计核算,确保财务信息的准确性、真实性和完整性。以下是行政事业单位新政府会计制度的要素。

（一）会计核算原则

在行政事业单位新政府会计制度中，会计核算原则起着至关重要的作用。这些原则是为了确保会计处理的准确性、真实性和规范性，以便提供可靠的财务信息供决策者和利益相关方使用。以下是常见的会计核算原则。财务会计核算实行权责发生制，预算会计核算实行收付实现制。

首先，权责发生制。权责发生制是指经济事项的确认和计量应基于其相关的权益发生的时间点，而不是支付或收取现金的时间点。在行政单位中，采用权责发生制可以准确反映经济业务的发生和效果，确保会计信息与实际经济活动相符。另有收付实现制。

其次，持续经营性假设。持续经营性假设认为行政事业单位将以持续经营的方式运作，具有长期存在和经营的能力。这一原则要求行政事业单位将其财务报表编制为持续经营的基础，除非有明确的证据表明行政事业单位将要终止经营或进行重大变革。

最后，实质重于形式。实质重于形式原则要求根据经济实质和经济实际效果进行会计处理，而不仅仅看重法律形式。行政事业单位的会计核算应关注财务交易和事件的实质，确保财务信息能够真实地反映行政单位的财务状况和经营绩效。

这些会计核算原则的应用可以确保行政事业单位的财务信息具有可比性、可靠性和一致性，为决策者提供准确的财务数据。同时，这些原则也帮助行政事业单位建立健全的财务管理制度，提高财务信息的可信度和可理解性。

（二）会计科目体系

会计科目是新政府会计制度中非常重要的组成部分，用于对行政事业单位的经济业务进行分类、归纳和记录。会计科目体系的设计和建立应考虑行政事业单位的特点和需求，以确保科目的科学性、适应性和可操作性。以下是关于行政事业单位会计科目体系的论述。

第一，科学性。会计科目体系应基于会计理论和会计准则，遵循科学的分类原则和规范，以反映行政事业单位财务状况和经济活动的真实情况。科学性要求科目的分类应具有内在的逻辑和合理的组织结构，能够准确地反映行政事业单位的各个方面，按照资产、负债、净资产、收入、费用等要素进行分类。

第二，适应性。会计科目体系应根据行政事业单位的特点和需求进行设计和建立，以满足其特定的会计核算和财务管理要求。行政事业单位的性质、规模、经济活动特点等因素都应该考虑在内。适应性要求科目的设置和分类应与行政事业单位的业务活动相匹配，便于准确记录和分析行政事业单位的财务信息。

第三，可操作性。会计科目体系应具备良好的可操作性，方便行政事业单位进行会计核算和财务管理。科目的设置和编码应明确、简明，便于会计人员理解和操作。此外，科目的维护和调整应灵活、便捷，能够适应行政事业单位的变化和发展需求。

通过科学、适应和可操作的会计科目体系，行政事业单位能够准确记录和分类经济业务，生成准确的财务报表，并为决策者提供有关行政事业单位财务状况和经济活动的重要信息。因此，会计科目体系的设计和建立在新政府会计制度中具有重要的意义和作用。

（三）财务报告要素

行政事业单位新政府会计制度规定了财务报告的要素。常见的财务报告要素包括资产、负债、净资产、收入、费用等。这些要素反映了行政事业单位的财务状况、经营成果和现金流量等重要信息。

资产是行政事业单位拥有的具有经济价值的资源或权益，包括现金、应收账款、固定资产、投资等。资产的报告反映了行政事业单位的资源配置情况和资金运作情况，反映了行政事业单位的实力和潜力。

负债是行政事业单位对外承担的债务或义务，包括应付账款、长期借款、应付工资等。负债的报告反映了行政事业单位的债务状况和偿还能力，为利益相关方评估行政事业单位的财务风险提供重要依据。

收入是行政事业单位在会计期间内由经济活动所产生的经济利益的流入，包括税收收入、经营收入、投资收益等。收入的报告反映了行政事业单位的经济活动和经营成果，为利益相关方评估行政事业单位的盈利能力提供依据。

费用是行政事业单位在会计期间内为了获取收入而发生的资源消耗或义务，包括单位管理费用、经营费用、业务费用等。费用的报告反映了行政事业单位的成本支出和经营效率，为利益相关方了解行政事业单位的经营成本和经营效益提供重要信息。

这些财务报告要素的准确记录和披露，能够帮助利益相关方了解行政事业单位的财务状况、经营成果和现金流量等重要信息，从而做出明智的决策和评估。行政事业单位应按照新政府会计制度的规定，合理组织和编制财务报告，确保各个要素的准确性、完整性和可比性。

（四）会计制度和程序

新政府会计制度要求行政事业单位建立健全的会计制度和程序，确保会计核算工作的规范性和高效性。会计制度包括会计政策、会计制度文件、会计制度流程等，它们规定了会计核算的方法、步骤和要求。会计程序则是指具体的操作流程和环节，包括原始凭证的收集和登记、会计凭证的编制和审核、会计账簿的记录和汇总等。

会计制度是行政事业单位在新政府会计制度框架下制定的一系列规范和准则，它涵盖了会计政策、会计制度文件、会计制度流程等要素。会计制度规定了行政事业单位在会计核算过程中的基本原则、方法和要求，确保会计工作的一致性、准确性和可比性。例如，会计制度规定了资产的确认和计量原则、费用的核算方法、收入的确认时机等，确保财务信息的准确记录和报告。

会计程序是指行政事业单位在会计核算过程中的具体操作流程和环节，包括原始凭证的收集和登记、会计凭证的编制和审核、会计账簿的记录和汇总等。会计程序的建立和执行能够确保会计工作的规范性和高效性，减少错误和遗漏的风险。例如，行政事业单位可以规定凭证的编号和填制要求，明确不同岗位的责任分工，制定审批和审核的程序，确保会计核算工作的有效控制和监督。

会计制度和程序规定了会计核算的基本原则和方法，确保行政事业单位按照统一的标准进行会计核算，提高会计信息的准确性和可比性。这有助于行政事业单位管理层和利益相关方对财务状况和经营成果进行准确评估和决策。

通过规范的会计程序，行政事业单位能够优化会计核算的流程和环节，提高工作效率和减少错误。有效的会计程序能够减少重复工作和不必要的环节，实现会计信息的及时、准确录入和处理，提高财务管理的效率和响应能力。

会计制度和程序有助于加强行政事业单位的内部控制，确保会计核算的合规性和风险控制。规范的会计程序可以减少潜在的错误和舞弊行为，增加审计和监督的可行性，降低财务风险。

（五）财务监督和审计要求

行政事业单位新政府会计制度的一个重要方面是强调财务监督和审计的要求，加强行政事业单位的内部控制，以及进行有效的财务审计和政府审计。

行政事业单位新政府会计制度要求行政事业单位建立和实施有效的内部控制制度。内部控制包括制定财务管理制度、明确职责和权限、建立内部审计体系、加强风险管理和监督等。通过内部控制的建立和实施，行政事业单位能够有效防范财务风险、减少错误和舞弊行为，提高财务管理的效率和透明度。

新政府会计制度要求行政事业单位进行财务审计。财务审计是由独立的审计机构对行政事业单位的财务活动、会计制度和内部控制进行审查和检验。审计机构会根据国家法律法规和审计准则，对财务信息进行充分的抽样和检查，评估财务状况的真实性和财务报告的准确性。财务审计的进行有助于发现和解决财务问题，提高财务信息的可靠性和可信度。

除了财务审计，新政府会计制度还要求行政事业单位进行政府审计。政府审计是由政府审计机构对行政事业单位的财务管理和资金使用情况进行审查和监督。政府审计机构会对行政事业单位的财务活动、预算执行、资金使用、合规性等方面进行审计，确保行政事业单位的财务管理符合法律法规和财务制度的要求。

通过财务监督和审计的要求，行政事业单位能够确保财务信息的准确性、合规性和透明度。这不仅有助于行政事业单位自身的良好运作和财务管理，也增强了利益相关方对行政事业单位的信任和监督。

以上是行政事业单位新政府会计制度的主要要素，这些要素共同构成了行政事业单位会计核算的基础和规范，为行政事业单位的财务管理提供了指导和依据。

三、新政府会计制度的作用和功能

新政府会计制度是指国家对政府财务管理的一系列规定和制度，其作用和功能主要包括规范政府财务管理、提高财务透明度、保障政府财产安全、提升政府决策水平等方面。新政府会计制度是政府财务管理的重要组成部分，是一套包含规范、制度、程序、技术等要素的制度体系，其作用和功能如下。

（一）规范政府财务管理行为

新政府会计制度规范了政府财务管理的各个环节，包括预算编制、财务收支管理、资产管理、审计监督等，为政府财务管理行为提供了标准和规范，保证政府财务管理的规范化、透明化和公正性。

新政府会计制度的作用和功能还包括以下几个方面的内容。

1. 维护国家财政收支平衡

新政府会计制度规范了政府的预算编制和执行过程，确保政府预算的收入和支出平衡，避免财政赤字和财政风险的出现，保障国家经济的可持续发展。

2. 促进政府决策的科学性和公正性

新政府会计制度提供了准确、真实、可靠的财务信息，为政府决策提供了科学依据，避免了决策的主观性和随意性，确保决策的公正性和有效性。

3. 保护国家财产安全

新政府会计制度规范了政府的资产管理，确保政府资产的安全和有效利用，防止资源的浪费和滥用，保障国家财产的安全。

4. 提高政府财务信息披露的透明度和公开性

新政府会计制度规定了政府财务信息的披露要求和方式，加强了政府财务信息的透明度和公开性，提高了政府的信用度和公信力。

5. 促进政府财务管理的现代化和信息化

新政府会计制度鼓励政府财务管理的现代化和信息化，推动政府财务管理方式的转型升级，提高政府财务管理的效率和精度，降低成本，为经济社会发展提供有力支撑。

新政府会计制度在促进政府财务管理的规范化、透明化和公正性方面具有重要的作用和功能，是现代国家治理的重要组成部分。

（二）保证政府财务信息的真实性和可靠性

新政府会计制度规定了政府财务管理的核算方法和程序，对政府财务信息的准确性、真实性和可比性提出了明确的要求，从而为政府决策提供了科学、客观的依据。

首先，新政府会计制度规定了政府各项收支的核算方法和程序，包括会计科目的设置、核算单位的确定、会计凭证的制作和审核、账务处理等，为政府各项收支的核算提供了规范化的标准和流程。这些标准和流程的遵循，可以确保政府财务信息的准确性和真实性，避免财务信息的误报、漏报和虚报，从而为政府决策提供了可靠的依据。

其次，新政府会计制度规定了政府财务报告的编制方法和内容，包括预算执行报告、财务报表、财务分析报告等。这些报告的编制遵循了政府会计准则和政府财务管理的规范要求，对政府财务状况和运营情况进行全面、客观的反映。政府决策者可以通过这些报告了解政府财务的实际情况，及时发现问题，采取相应的措施加以解决。

最后，新政府会计制度规定了政府财务管理的监督和审计程序，包括内部监督和外部审计。政府内部的审计机构可以对政府各级财务管理行为进行监督和审计，及时发现问题并加以纠正。而政府外部的审计机构则可以对政府财务管理行为进行独立审计，进一步加强政府财务管理的透明度和公正性。这些监督和审计程序，有效地防范了政府财务管理中可能出现的失误、违法和腐败行为，维护了政府财务管理的公正性和规范性。

新政府会计制度规定了政府财务管理的核算方法和程序、财务报告的编制方法和内容，以及监督和审计程序等，为政府财务管理行为提供了正确的标准和规范，为政府决策提供了科学、客观的依据，从而保证政府财务管理的规范化、透明化和公正性。

（三）促进政府财务监督和管理

新政府会计制度规定了政府财务管理的流程和程序，包括政府预算编制、财务收支管理、资产管理、审计监督等环节。这些规定明确了各级政府部门的职责和权限，确保政府财务管理的科学化和规范化，提高了政府财务监督和管理的效率和精度。

首先，新政府会计制度规定了政府预算编制的流程和程序，包括预算的编制、审核、批准和执行等。政府各部门必须按照预算编制的流程和程序操作，确保预算的科学性、合理性和可行性。这样一来，政府可以根据预算编制的结果来安排财政收支和管理资产，确保政府财务的安全性和稳定性。

其次，新政府会计制度规定了政府财务收支管理的流程和程序，包括预算执行、账务处理、报账审核、支付和结算等。政府各部门必须按照新政府会计制度的要求操作，确保财务收支的准确性、合规性和及时性。这样一来，政府可以控制财务支出，防止出现浪费和滥用的情况，提高政府财务管理的效率和精度。

再次，新政府会计制度规定了政府资产管理的流程和程序，包括资产的核算、登记、评估、处置等。政府各部门必须按照新政府会计制度的要求操作，确保政府资产的安全、稳定和透明度。这样一来，政府可以对政府资产进行有效的管理和监督，防止出现资产流失和浪费的情况。

最后，新政府会计制度规定了政府审计监督的流程和程序，包括内部审计和外部审计。政府各部门必须按照新政府会计制度的要求操作，接受审计机关的监督和检查，确保政府财务管理的合规性、透明性和公正性。这样一来，政府可以发现财务管理中的问题和不足，及时采取措施进行改进和完善。

（四）保障政府财务安全

新政府会计制度规范了政府财务管理的各个环节，从源头上保障了政府财务的安全，防止财务管理中出现违法违规、失误和差错等情况，降低政府财务管理风险。

新政府会计制度的规范作用在于从源头上保障了政府财务的安全，防止财务管理中出现违法违规、失误和差错等情况，降低政府财务管理风险。政府的财务管理涉及大量的财政资金和公共资源，一旦出现失误或差错，就可能导致不可挽回的损失和影响，因此规范政府财务管理非常必要。

首先，新政府会计制度规定了政府财务管理的核算方法和程序，确保了政府财务信息的准确性、真实性和可比性。政府财务信息的准确性和真实性是政府财务管理的基础，只有准确的财务信息才能为政府决策提供科学、客观的依据。同时，新政府会计制度还规定了财务报表的编制和公布程序，保证了政府财务信息的公开透明。

其次，新政府会计制度规定了政府财务管理的流程和程序，明确了各级政府财务管理的职责和权限，实现了政府财务管理的科学化和规范化。政府财务管理的规范化可以提高管理效率和精度，减少管理中的误差和遗漏，降低管理成本和风险。同时，新政府会计制度还规定了财务管理中的内部审计、外部审计等制度和程序，加强了对政府财务管理的监督和检查，进一步保障了政府财务安全。

最后，新政府会计制度规范了政府财务管理的各个环节，包括预算编制、财务收支管理、资产管理等，为政府财务管理提供了标准和规范。政府财务管理的规范化、透明化和公正性可以提升政府财务管理的信誉和形象，吸引更多社会资本和资源的投入。此外，新政府会计制度还规定了政府财务管理的处罚措施和法律责任，对违规行为进行打击和惩罚，强化了对政府财务管理的法制保障。

（五）优化政府财务管理

新政府会计制度应不断完善和改进，适应国家财务管理的发展和变化，为政府财务管理提供更加科学、高效、便捷的手段和方法，进一步优化政府财务管理的工作流程并提高效率，提高政府财务管理的水平和质量。

新政府会计制度的完善和改进是一个持续的过程，主要包括以下几个方面。

首先，新政府会计制度需要不断适应国家财务管理的发展和变化。随着国家经济的快速发展和财政体制改革的深入推进，政府的财务管理工作也面临着新的挑战和机遇。新政府会计制度需要及时调整和更新，以适应新的政策和制度环境，确保政府财务管理工作的合规性和科学性。

其次，新政府会计制度需要不断优化和改进工作流程。新政府会计制度需要不断完善和优化工作流程和制度规范，提高政府财务管理的效率和质量。同时，新政府会计制度还需要运用现代信息技术手段，加强信息化建设，提高政府财务管理的自动化水平，提高数据的准确性和可靠性。

再次，新政府会计制度需要不断加强监督和审计工作。新政府会计制度需要完善监督机制，加强监督手段，防止出现财务管理中的违法违规、失误和差错等情况。同时，新政府会计制度还需要加强财务信息披露和公开，提高政府财务管理的透明度和公开性，增强政府财务管理的公信力和社会信任度。

最后，新政府会计制度需要与时俱进，不断推进改革和创新。新政府会计制度需要紧密结合国家财务管理的改革和创新实践，积极推进财务管理制度的创新和改革，引进先进的财务管理理念和技术手段，提高政府财务管理的科学性和现代化水平。同时，新政府会计制度还需要注重培养专业化、高素质的财务管理人才，提高政府财务管理的综合素质和能力。

新政府会计制度是保障政府财务管理的规范化、透明化和科学化的重要手段。它规范了政府财务管理的各个环节，包括预算编制、财务收支管理、资产管理、审计监督等，保证了政府财务管理行为的准确性、合规性和规范性，为政府决策提供了科学、客观的依据，降低了政府财务管理的风险。

四、企业会计制度与政府会计制度的内在联系

企业会计制度与政府会计制度有着密切的内在联系。企业会计制度是企业内部财务管理的规范，而政府会计制度则是政府财务管理的规范。两者的共同点在于，都是为了规范财务管理行为，保障财务信息的真实性、准确性和可比性。同时，两者也有相互影响和相互支撑的关系，相互促进着会计核算和财务管理的发展。

企业会计制度是企业进行会计核算的基本准则，规定了企业在会计核算中应该遵循的计量方法、流程和程序、财务报表等方面的标准和规范。而政府会计制度则是政府进行财务管理和决策的基本准则，规定了政府在预算编制、财务收支管理、资产管理、审计监督等方面的标准和规范。下面将详细阐述企业会计制度与政府会计制度之间的内在联系。

首先，企业会计制度和政府会计制度在会计信息质量的要求上具有一致性。企业会计制度的会计信息质量的要求是可靠性、相关性、可比性、重要性和及时性等，政府会计制度的会计信息质量的要求也是可靠性、相关性、可比性、重要性和及时性等。这些会计信息质量要求的一致性，保证了企业和政府在会计核算和财务管理中所遵循的准则相互衔接，实现了企业会计制度和政府会计制度之间的内在联系。

其次，企业会计制度和政府会计制度都强调会计信息的准确性和可比性。企业会计制度规定了企业在会计核算中应该遵循的计量方法、流程和程序、财务报表等方面的标准和规范，保证了企业会计信息的准确性和可比性；政府会计制度规定了政府在预算编制、财务收支管理、资产管理、审计监督等方面的标准和规范，保证了政府财务信息的准确性和可比性。

最后，企业会计制度和政府会计制度都是为了保证财务信息的安全性和保密性。会计制度规定了企业应该采取哪些措施来保证会计资料的安全性和保密性，政府会计制度也规定了政府应该采取哪些措施来保证财务信息的安全性和保密性。这种保障财务信息安全和保密的内在联系，可以防止财务信息泄露和损失，保证了企业和政府财务信息的安全。

企业和政府作为两个不同的主体，在会计核算和财务管理方面也有着一些相似的需求和问题，比如，如何保证财务信息的准确性和可靠性，如何规范财务管理的流程和程序，如何实现财务监督和管理等。因此，企业会计制度和政府会计制度在一定程度上也

具有相互补充和借鉴的作用。

例如，政府会计制度中规定了政府在资产管理方面的要求和规范，而这些规范也可以为企业在资产管理方面提供借鉴和参考。同样，企业会计制度中规定了会计核算的计量方法和流程，这些方法和流程也可以为政府在财务管理方面提供参考和借鉴。

企业会计制度和政府会计制度具有密切的内在联系，两者在一定程度上相互影响和借鉴，共同推动着财务管理和会计核算的不断完善和提高。

企业会计制度与政府会计制度在保障财务信息的准确性、规范管理、提高效率等方面有着重要的作用和功能。两者之间存在紧密的联系和相互促进的关系。企业会计制度为企业的财务管理提供了标准和规范，而政府会计制度则规范了政府的财务管理，促进了政府决策的科学化和规范化。在实践中，应当根据实际情况不断完善和更新企业会计制度和政府会计制度，以适应经济发展和财务管理的需求，保障财务信息的准确性和安全性，提高财务管理的效率和质量。

第三节　政府会计制度改革

政府会计制度改革是指在原有政府会计制度的基础上，为适应新的经济环境和管理需要，对政府会计制度进行一系列的变革和改进。政府会计制度改革的目的是提高政府财务管理的科学性、规范性和透明度，保证政府财务信息的准确性和真实性，提高政府财务监督和管理的效率和精度，为国家的经济建设和社会发展提供更加有力的支持和保障。

一、政府会计制度改革的内容

（一）财务报表制度改革

政府会计制度改革的核心是完善财务报表制度，加强财务信息的透明度和规范性。政府会计制度改革应当将资产负债表、收入费用表、净资产变动表作为政府财务报告的核心内容，并对其编制、审核、公布等环节进行规范化管理。此外，还应当加强对政府预算执行情况、财政资金使用情况、政府债务管理等方面的信息公开和监督。

（二）预算编制与执行改革

政府会计制度改革应当紧密结合财政预算管理改革，实行预算绩效管理模式，通过制定绩效目标和考核指标，推动政府部门的预算编制和执行更加科学、规范、透明。政府会计制度改革还应当加强预算执行监督和考核机制，确保政府财务管理行为符合法律法规和会计准则。

（三）财务管理信息化改革

政府会计制度改革应当加强财务管理信息化建设，通过建立电子化、信息化的财务管理系统，实现政府财务管理的数字化、网络化、智能化。同时，政府会计制度改革应当规范财务管理信息的采集、处理和分析，提高财务管理的效率和准确性，为政府决策提供科学的依据。

（四）财务人才培训与管理改革

政府会计制度改革还应当加强财务人才的培训和管理，通过制定专业标准、完善人才选拔机制、加强培训和考核，提高政府财务人员的素质和能力，推动政府财务管理的专业化和规范化。

（五）推进会计信息化建设

政府会计信息化建设是政府会计制度改革的重要内容之一。通过推进会计信息化建设，可以实现政府财务管理的规范化和精细化，提高财务信息的准确性和可靠性，提升政府财务管理的效率和透明度。具体措施包括：加快政府会计信息系统的建设和完善，实现政府财务信息的全程电子化处理和管理；推进政府财务共享平台的建设和应用，实现政府各级财务信息的共享和统一管理；加强对政府会计信息化建设的管理和监督，确保信息化建设与政府会计制度改革的协调推进。

政府会计制度改革是不断深化的过程，旨在完善政府财务管理体系，提高政府财务管理的效率和精度，增强政府财务管理的透明度和公正性。通过改革，政府会计制度将更好地适应国家财务管理的发展和变化，为政府财务管理提供更加科学、高效、便捷的手段和方法，进一步优化政府财务管理的工作流程并提高效率，提高政府财务管理的水平和质量。

二、政府会计制度改革的重要性

政府会计制度改革是建立现代财政制度的重要组成部分，具有至关重要的意义。政府会计制度改革可以推动政府财务管理的科学化、规范化、透明化，提高政府财务管理的效率和质量，保障国家财政收支平衡和可持续发展，提升政府信用和形象。

政府会计制度改革的重要性体现在以下几个方面。

（一）科学化和规范化

政府会计制度改革可以通过规范财务管理流程、标准化会计核算方法、制定财务管理制度和规定会计准则等方式，使政府财务管理更加科学化、规范化，确保政府财务信息的真实性、准确性和可比性，减少财务管理中的失误和差错，提高财务管理的效率和精度。

（二）透明化和公开化

政府会计制度改革可以推进政府财务信息公开，加强政府财务信息披露，提高政府决策的透明度和公开性，提升政府的公信力和形象，促进政府与社会之间的信任和沟通，同时方便社会监督和舆论监督，防止政府行为的不当或违法行为。

（三）现代化和高效化

政府会计制度改革可以推动财务管理的现代化和高效化，应用新的技术手段和信息化管理模式，实现财务管理的数字化、智能化、自动化，提高政府财务管理的效率和质量。比如，建立政府财务管理信息系统、加强数据管理、推进电子化发票应用、开展电子商务等，能够提高财务管理工作的效率和准确性，缩短财务管理的时间和成本，提高财务管理的服务水平和质量。

（四）改进财务监管

政府会计制度改革可以加强对财务管理的监管和审计，通过强化审计监督、加强内部控制、完善风险管理等措施，实现对财务管理的有效监督和管控，保障政府资金的安全和合法性，预防和防范财务舞弊和违法行为的发生。

政府会计制度改革是提高政府财务管理水平、增强政府财务管理效能和提升政府形象的重要举措。改革应当紧紧围绕现代化和数字化财务管理的要求，以推进数字政府建设为核心目标，深化改革，创新机制，使政府会计制度更加适应市场经济发展的需要，更加贴近实际，更加符合法律法规和行业标准。

三、政府会计制度改革的意义

政府会计制度改革是当前财务管理领域的热点话题，涉及政府财务管理的方方面面，具有重要的现实意义和深远的历史意义。在当今快速发展的经济环境下，政府会计制度改革对于加强和推动政府财务管理现代化、促进国家治理体系和治理能力现代化具有重要的意义。

（一）提高财务透明度和公开度

政府会计制度改革可以加强政府财务信息公开和透明度，使政府财务更加可信。政府应当依据会计制度规定，及时、准确、全面地披露政府财务信息，包括预算执行情况、资产负债状况、收支情况、财务风险等，让社会公众、媒体和其他利益相关方及时了解政府财务状况，促进政府财务的公开和监督。同时，政府应当建立健全财务管理信息系统，为政府财务信息公开提供更好的技术支持和保障。

（二）强化财务管理控制

政府会计制度改革可以加强政府财务管理控制，规范财务管理行为，减少财务管理风险。政府应当建立健全预算编制和执行、财务收支管理、资产管理、审计监督等财务管理控制制度，明确财务管理责任和权限，实现财务管理行为的规范化、科学化和标准化。同时，政府应当加强对财务管理人员的培训和管理，提高其财务管理水平和责任意识，确保财务管理行为符合法律法规和会计准则。

（三）推进财务管理现代化

政府会计制度改革可以促进财务管理现代化，实现财务管理的信息化、网络化、数字化和智能化，提高财务管理的效率和效能。政府应当依托现代信息技术，建设财务管理信息化系统，实现财务管理的数据共享和交换，提高财务管理的效率和准确度。同时，政府还应当加强财务管理技术创新和应用，积极推进财务管理智能化和自动化，降低财务管理成本，提高财务管理水平和效益。

（四）推进政府治理现代化

政府会计制度是政府财务管理的核心制度，其改革涉及政府的财务管理、信息公开、政府监管等多个方面。通过改革政府会计制度，可以促进政府治理现代化，提高政府的管理水平和效率。

（五）保障财政安全

政府会计制度改革可以加强对政府财政收支的监督和管理，防范和化解财政风险，避免财政资金的浪费和滥用。此外，完善的会计制度也可以提高政府财务信息的真实性和透明度，为政府的财政决策提供准确可靠的信息。

（六）推进财政体制改革

政府会计制度是财政体制的重要组成部分，其改革与财政体制改革密不可分。通过改革政府会计制度，可以推进财政体制改革，优化政府财政管理体制，加强政府财政监管和规范，提高财政管理效率。

四、政府会计制度改革中的主要挑战及其应对

政府会计制度改革是促进政府财务管理和监督的重要手段，有助于提高政府财务透明度、提高财务管理效率、降低财务风险等。然而，政府会计制度改革在实施过程中面临着各种挑战，这些挑战可能来自政策、技术、人员等方面。为了使政府会计制度改革顺利实施，政府应该采取一系列措施来应对这些挑战。下面将分析政府会计制度改革中的主要挑战，并提出相应的应对策略，以期为政府会计制度改革提供有益的参考。

（一）主要挑战

政府会计制度改革是一项复杂而具有挑战性的任务。在推进改革的过程中，政府面临以下主要挑战。

1. 复杂的政府组织结构和业务特点

政府机构通常庞大而分散，包括中央政府、地方政府、公共机构等，各个部门和机构之间存在复杂的业务关系和交互作用。这些机构和部门的运作需要相互协调和配合，会计信息的准确性和一致性也需要得到保证。然而，政府机构的复杂性使得制定统一的会计制度和规范变得困难。

首先，政府机构的庞大规模和分散性使得会计信息的汇总和核算变得复杂。不同机构和部门可能采用不同的会计制度和方法，会计核算的标准和指标也可能不一致，这会对会计信息的比较和分析造成困难。此外，政府机构的分散性还可能导致会计信息漏报、错报等问题，进一步影响财务信息的准确性和可靠性。

其次，政府机构之间的业务关系和交互作用也增加了会计制度的制定和规范的难

度。政府机构之间可能存在复杂的资金流转和业务往来，这会给会计核算带来很大的挑战。不同机构之间的业务往来可能存在多种形式，如政府拨款、政府采购、政府委托等，需要一套完善的会计制度来规范和管理。

2. 信息系统和技术基础设施的不足

政府会计制度改革需要强大的信息系统和技术基础设施的支持，以确保会计信息的准确性和一致性。然而，很多政府机构在这方面存在滞后或不足，无法满足新的会计制度的要求。这就需要政府投入大量资源和资金来加强信息系统的建设，并确保系统的安全性和可靠性。

首先，政府需要投入足够的资金和资源来升级信息系统。包括对硬件、软件和网络设施的升级和改造，以满足新的会计制度的要求。政府还需要提高工作人员的信息技术水平，以确保他们能够熟练掌握新系统的操作和管理方法。

其次，政府还需要确保信息系统的安全性和可靠性。政府财务信息的安全性至关重要，任何泄露或丢失都会给政府和公众带来巨大的损失。因此，政府需要采取一系列措施来保护信息系统的安全，包括设置防火墙、加密、备份等。政府还应该制定相应的信息安全管理制度和规范，确保信息系统的安全可靠。

最后，政府还需要定期检测和评估信息系统，以确保其符合新的会计制度的要求。政府可以制定相应的标准和指标来评估信息系统的性能和可靠性，及时发现和解决问题。

3. 改革的复杂性和范围

政府会计制度改革涉及广泛，包括会计政策、财务报告准则、会计信息披露等多个方面。同时，改革的实施需要协调各个部门和机构的合作，确保改革的一致性和统一性。

首先，政府会计制度改革需要制定一系列会计政策和财务报告准则，以确保政府财务信息的准确性和可比性。政府还需要对会计信息披露进行规范，确保公众能够及时了解政府财务状况。这需要政府在制定相关政策时充分考虑各个方面的需求和利益，协调各方面的利益关系，确保政策的实施能够得到广泛的支持和认可。

其次，政府会计制度改革需要协调各个部门和机构。政府机构通常庞大而分散，各个部门和机构之间存在复杂的业务关系和交互作用。因此，在改革过程中需要协调各个部门和机构，确保改革的一致性和统一性。政府可以成立专门的协调机构，统一协调各个部门和机构的工作，确保改革的顺利实施。

最后，政府还需要进行相关的培训和宣传，提升工作人员和公众的意识和认识。政府可以开展相关的培训活动，加深工作人员对新会计制度的理解并提高掌握程度，确保他们能够正确地执行新的制度要求。政府还要向公众宣传改革的重要性和意义，增强公众对政府财务信息的信任和认可度。

政府会计制度改革需要在政策层面进行统一规划，协调各个部门和机构的合作，提升工作人员和公众的意识和认识。只有这样，政府才能够实现财务信息的准确、公开和透明度，提高政府财务管理的效率和透明度，推动政府治理的现代化。

4. 人员能力和培训需求

成功实施政府会计制度改革需要具备相应的会计知识和技能的专业人员。然而，许多政府机构在会计人员的数量和专业水平方面存在不足。培训和提升人员能力成为应对挑战的重要方面。

政府会计制度改革需要依靠具备相应的会计知识和技能的专业人员来支持实施。然而，许多政府机构在会计人员的数量和专业水平方面存在不足。这可能是由于招聘和培训预算不足、竞争力不足、吸引力不足等因素造成的。

在政府会计制度改革的过程中，需要有足够多的专业人员来支持实施。这些人员需要具备广泛的会计知识和技能，包括会计准则、政府会计政策和程序、财务分析和报告等。同时，他们还需要了解政府组织结构和运作方式，以便更好地支持改革的实施。

（二）应对措施

政府会计制度改革是提升政府财务管理效能和透明度的关键举措，然而，在实施过程中，政府机构常常面临会计人员数量不足和专业水平不高的问题。为了解决这一问题，政府需要采取一系列应对措施来提升会计人员的能力和专业水平。

1. 建立跨部门的改革协调机制

政府会计制度改革的实施需要协调各个部门和机构之间的合作和配合，以确保改革的一致性和协调性。因此，政府应设立专门的机构或委员会，负责监督和协调会计制度改革的实施。

该机构应由各个相关部门的代表组成，例如财政部门、审计部门、会计师协会、税务部门等。这些部门的代表可以提供各自的专业知识和经验，共同制定会计制度改革的方针和政策，确保改革的整体性和协调性。此外，该机构还应负责监督改革的实施情况，并及时调整和优化改革措施，以确保改革的顺利开展和有效实施。

为了确保该机构的有效运作，政府应该为其提供足够的预算和资源，包括人力、物力和财力等。同时，政府还应制定明确的工作流程和责任分工，确保改革工作的高效推进。此外，政府还应公开透明地向公众披露改革的进展情况和成果，增强公众对改革的信心和支持力度。

2. 加强信息系统和技术基础设施建设

首先，政府需要投入足够的资金和资源升级和更新会计信息系统和技术基础设施。这些投资应当包括硬件设备和软件系统，以及对相关人员进行培训提高其能力水平。政府还应当在采购过程中严格遵守采购方面的法律法规。

其次，政府应当加强网络安全和数据保障。政府应当建立完善的网络安全体系，包括网络安全管理、网络攻击应对、数据备份和恢复等方面。政府还应当加强数据保障，确保会计数据的安全和保密。降低系统被攻击和遭受损失的风险。

最后，政府应当建立完善的管理和监督体系。政府应当建立专门的会计信息系统管理部门，负责管理和监督会计信息系统的运行和维护。该部门应当制定详细的管理制度和规范。

政府需要投入足够的资金和资源，加强网络安全和数据保障，建立完善的管理和监督体系，以确保会计信息系统的稳定和可靠性。这些措施将有助于成功实施政府会计制度改革，提高政府财务管理水平，推动政府治理体系和治理能力现代化。

3. 分阶段实施改革

将会计制度改革分阶段实施，是政府应对复杂的改革过程所采取的有效策略之一。

首先，分阶段实施可以帮助政府更好地掌控改革进度和效果，减少改革过程中的风险。通过选择重点领域或业务先行实施改革，政府可以更好地集中资源和精力，逐步积累改革经验，提升改革的可持续性和成功率。

其次，分阶段实施有助于降低改革的复杂性和难度。政府可以首先实施简单和容易落地的改革措施，避免过于复杂和困难的改革难以实施。在实施初期，政府可以根据实际情况不断调整和完善改革方案，逐步拓展改革范围，最终实现全面的会计制度改革。

再次，分阶段实施还可以帮助政府有效地解决资源短缺和技术能力不足等问题。在实施初期，政府可以聘请专业机构或人员提供必要的技术支持和咨询服务，帮助政府设计和制定改革方案。同时，政府可以通过培训提升人员能力，提高会计人员的专业水平和素质，以更好地适应新的会计制度要求。

最后，分阶段实施可以更好地平衡改革的成本和收益。政府可以在实施初期先选择一些重点领域或业务进行改革，通过评估改革效果和成本，逐步调整和完善改革方案，最终实现全面的会计制度改革。这样做不仅可以控制改革的成本，还可以更好地平衡改革的成本和收益，确保改革的可持续性和成功性。

4. 加强人员培训和管理

在政府会计制度改革中，加强对会计人员的培训和管理是至关重要的。政府应该采取措施提高会计人员的会计知识和技能水平，以适应新的会计制度要求。同时，加强对会计工作的监督和管理也是确保会计信息的准确性和可靠性的重要手段。

首先，政府应该投入资源开展全面的会计人员培训计划。这些培训计划应覆盖各个层级和职位的会计人员，包括政府机构内部的财务人员、审计人员及相关部门的会计人员等。培训内容可以包括新会计准则和政策、会计信息系统的使用和操作、财务报告准则等方面。通过系统性培训，会计人员可以增加自身的会计知识和技能，更好地适应新的会计制度要求。

其次，政府应该建立健全的会计人员管理机制。这包括制定权责清晰的岗位职责，确保会计人员的工作职责明确。同时，政府应该建立绩效评估体系，对会计人员的工作进行定期评估和考核，激励他们提高工作质量和效率。此外，政府还可以建立专门的会计职业资格认证制度，要求会计人员持有相关资格证书，从而提高会计人员的专业水平和素质。

最后，政府应该加强对会计工作的监督和管理。这可以通过建立内部控制机制和审计制度来实现。审计制度则通过内部审计和外部审计等手段对会计工作进行监督和检查。

政府应该加强对会计人员的培训和管理，提高其会计知识储备和技能水平。同时，加强对会计工作的监督和管理。提高政府财务管理的水平，为政府会计制度改革的顺利实施提供有力支持。

5. 加强沟通和协作

政府应该加强与相关机构和部门之间的沟通和协作，建立有效的沟通渠道和机制，保证改革的顺利实施。同时，积极倾听各方面的意见和建议，不断优化改革方案和措施。

首先，政府可以设立由各个相关部门和机构的代表组成的专门的协调机构或委员会，负责协调和监督会计制度改革的实施。该机构可以定期召开会议，讨论改革进展、存在的问题和解决方案，并就关键事项达成共识。通过这样的机制，各方可以充分交流意见和信息，及时解决问题，确保改革的一致性和协调性。

其次，政府可以建立定期沟通和协作的机制。可以定期举行工作会议、召开研讨会和座谈会等形式，邀请各方分享经验和意见，共同探讨改革中遇到的问题和挑战，并寻求共同解决方案。政府还可以通过电子邮件、内部网站和在线平台等方式，加强日常的信息交流和沟通。

再次，政府应该积极倾听各方面的意见和建议。在制定和完善改革方案和措施时，政府可以开展广泛的咨询和征求意见工作，包括向专业机构、行业协会、学术界和公众征集意见等。通过多方参与和多元化意见收集，政府可以获得更全面、客观的信息，为改革提供更科学、有效的方案和措施。

然后，政府还应该建立反馈机制，及时了解改革的进展和成效。政府可以通过定期报告、评估和审计等手段，对改革的实施进行监督和评估，以确保改革目标的实现。同时，政府还应该及时向相关部门和机构提供反馈，分享改革的经验和成功案例，促进经验的交流和分享。

最后，政府还可以考虑与利益相关方开展对话和协商，特别是在制定会计政策和财务报告准则时。这可以促进各方对改革的共识和理解，提高改革的可行性和可接受性。

政府应该建立健全的监督机制和制度，对会计工作和会计信息披露进行监督和审核，确保其合规性和准确性。政府可以设立专门的监管机构，对会计信息进行抽查和审核，加强对会计人员和机构的监督和管理。

政府要及时公开和披露会计信息，提高信息的透明度和公开度。政府可以通过建立信息公开平台和机制，向公众披露会计信息和相关政策，增强公众对政府财务管理的了解和信任，促进政府的公信力和形象的提升。

政府会计制度改革面临诸多挑战，政府只有采取有效的措施和应对策略，才能够成功地推进改革并取得良好的效果。

五、政府会计制度改革的基本思路和原则

政府会计制度改革的基本思路和原则是在遵循会计法律法规和财政部门的有关规定的基础上，结合国内外会计理论和实践的发展趋势，针对当前政府会计制度存在的问题，采取科学、合理、可行的改革方案，以提高政府财务管理的规范性、透明度和效率。政府会计制度改革应遵循以下原则。

（一）规范性原则

1. 符合会计法律法规和财政部门的有关规定

政府会计制度改革应当遵循会计法律法规和财政部门的有关规定，确保政府会计核算的规范性和合法性。同时，政府会计制度改革还应考虑到政府财政管理的特点和实际需要，以保障政府财务管理的正常运转。

2. 以用户需求为导向

政府会计制度改革应当以满足政府各级部门和各类用户对财务信息的需求为导向，提高财务信息的透明度和公开度，为决策者提供准确、可靠、及时的财务信息支持。

3. 建立完善的内部控制机制

政府会计制度改革应当建立健全的内部控制机制，加强财务管理的监督和管理，保证财务信息的真实、准确、完整、及时和可靠。

4. 推进信息化建设

政府会计制度改革应当积极推进信息化建设，建立数字化、网络化、智能化的财务管理平台，提高财务管理的效率和精度。

5. 强化人才建设

政府会计制度改革应当加强对财务管理人员的培训和管理，提高其专业素质和能力水平，为政府财务管理的现代化提供强有力的人才保障。

政府会计制度改革应当符合会计法律法规和财政部门的有关规定，以用户需求为导向，建立完善的内部控制机制，推进信息化建设，强化人才建设。

（二）经济性原则

政府会计制度改革应当结合国家经济形势和财政收支状况，根据实际需要，合理确定政府会计核算的内容和范围。政府会计制度改革要坚持适度、稳妥的原则，不断完善、创新政府会计核算的内容和方法，提高政府财务管理水平，促进财政收支平衡和经济社会发展。

在制定政府会计制度改革方案时，应该综合考虑国家的财政状况、经济发展水平、行业特点和企业经营特点等因素，科学制定政府会计制度改革的目标、任务和措施。政府会计制度改革应该明确责任和权力的归属，落实各级政府财政部门的职责和责任，实

现财务管理的科学、规范、高效和透明。

此外，政府会计制度改革应该注重信息化建设，通过建立和完善信息系统，提高政府财务信息的准确性和时效性，为政府决策提供准确、可靠、及时的财务信息支持。同时，政府会计制度改革应该注重人才队伍建设，加强财务管理人员的培训，提高专业素质，确保政府会计核算的科学性、规范性和可靠性。

政府会计制度改革应当遵循合法合规、适度稳妥、科学创新、信息化建设和人才队伍建设等原则，不断推进政府会计核算工作的改革和发展，为促进经济社会的持续健康发展提供坚实的财务管理保障。

（三）现代化原则

随着国际贸易和经济交流的不断发展，政府间的财务合作越来越频繁。在这种背景下，借鉴国际先进的财务管理经验和技术，对于提高政府财务管理的水平和现代化程度至关重要。

首先，政府会计制度改革应注重学习和借鉴国外先进的会计核算理论和实践经验。汲取国外先进的管理经验，可以帮助政府更好地理解和掌握现代化会计核算的原理和方法，提高会计信息的质量和透明度，加强政府财务管理的科学性和规范性。同时，通过学习国际上先进的会计准则和规范，可以推动我国政府会计制度改革与国际接轨，提升国际竞争力。

其次，政府会计制度改革应采用现代化的会计核算技术和管理工具。现代化的会计核算技术和管理工具包括计算机会计、电子商务、数据挖掘等技术和管理工具，这些技术和工具可以提高政府会计核算的效率和准确性，降低政府财务管理的成本和风险，加强政府财务管理的科技含量和现代化水平。

政府会计制度改革需要借鉴国际先进的财务管理经验和技术，以满足日益增长的财务管理需求，推进政府财务管理的现代化和科学化。

（四）可操作性原则

政府会计制度改革不是一蹴而就的，应该针对不同地区、不同行业和不同部门的实际情况，分别确定相应的改革方案和实施计划。在制定改革方案时，应该充分考虑政府财务管理的实际情况，对具体问题进行全面的分析和研究，确保方案的可操作性。

例如，针对一些地方政府会计核算制度不规范、制度执行不严格的问题，可以通过加强对政府会计核算制度的宣传和培训，提高相关工作人员的意识和素质；针对政府会计核算信息公开不够透明的问题，可以制定相关政策和法规，明确政府会计核算信息公开的范围和方式；针对政府会计核算信息系统不完善的问题，可以引进先进的信息技术，提高政府会计核算信息系统的科技含量和现代化水平。

在具体实施改革方案时，应该充分调动各方面的积极性，广泛征求意见和建议，建立健全的督导机制，不断完善改革方案和实施计划。同时，应该加强对改革方案的监督和评估，及时发现和解决问题，确保改革取得预期效果。

政府会计制度改革应该充分考虑实际情况，因地制宜地确定相应的改革方案和实施计划，全面加强各方面的工作，不断完善和提高政府财务管理水平。

（五）可持续性原则

政府会计制度改革的另一个重要原则是注重长远发展。改革不仅要解决当前存在的问题，还要考虑未来可能出现的情况和发展趋势，以便为未来的发展提供可持续的财务支持。

一方面，政府会计制度改革应该注重合理控制财政风险，避免财务风险对政府财政稳定和可持续发展的不利影响。为了实现这个目标，政府需要建立科学的风险管理制度和流程，加强预算编制和执行的监督，以及加强债务管理和控制。

另一方面，政府会计制度改革应注重促进政府财务管理的可持续性和稳定性。政府财务管理的可持续性和稳定性主要包括财政收支平衡、债务风险可控、公共资源的合理配置等。因此，在政府会计制度改革中，需要注重财政收支平衡的控制和公共资源的合理配置，通过加强政府财务管理保障政府财政的可持续性和稳定性。

此外，政府会计制度改革还需要结合国家战略和发展需求，在宏观上把握改革的方向和路径，为政府财务管理的长远发展做好规划和布局。同时，还需要逐步实现政府财务管理的信息化、数字化和智能化，以提高政府财务管理的效率和水平。

政府会计制度改革需要注重长远发展，合理控制财政风险，促进政府财务管理的可持续性和稳定性，以适应不断变化的经济和社会环境，提高政府财务管理的质量和效率。

政府会计制度改革的基本思路和原则旨在规范政府财务管理行为，保证财务信息的真实、准确、完整和及时，提高政府财务管理的效率和水平。改革的过程中需要遵循会计法律法规和财政部门的有关规定，结合国家经济形势和财政收支状况，借鉴国际先进的财务管理经验，采用现代化的会计核算技术和管理工具，注重长远发展，合理控制财政风险，促进政府财务管理的可持续性和稳定性。政府会计制度改革需要政府部门和社会各方面的共同参与和努力，以推动政府财务管理的不断发展和进步，为经济社会发展提供有力的财务支持和保障。

政府会计制度改革是提高政府财务管理水平和效能、加强财务管理控制、推进财务管理现代化的重要途径和手段，必须坚持以市场化、法治化、专业化和信息化为方向，加强制度创新和改革，不断完善和健全政府会计制度，为建设现代化财政体系和现代化国家治理体系作出贡献。

第三章 行政事业单位新政府会计核算理论

政府会计核算理论是指对政府财务活动进行核算的理论体系，它是政府会计制度的基础和核心，是政府财务管理的重要组成部分。政府会计核算理论主要包括政府会计核算的基本原则、会计核算对象、核算方法和程序等方面的内容。在政府财务管理中，政府会计核算理论的正确应用和实践，对于保障政府财务信息的真实、准确、及时和完整，提高政府财务管理的科学性、规范性和透明度具有重要意义。

第一节 行政事业单位新政府会计核算基本原理

行政事业单位新政府会计核算基本原理是一套指导行政事业单位进行会计核算的原则和规范。它确保了会计信息的准确性、可比性和可靠性，使行政事业单位能够按照一定的标准进行财务管理和决策。

一、会计核算基本原理的含义

行政事业单位新政府会计核算基本原理是指在行政事业单位的会计核算过程中，遵循的一系列基本原则和规范。这些原理旨在确保会计信息的准确性、可比性和可靠性，提供可信的财务报告和决策依据。以下是对行政事业单位新政府会计核算基本原理的具体含义的解释。

权责发生制原则意味着在会计核算中，经济业务的确认和记录应该与权益的发生和责任的承担相一致。只有在经济事务实际发生时，相应的收入、费用、资产和负债才能被确认和记录。这确保了财务信息的准确性，反映了行政事业单位实际经济活动的真实情况。

持续经营性假设是指在会计核算中，默认行政事业单位将持续经营下去，并以此为基础进行财务报告和决策。这意味着会计核算应该基于预期未来的持续经营，而不是短期结算或清算。这个假设确保了财务信息的连续性和可比性，使利益相关方能够更好地了解行政事业单位的经营状况和潜力。

实质重于形式原则强调会计核算应该注重经济交易和事件的本质，而不仅仅是依靠法律形式的合规性。重点是准确反映经济事实的实际情况，避免人为操作和虚假报告。

这个原则保护了财务报告的真实性和可信度，确保会计信息能够准确反映行政事业单位的财务状况和经营绩效。

成本原则要求行政事业单位一般情况下将资产和负债以其购入时的历史成本进行计量，并在后续的会计期间进行适当的历史折旧或摊销。这确保了会计信息的可比性和准确性，以及资产价值的合理反映。按照成本原则进行会计核算，有助于避免主观估计和过度估值，使财务报告更加可靠和可信。

二、会计核算基本原理的作用

行政事业单位新政府会计核算基本原理的作用是多方面的，它们对于行政事业单位的会计核算和财务管理起着重要的指导和规范作用。以下是这些原理的具体作用。

（一）提供准确的财务信息

确保会计核算过程中的准确性和可靠性是行政事业单位新政府会计核算基本原理的关键目标。这些原理的遵循和实施确保了会计信息的准确、完整和可信。这些财务信息在行政事业单位的管理决策、财务分析和绩效评估等方面具有重要的作用。

首先，准确的财务信息对于行政事业单位的管理决策至关重要。行政事业单位面临各种决策，如预算编制、投资决策、资源配置等。通过准确的财务信息，管理者能够了解单位的财务状况、经营成果和现金流量等重要指标，从而做出明智的决策。例如，在预算编制过程中，管理者可以基于准确的财务信息确定合理的预算计划，确保单位的经济活动和支出与实际情况相符。

其次，准确的财务信息对于行政事业单位的财务分析和绩效评估非常重要。财务分析是评估单位的财务状况和经营绩效的过程，通过分析财务比率、财务指标等，可以了解单位的偿债能力、盈利能力、运营效率等方面的情况。准确的财务信息提供了可靠的数据基础，使得财务分析能够准确地评估单位的财务健康状况和经营绩效。同时，准确的财务信息也为绩效评估提供了依据，帮助单位评估绩效目标实现情况，发现问题并采取相应的措施进行改进。

最后，准确的财务信息还有助于提升行政事业单位的透明度和信誉度。透明度是指单位向利益相关方和社会公众公开其财务信息的程度。通过确保会计核算的准确性和可靠性，行政事业单位能够提供真实可信的财务信息，增加信息披露的透明度。这对于维护单位的信誉度和建立良好的社会形象非常重要，有助于增强单位与利益相关方的信任。

基本原理能够确保会计核算过程中的准确性和可靠性，从而提供准确的财务信息。这些信息对于行政事业单位的管理决策、财务分析和绩效评估至关重要。

（二）保护利益相关方的权益

基本原理的遵循确保了会计信息的真实性和透明度，从而保护了利益相关方的权益。行政事业单位作为公共机构，其财务状况和经营绩效对于政府、社会公众和利益相关方具有重要意义。

首先，遵循基本原理确保了会计信息的真实性。会计信息的真实性意味着财务报表和财务信息必须真实反映行政事业单位的经济状况和经营成果。通过严格执行会计原则和规定，会计核算过程中的交易和事项都要按照其实质进行记录和披露，不得进行虚假记载或隐瞒真相。这确保了会计信息的真实性，使利益相关方能够准确了解行政事业单位的财务状况和经营绩效，保护了其权益。

其次，遵循基本原理确保了会计信息的透明度。透明度是指行政事业单位向利益相关方和社会公众公开财务信息的程度。新政府会计制度要求行政事业单位积极主动地披露财务信息，以确保信息的透明度。透明度的提高有助于增强利益相关方对行政事业单位的信任，加强监督和问责机制，促进公共资源的合理配置和使用。通过透明的财务信息，政府、社会公众和利益相关方能够对行政事业单位的财务状况和经营绩效进行评估，参与决策和监督，维护公共利益。

最后，遵循基本原理还能够提升行政事业单位的信誉度和声誉。行政事业单位作为公共机构，其信誉度和声誉对于其与政府、社会公众和利益相关方的关系至关重要。通过确保会计信息的真实性和透明度，行政事业单位能够树立诚信和规范的形象，增强信任和合作的基础。有助于建立良好的关系网络，吸引投资、获得资金支持，提升行政事业单位的社会声誉和影响力。

确保行政事业单位会计信息的真实性和透明度是行政事业单位新政府会计核算基本原理的关键目标。这些原理的遵循确保了会计信息的真实、准确和可靠，从而保护了利益相关方的权益。作为公共机构，行政事业单位的财务状况和经营绩效对于政府、社会公众和利益相关方具有重要意义。

（三）提高财务报告的可比性

基本原理要求按照统一的原则和规范进行会计核算，确保不同行政事业单位的财务报告具有可比性。这意味着在会计核算过程中，不同单位应该采用相同的会计原则、政府会计准则和会计处理方法，以便于相关方对财务状况和经营绩效进行横向和纵向比较。

横向比较是指将不同行政事业单位在同一时间点的财务报告进行比较。通过遵循统一的会计原则和规范，各单位的财务报告具有相似的格式和内容，利益相关方可以直观地比较各单位的财务状况和经营绩效。例如，可以比较不同单位的资产规模、负债水平等指标，从而评估其财务健康状况和经营效益。这有助于相关方了解行政事业单位在同一行业或同一地区的相对实力和竞争优势。

纵向比较是指将同一行政事业单位在不同时间点的财务报告进行比较。通过遵循统一的会计原则和规范，单位的财务报告在不同会计期间具有一致的会计处理方法和财务指标。这使得相关方可以跟踪单位的财务状况和经营绩效的变化趋势。例如，可以比较单位在过去几年的资产增长率、净资产增长率等指标，评估单位的财务稳定性和成长性。这有助于相关方了解单位的财务发展情况和长期经营表现。

通过横向和纵向比较，相关方可以更全面、客观地了解行政事业单位的财务状况和经营绩效，做出相应的决策和评估。同时，可比性也有助于促进行政事业单位之间的竞争和合作，推动行业的健康发展。因此，基本原理要求统一的会计原则和规范在行政事业单位的会计核算中的应用，确保财务报告具有可比性，是确保相关方能够对不同单位进行有效比较和评估的重要手段。

（四）加强内部控制和风险管理

基本原理的遵循要求行政事业单位建立健全的内部控制机制，以确保会计核算的准确性和合规性。内部控制是指组织内部建立的一系列措施和机制，旨在保护资产，确保财务信息的可靠性和合规性，预防和控制风险，并促进有效的运营和管理。

首先，资产保护。内部控制确保行政事业单位的资产得到妥善保护。通过建立合适的授权和审批程序、实施资产清查和核对，防止资产的丢失、损毁或盗窃。同时，内部控制还可以限制对重要资产和财务信息的访问，并确保其仅限于授权人员，减少潜在的风险和损失。

其次，财务信息的可靠性和合规性。内部控制确保会计核算过程中的财务信息具有准确性和可靠性。通过建立有效的会计凭证、审核程序和内部核算机制，确保财务交易的真实性和完整性。内部控制还包括确保财务报告符合法律法规和会计准则的要求。

再次，预防和控制风险。内部控制能够帮助行政事业单位预防和控制各种风险。通过建立风险评估和管理机制，识别和评估潜在的风险，并采取相应的控制措施进行防范。内部控制还包括建立有效的内部审计机制，定期审查和评估会计核算的合规性和有效性，发现和纠正潜在的问题和错误。

最后，防止财务舞弊和错误。内部控制可以减少财务舞弊和错误的风险。通过建立适当的控制环境和道德规范，明确责任和权限，提高人员的意识和能力水平，降低内部舞弊和错误发生的概率。内部控制还包括建立有效的风险监测和内部举报机制，促使员工积极参与，揭示潜在的问题和不当行为。

基本原理要求行政事业单位建立健全的内部控制机制，确保会计核算的准确性和合规性。通过内部控制的落实，行政事业单位可以有效地预防和控制风险，防止财务舞弊和错误，提高财务信息的可靠性和合规性。

（五）促进财务管理的科学化和规范化

基本原理的遵循推动了行政事业单位财务管理的科学化和规范化，建立了一套统一的准则和标准，使得财务管理具有普遍的适用性和可操作性。

首先，统一准则和标准。基本原理为行政事业单位制定了一套统一的准则和标准，如会计核算原则、会计政策等。这使得不同行政事业单位之间的财务管理具有一致性和可比性。通过统一的准则和标准，各个单位可以进行财务比较和绩效评估，有助于发现问题、改进管理，并提升整体的财务管理水平。

其次，科学化财务管理。基本原理要求行政事业单位在财务管理中遵循科学的方法和程序。包括确立合理的会计制度和内部控制机制，采用先进的财务管理工具和技术，如财务软件系统、数据分析等。科学化的财务管理有助于提高信息处理和决策的效率，减少错误和风险，并为行政事业单位的发展提供有力支持。

再次，规范化财务管理。基本原理要求行政事业单位按照规范进行财务管理，包括会计核算、报告编制、内部审计等方面。通过规范化的财务管理，可以确保财务信息的准确性和可靠性，避免违规行为和财务不端现象的发生。规范化的财务管理还有助于提高行政事业单位的透明度和信誉度，增强其与外部利益相关方的沟通与合作。

最后，提升管理效能。基本原理要求行政事业单位建立健全的会计制度和程序，加强内部控制和财务监督。这有助于提升管理效能，减少资源浪费和滥用，增强财务预算编制和执行的有效性，提高绩效管理和评估的科学性和准确性。通过科学、规范的财务管理，行政事业单位能够更好地实现资源的优化配置和管理目标的实现。

行政事业单位新政府会计核算基本原理的作用是确保财务信息的准确性、真实性和透明度，保护利益相关方的权益，提高财务报告的可比性，加强内部控制和风险管理，促进财务管理的科学化和规范化。这些作用对于行政事业单位的良好运作和可持续发展具有重要意义。

三、会计核算基本原理的内容

行政事业单位新政府会计核算基本原理是指在行政事业单位财务管理中，遵循的一系列准则和原则，旨在确保会计核算的准确性、合规性和可靠性。这些原理为行政事业单位提供了科学化、规范化的财务管理框架，促进了财务信息的全面呈现、决策的科学支持和风险的有效控制。

行政事业单位新政府会计核算基本原理包括以下内容。

（一）法定性原则

确保会计核算依法进行，符合国家法律、法规和会计准则的规定是行政事业单位新政府会计核算的基本原则之一。行政事业单位作为公共机构，其会计核算活动必须遵守国家制定的会计法律法规，以确保财务信息的合法性、准确性和真实性。

行政事业单位需要遵守《中华人民共和国会计法》的规定。该法律规定了会计核算的基本原则、会计报告的内容和披露要求，以及会计监督和审计的进行方式等。行政事业单位在会计核算过程中应遵循权责发生制原则，确保经济业务的记录和确认符合实际发生的原则。此外，《中华人民共和国会计法》还规定了会计档案的保存期限、会计机构的设立和组织等事项，为行政事业单位提供了法律依据和规范。

行政事业单位还需要符合中华人民共和国会计制度的相关规定。这些制度对行政事业单位的会计核算提供了具体的要求和规范。它规定了会计核算的科目体系、会计政策的制定和执行、财务报告的编制和披露等方面的内容。行政事业单位应根据自身的特点和需求，制定合适的会计政策，确保会计核算的准确性和规范性。

遵守法律法规和会计准则的要求对行政事业单位具有重要意义。首先，它保证了财务信息的合法性和可信度。行政事业单位通过依法进行会计核算，可以确保财务信息的合法来源和准确性，防止虚假报告和财务违规行为的发生。其次，它增强了财务信息的比较和分析的可行性。行政事业单位遵守统一的会计法律法规和准则，使得不同单位的财务报告具有可比性，便于相关方进行横向和纵向的比较和分析，评估其财务状况和经营绩效。最后，它提升了行政事业单位的信誉和形象。依法进行会计核算可以增强行政事业单位的透明度和规范性，增加利益相关方和社会公众对其财务状况的信任，维护了单位的良好形象和声誉。

因此，行政事业单位在新政府会计核算中必须依法进行会计核算，遵守国家法律、法规和会计准则的规定，这是确保财务信息的合法性、准确性和真实性的基本要求。行政事业单位作为公共机构，其会计核算的合法性是维护社会公共利益和资金合理使用的重要保障。

（二）独立性原则

独立性原则的核心是确保会计人员在会计核算中行使职责时不受利益冲突的影响。会计人员应该独立于行政事业单位的其他部门和个人，不受其影响或干预。会计人员应该遵守职业道德和职业规范，以客观、公正的态度对待会计核算工作，确保财务信息的真实性和准确性。

首先，独立的会计核算能够保证财务信息的真实性和准确性。会计人员在独立履行职责时，不受其他部门或个人的影响，能够客观地记录和报告经济业务的真实情况，防止财务信息的歪曲或被误导。

其次，独立性原则能够避免会计人员出现利益冲突的情况。行政事业单位内部可能存在各种利益关系和利益冲突，如个人利益、部门利益等。独立的会计人员能够保持中立的立场，不受这些利益冲突的影响，确保会计核算工作的公正性和客观性。

最后，独立的会计核算能够提高财务信息的可靠性。独立的会计人员能够独立评估和验证经济业务的发生和金额，从而确保财务信息的可信度和可靠性。这有助于提高行政事业单位的财务管理水平，增强其对外界的公信力。

独立的会计核算为内部监督和外部审计提供了基础。独立的会计人员能够提供独立的财务信息，为内部监督机构和外部审计机构提供可靠的依据，加强对行政事业单位财务状况和经营绩效的监督和审计结果。

（三）全面性原则

全面性原则要求行政事业单位在会计核算过程中不得漏报或虚报财务信息。这意味着会计人员应当全面、客观地记录和报告经济业务的发生和影响，确保财务信息反映行政事业单位的全部经济活动和财务状况。全面性原则包括以下几个方面。

首先，全面记录收入和支出。行政事业单位应当准确记录和报告其所有收入和支出情况。收入包括各类经济收入，如政府拨款、收费收入、捐赠收入等。支出包括各项开支，如人员工资、物资采购、业务费用等。会计人员需要确保将所有收入和支出都纳入会计核算范围，并正确计量和确认。

其次，完整记录资产和负债。行政事业单位应当全面记录和报告其所有资产和负债。资产包括货币资金、固定资产、应收账款等。负债包括应付账款、借款、应交税费等。会计人员需要准确记录和评估行政事业单位的资产和负债，确保其完整反映单位的财务状况。

最后，完备披露净资产。行政事业单位应当完备披露净资产的相关信息。净资产反映了单位所有者对资产的权益。会计人员需要确保准确记录和披露净资产的变动情况，包括所有者投入、盈余留存等。

（四）实质重于形式原则

会计核算应注重经济事实的本质，而不仅仅关注交易的形式，这体现了实质重于形式原则。实质重于形式原则要求会计人员应根据实际经济活动的本质和经济实质进行核算，确保财务信息的真实性和可靠性。

实质重于形式原则的核心思想是强调经济事务的本质和经济实际效果，而非仅仅关注交易的法律形式。在会计核算中，会计人员应当根据交易的经济实质，以及交易对行政事业单位的经济影响，来确定如何记录、计量和报告相关的财务信息。

这一原则的应用范围广泛，涵盖了各种经济交易和业务活动。例如，当行政事业单位与其他机构或个人履行租赁合同时，实质重于形式原则要求会计人员关注租赁合同的实际经济效果，而非仅仅根据合同的法律形式来确定会计处理方式。如果租赁合同的实际经济效果表明，行政事业单位在经济上具有对租赁资产的控制权和收益权，那么会计人员应按照这一实质进行核算处理。

同样地，实质重于形式原则也适用于其他诸如金融工具的分类、收入的确认、合同的解释等方面。它强调了会计核算的真实性和可靠性，确保财务信息能够准确地反映行政事业单位的财务状况、经营成果和现金流量。

通过遵循实质重于形式原则，会计核算能够更加客观地反映经济事务的本质，防止财务信息的虚假和误导性报告。这有助于提高财务信息的质量和透明度，为利益相关方提供准确的决策依据，提升行政事业单位的信誉和形象。

（五）一致性原则

会计核算应保持一贯性和连续性，这体现了一致性原则。一致性原则要求行政事业单位在会计核算中应保持一致的会计政策和会计估计，且不得随意更改。

一致性原则的目的是确保财务信息在不同会计期间具有可比性和可理解性。通过保持一致的会计政策和做法，相同的交易或事件可以在不同的会计期间按照相同的会计政策进行核算，从而使财务信息具有可比性。这有助于利益相关方对行政事业单位的财务状况和经营绩效进行比较和评估。

一致性原则要求会计人员在会计核算过程中不得随意更改会计估计和会计政策，除非有充分的理由和合理的解释。如果需要更改会计政策或估计，行政事业单位应按照相关的会计准则和规定进行披露，以便利益相关方能够理解和比较财务信息的变化。

一致性原则对于财务报告的可理解性也起着重要作用。因此，一致性原则要求行政事业单位在会计核算中保持稳定的会计政策和做法，以便利益相关方能够准确理解财务信息，做出明智的决策。

通过遵循一致性原则，会计核算能够确保财务信息的连续性和可比性，提高财务报告的质量和透明度。同时，一致性原则还有助于维护行政事业单位的信誉和形象，增强利益相关方对其财务信息的信任和认可度。因此，一致性原则在行政事业单位的会计核算中具有重要意义。

（六）真实性和合规性原则

会计核算应真实、准确地反映行政事业单位的经济业务活动和财务状况，这体现了真实性和合规性原则。真实性和合规性原则要求会计人员在会计核算过程中遵守会计准则和相关法律法规，不得故意歪曲财务信息或从事财务违规行为。

真实性原则要求会计人员按照实际经济业务的发生情况记录和报告财务信息。财务信息应真实地反映行政事业单位的交易事项和经济活动，不得虚构或掩盖真实情况。真实性原则确保了财务信息的可信度和可靠性，为利益相关方提供了准确的决策依据。

合规性原则要求会计人员遵守会计准则和相关法律法规的规定，确保会计核算符合法律法规的要求。会计人员应熟悉和遵守适用的会计准则，确保会计处理符合准则的规定。同时，他们还需要遵守行政事业单位的内部规章制度，执行相关的财务管理制度和程序。合规性原则的遵循可以防止财务违规行为的发生，保护行政事业单位的合法权益，维护财务秩序和规范。

真实性和合规性原则的遵循对于行政事业单位的财务报告和财务管理具有重要意义。确保了财务信息的可信度和可靠性，为利益相关方提供准确的财务状况和经营绩效。同时，还保护了行政事业单位的合法权益，防止财务违规行为的发生，维护了财务秩序和规范。因此，真实性和合规性原则在行政事业单位的会计核算中具有重要的作用。

（七）及时性原则

会计核算的及时性原则是指会计人员应按照规定的时间要求完成会计核算工作，并及时编制和报送财务报表。这一原则的目的是确保财务报表能够及时反映行政事业单位的财务状况和经营绩效，为管理决策、财务分析和绩效评估提供准确的信息。

及时性在会计核算中具有重要的意义。首先，及时编制和报送财务报表能够满足利益相关方对财务信息的需求。行政事业单位的相关方包括政府、社会公众、投资者、债权人等，他们需要及时了解行政事业单位的财务状况和经营绩效，以做出相应的决策和评估。及时性原则保证了财务报表的及时可得性，满足了利益相关方的信息需求。

其次，及时编制和报送财务报表有助于行政事业单位内部的管理决策。及时的财务信息可以帮助管理层及时了解单位的财务状况和经营绩效，以便做出相应的决策和调整。管理层可以根据及时的财务信息进行预算控制、资源配置和绩效评估等管理活动，进一步提高行政事业单位的管理效率。

此外，及时编制和报送财务报表有助于监管机构的监督和监察工作。监管机构需要对行政事业单位的财务状况和经营绩效进行监督和评估，以确保其合规性和健康发展。及时性原则能够保证监管机构及时获取财务信息，加强对行政事业单位的监督和监察，维护市场秩序和公共利益。

及时性原则在行政事业单位的会计核算中具有重要作用。确保了财务报表能够及时反映财务状况和经营绩效，满足利益相关方的信息需求，支持管理决策，加强监管和监察。因此，会计人员应严格遵守及时性原则，按时完成会计核算工作，确保财务报表的及时性和准确性。

第二节　资产负债表与收入费用表

资产负债表与收入费用表是行政事业单位新政府会计核算中两个重要的财务报表。资产负债表展示了单位在特定日期的资产、负债和净资产的情况，而收入费用表则记录了单位在特定期间内的收入和费用情况。这两个报表为利益相关方了解单位财务状况和经营绩效提供了全面、准确的财务信息。

一、资产负债表与收入费用表的定义

资产负债表和收入费用表是行政事业单位新政府会计核算中的两个主要财务报表。资产负债表，也称为财务状况表，是反映单位在特定日期上的资产、负债和净资产的报表。它展示了单位所拥有的各种资源（资产），以及单位对外部债务、净资产的债务（负债）和所有者投入的资金（净资产）。收入费用表，也称为损益表或利润表，是反映单位在特定期间内的收入和费用情况的报表。它显示了单位在经营活动中所获得的收入和发生的各种费用，最终计算出单位的净收益或净亏损。这两个报表是评估行政事业单位财务状况和经营绩效的重要工具，为相关方提供了对单位财务状况和经营情况的全面认识。

（一）资产负债表

资产负债表（财务状况表）是行政事业单位新政府会计核算中的一项重要财务报表。它是在特定日期上反映行政事业单位资产、负债和净资产的报表。资产负债表以一个静态的视角展示了单位在特定时间点上的财务状况，呈现了单位所拥有的各种资源（资产），以及单位对外部债务、净资产的债务（负债）和所有者投入的资金（净资

产）。

资产是指单位拥有并可预期为其带来经济利益的资源。行政事业单位的资产包括现金及现金等价物、应收账款、存货、固定资产、投资等。负债是指单位对外部经济主体的经济利益责任，即对他人的债务。行政事业单位的负债包括应付账款、短期借款、长期借款等。净资产是指行政事业单位的资产减去负债后归属于所有者的权益，包括公益金、基金、储备等。

资产负债表的主要目的是提供有关行政事业单位财务状况的信息，包括其资产的规模、结构和负债的情况，以及净资产的构成。通过分析资产负债表，可以评估行政事业单位的偿债能力、资金运作情况、资本结构和财务稳定性等方面的情况。

（二）收入费用表

收入费用表也称为损益表或利润表，是行政事业单位新政府会计核算中的另一个重要财务报表。它是在特定期间内反映行政事业单位收入和费用情况的报表。收入费用表呈现了单位在特定期间内的收入、费用和净收益（净亏损）。

收入是指行政事业单位在经营活动中获得的各种经济利益的流入，包括政府拨款、捐赠收入、经营收入等。费用是指单位为获取或保持收入而发生的各种经济利益的流出，包括人员工资、办公费用、设备维护费用等。净收益（净亏损）是指收入减去费用后的余额。

收入费用表的主要目的是提供有关行政事业单位经营成果的信息，包括收入来源、费用构成和净收益（净亏损）的情况。通过分析收入费用表，可以评估行政事业单位的盈利能力、经营效益和财务可持续性等方面的情况。

资产负债表和收入费用表在行政事业单位新政府会计核算中具有重要的作用。它们提供了对行政事业单位财务状况和经营成果的全面、准确的描述，为管理决策、财务分析和绩效评估提供了基础数据和参考依据。资产负债表和收入费用表不仅反映了行政事业单位的财务状况和经营情况，也为相关方提供了了解单位财务状况、评估单位的经济实力和管理能力的重要依据。

资产负债表和收入费用表的编制和披露应遵循相关的会计准则和规定，确保财务信息的准确性、真实性和可比性。同时，对这些表格的审计和监督也是保证财务信息质量和合规性的重要环节。通过对资产负债表和收入费用表的分析和解读，可以帮助决策者、管理者和利益相关方全面了解行政事业单位的财务状况和经营情况，进而采取适当的措施和决策，推动单位的可持续发展和提升绩效管理水平。

二、资产负债表与收入费用表的组成要素

资产负债表和收入费用表的组成要素反映了行政事业单位在特定会计期间内的财务状况和经营成果。资产负债表反映了单位的资产总额、负债总额和净资产，揭示了单位的资金来源、资金运用及单位的偿债能力和财务稳定性。收入费用表则反映了单位在特

定会计期间内的收入和费用情况，描述了单位的经营活动、盈利能力和财务可持续性。

（一）资产负债表的组成要素

资产负债表是行政事业单位新政府会计中的重要财务报表之一，用于展示单位在特定时间点上的资产、负债和净资产的情况。资产负债表的组成要素包括资产和负债两个主要部分，通过对这些要素的详细描述，可以全面了解单位的财务状况和资金运作情况。下面将对资产和负债两个部分进行简要的介绍和说明。

1. 资产部分

资产是行政事业单位在经营活动中所拥有或控制的具有经济利益的资源。资产部分是资产负债表的重要组成要素之一，它反映了行政事业单位在特定时间点上所拥有的各类资产的价值和规模。

在资产部分，行政事业单位的资产类别多种多样，包括以下几个主要类别。

第一，货币资金。货币资金是指单位拥有的现金、银行存款和其他货币资金，它们是单位流动性最高的资产，用于支付日常经营和管理活动。第二，应收账款。应收账款是指单位向其他方提供货物、提供劳务或发生其他应收款项的权益，代表了单位待收取的经济利益。第三，存货。包括单位持有的原材料、在产品、产成品和库存商品等，代表了单位在经营过程中未销售出去的物资和产品。第四，长期投资。长期投资是指单位对其他企业或机构的股权投资、债权投资及其他长期资产的投资，它们是长期持有的投资性资产。第五，固定资产，包括土地、房屋、机器设备、交通工具等长期使用且不易转换为现金的实物资产。第六，无形资产，是指单位所拥有的无形的非金融性资产，如专利权、商标权、软件使用权等。

这些资产代表了行政事业单位的资源积累和投资活动，它们对单位的经营和发展起到重要的支持作用。资产负债表的资产部分能够提供关于单位财务实力和资源配置的重要信息，帮助相关方评估单位的资金状况和运作能力。同时，资产的组成也反映了单位的经营特点和资产结构，为单位的管理决策提供了参考依据。

2. 负债部分

负债是指行政事业单位对外承担的经济义务，即其应向他人或组织支付的款项或提供的服务。负债部分是资产负债表的重要组成要素，它反映了行政事业单位在特定时间点上所承担的各项债务和负债的规模和性质。

在负债部分，行政事业单位的负债类别多样，主要包括以下几个方面：第一，应付账款，是指单位向供应商、承包商等应付的货款、劳务费或其他应付款项，代表了单位对外部交易方的欠款义务。第二，应付工资，是指单位尚未支付给员工或劳动者的工资、奖金、津贴等，代表单位的待支付的义务。第三，应交税费。包括单位尚未缴纳给税务机关的各类税费，如增值税、所得税、城市维护建设税等。第四，长期借款，是指单位从金融机构或其他机构获得的长期借款，代表了单位对外部债权人的还款义务。第五，预收收入，是指单位已经收到但尚未提供相应服务或交付商品的预收款项，代表了单位对预收款项的还款义务。第六，递延收益，是指单位已经收到但尚未履行相应义务的收入，需要在未来的会计期间逐渐确认为收益。

这些负债反映了行政事业单位对外部交易方承担的债务和经济义务。负债部分的组成能够提供关于单位财务的债务状况和偿债能力的重要信息，帮助相关方评估单位的财务风险和债务情况。同时，负债的组成也反映了单位的资金来源和债务结构，为单位的财务管理和资金筹措提供了参考依据。

（二）收入费用表的组成要素

收入费用表是行政事业单位新政府会计中的重要财务报表之一，用于反映单位在特定会计期间内的收入和费用情况。收入费用表包括单位的收入来源和费用支出，对于评估单位的经营活动和盈利能力具有重要意义。在收入费用表中，主要包括收入部分和费用部分。

1. 收入部分

收入在行政事业单位新政府会计中扮演着重要的角色，它是单位经营活动所获得的经济利益的主要来源。收入部分包括多个类别，每个类别都代表着不同的收入来源和性质。

第一，主营业务收入，是行政事业单位在其主要经营领域所获得的收入。包括销售商品或提供服务所产生的收入，或来自公共服务、教育、医疗、文化艺术等方面的收入。

第二，政府拨款收入，是指行政事业单位从政府部门获得的资金拨款。政府拨款可以用于单位的运营费用、项目资金或特定目的的支出，如教育经费、科研资金等。

第三，捐赠收入，是指行政事业单位接受的来自个人、企业或其他机构的无偿捐赠款项或资产。这些捐赠可以是现金、物品或其他形式的资助，旨在支持单位的特定事业或项目。

第四，投资收益，是指行政事业单位通过投资活动所获得的收益，包括利息、股息、租金收入等。单位可能进行投资以获取额外的经济利益，这些投资可以是金融产品、房地产或其他投资工具。

以上列举的收入类别只是行政事业单位收入的一部分，具体的收入类别可能因单位的性质和业务范围而有所差异。通过记录和分析这些收入类别，行政事业单位能够全面了解自身的收入来源和收入结构，从而有效管理和优化收入的利用。

2. 费用部分

费用在行政事业单位新政府会计中是一个重要的概念，它涵盖了单位为开展经营活动所发生的各种成本和费用。费用的记录和分析对于单位的财务管理和经营决策具有重要意义。

第一，人员工资。人员工资是行政事业单位为支付员工薪酬而发生的费用。包括各类员工的基本工资、津贴、奖金及与员工相关的社会保险、福利等支出。

第二，办公费用。办公费用是指行政事业单位为日常运营所发生的费用，包括办公用品费用、租金、水电费、电话费、邮寄费等。这些费用是为了保证单位正常运转和提供良好工作环境所必需的支出。

第三，采购成本，是指行政事业单位为购买物品或服务而发生的费用，包括原材料、设备、设施的购买费用，以及外包服务的费用等。采购成本是单位生产或经营过程中无法避免的支出。

第四，折旧费，是指行政事业单位为使用固定资产而发生的费用，由于固定资产所产生的价值会随着时间的推移而减少，单位需要按照一定的折旧方法计提折旧费用。

第五，利息支出，是指行政事业单位为借入资金而支付的利息。当单位需要借款来满足经营或投资的需要时，会承担一定的利息支出。

除了以上列举的费用类别，行政事业单位的具体费用构成可能因单位的性质、规模和业务活动而有所差异。准确记录和分类费用有助于单位控制成本、制定预算、评估经营绩效和做出相应决策。

以上组成要素在资产负债表和收入费用表中相互关联，共同构成了行政事业单位财务状况和经营成果的全面描述。这些要素反映了单位的资产结构、负债状况、净资产变动、收入来源和费用构成等重要信息，为决策者和利益相关方提供了重要的参考依据。

三、资产负债表与收入费用表的编制方法和步骤

编制行政事业单位新政府会计资产负债表和收入费用表是确保财务信息准确性和透明度的重要步骤。这些报表提供了行政事业单位财务状况和经营绩效的关键信息。下面简要介绍编制这些报表的方法和步骤。

（一）收集和整理会计数据

收集行政事业单位的财务交易和经济业务数据是编制资产负债表和收入费用表的基础。原始凭证是记录交易和经济业务的重要文件，包括销售发票、购货凭证、收款收据、付款凭证等。此外，日常记账如现金日记账、银行存款日记账、应收账款和应付账款明细账等也是重要的数据来源。

首先，会计人员需要收集和整理所有与行政事业单位相关的财务交易和经济业务数据。

其次，把收集到的数据按照会计科目进行分类和归集。会计科目是对经济业务进行分类和归纳的基本单位，例如资产类科目、负债类科目、净资产类科目、收入类科目和费用类科目等。会计人员根据行政事业单位的特点和需求，设计和建立适合的会计科目体系。

最后，在数据整理和分类的基础上，会计人员进行数据的汇总和总结。将相同类型的交易和经济业务数据进行合并，计算出各个会计科目的发生额和期末余额。这些汇总数据将成为编制资产负债表和收入费用表的依据。

收集行政事业单位的财务交易和经济业务数据是编制资产负债表和收入费用表的第一步。通过整理、分类和汇总数据，会计人员能够准确地反映行政事业单位的财务状况和经营绩效，为后续的会计核算工作奠定基础。

（二）核对和审核数据

在整理和分类数据之后，对数据进行核对和审核是确保行政事业单位资产负债表和收入费用表准确性和完整性的重要环节。核对和审核过程旨在验证数据的准确性、完整性和合规性，以确保财务报表的可靠性。

首先，会计人员需要检查凭证的正确性。逐个核对原始凭证的信息，包括金额、日期、摘要和会计科目等，确保凭证记录的交易和经济业务信息准确无误。此外，还要检查凭证的编号和顺序是否完整和连续。

其次，会计人员会比对银行对账单和账户余额。核对银行对账单上的存款、支票和转账记录与账簿上的相应信息是否一致。同时，核对银行账户的余额与账簿中相应科目的余额是否匹配，以确保资金的准确反映。

再次，会计人员还需确认应收应付账款的准确性。核对客户的结算单据、销售发票、购货凭证等，确保应收账款的金额和期限准确无误。同时，核对供应商的结算单据、采购发票、付款凭证等，确保应付账款的金额和期限准确无误。

最后，会计人员还应进行其他方面的核对和审核，例如检查固定资产的清单和折旧计算的准确性，确认预收和递延收益的处理是否符合会计准则，验证费用发生的合规性等。

核对和审核的目的是发现并纠正可能存在的错误、遗漏或不一致之处，确保资产负债表和收入费用表的准确性和可靠性。这一过程需要仔细审查和审慎比对数据，确保财务报表中的数据与实际业务活动相符，提高信息的可信度和决策的准确性。

（三）会计估计和计算

根据会计准则和政府相关规定，对一些项目进行估计和计算。例如，对于长期投资和固定资产，需要进行摊销和折旧计算。对于应收账款，可能需要进行坏账准备计提。

对于长期投资和固定资产，行政事业单位通常需要进行摊销和折旧计算。折旧是指按照资产的预计使用寿命和残值，将其成本分摊到多个会计期间的过程。摊销是指将某项支出按照一定的期间分配到多个会计期间。通过摊销和折旧的计算，可以将长期投资和固定资产的成本逐渐转化为费用，准确反映其在不同会计期间内的价值消耗。

对于应收账款，行政事业单位可能需要进行坏账准备计提。坏账准备是为了反映应收账款的潜在损失风险而提前提取的一部分资金。根据会计准则和政府相关规定，行政事业单位需要根据历史坏账率、客户信用状况和经济环境等因素，对应收账款进行风险评估，并计提适当的坏账准备。这样可以在资产负债表中准确反映应收账款的实际可收回价值。

除了上述项目，还可能涉及其他估计和计算，如资产减值准备、存货跌价准备、长期借款利息计提等。这些估计和计算都需要依据会计准则和政府相关规定的要求，以合理和恰当的方法进行。通过准确的估计和计算，可以更好地反映行政事业单位的财务状况和经营绩效，提供可靠的财务信息供管理决策和外部利益相关方评估使用。

（四）编制资产负债表

在完成数据核对、审核和计算后，行政事业单位可以开始编制资产负债表。资产负债表是以资产、负债和净资产为核心内容，按照特定的格式和布局展示单位的财务状况。

首先，资产负债表按照一定的顺序排列，通常是将资产部分排在负债和净资产部分之前。这样的排列方式有助于清晰地展示行政事业单位的资产状况，以及负债和净资产情况。

其次，资产负债表中的项目应当对应正确的会计科目。会计科目是会计核算的基础，用于分类和记录财务交易和经济业务。在编制资产负债表时，需要将各项资产、负债和净资产准确地归类到相应的会计科目中，确保财务信息的准确性和可比性。

此外，资产负债表的格式和布局也需要遵循一定的规范。通常，资产负债表分为两栏，左栏列资产项目，右栏列负债和净资产项目。每个项目下面会列出具体的金额，以反映行政事业单位的资产规模、负债状况和净资产的构成。

在编制资产负债表时，需要确保表中的项目准确、全面，并按照统一的会计原则和政府相关规定进行填报。这样可以使资产负债表具备可比性，便于内部管理和外部利益相关方的理解和分析。

编制资产负债表需要按照一定的顺序排列项目，确保项目与会计科目的对应关系，并遵循特定的格式和布局。准确编制资产负债表是保证行政事业单位财务信息准确性和可靠性的重要环节，对于内部管理和外部评估都具有重要意义。

（五）编制收入费用表

在完成资产负债表的编制之后，行政事业单位可以继续编制收入费用表，以反映单位在特定会计期间内的收入和费用情况。收入费用表是财务报表中的重要组成部分，用于展示单位的经营活动和财务绩效。

收入部分是收入费用表的核心内容，它列示了单位在特定会计期间内各项收入来源的金额。收入来源包括主营业务收入、政府拨款收入、捐赠收入、投资收益等各项收入类别。这些收入项目应当与正确的会计科目相对应，确保准确分类和记录。

费用部分是收入费用表中的另一个重要部分，它列示了单位在特定会计期间内各项费用支出的金额。费用项目包括人员工资、办公费用、采购成本、折旧费用、利息支出等类别。同样，这些费用项目也应当与正确的会计科目相对应，确保准确地分类和记录。

在编制收入费用表时，需要将相应的收入和费用项目按照一定的格式和布局进行呈现。通常，收入部分和费用部分分列在表的两栏，每个项目下面会列出具体的金额数值。这样的布局有助于清晰地展示单位的收入来源和费用支出情况。

编制收入费用表是为了让人们全面了解单位在特定会计期间内的收入和费用状况，从而评估单位的经营绩效和财务健康状况。通过对收入和费用的分析，可以帮助单位进行预算控制、成本管理和经营决策，从而实现财务目标。

编制收入费用表需要将收入和费用项目与正确的会计科目相对应，并按照一定的格式和布局进行呈现。准确编制收入费用表对于理解单位的经营活动和财务状况具有重要意义，为内部管理和外部利益相关方提供重要的参考依据。

（六）审核和复核

在完成资产负债表和收入费用表的编制之后，行政事业单位需要进行内部审核和复核工作，以确保财务报表的准确性、真实性和可靠性。内部审核和复核的目的是发现并纠正潜在的错误、漏报或虚报，以提高财务报表的质量和可信度。

内部审核和复核的工作主要包括以下方面。

首先，会计处理准确性检查。内部审核人员将会计处理过程进行逐项检查，确保会计凭证的编制、会计科目的分类和计算等环节的准确性。他们会仔细核对会计凭证、账簿记录和财务报表，确保数据的一致性和正确性。

其次，数据核对。内部审核人员将编制财务报表所使用的数据与原始凭证、日常记账记录、银行对账单、票据和报销单据等进行核对。他们会仔细对比金额、日期和其他关键信息，以确保财务报表所依据的数据的准确性和完整性。

再次，内部控制检查。内部审核人员会审查和评估行政事业单位的内部控制制度和流程，确保其健全有效。他们会检查是否存在潜在的风险和漏洞，并提出改进建议，以加强内部控制体系的运作。

最后，真实性和合规性确认。内部审核人员会确保财务报表符合会计准则和相关法律法规的要求。他们会审查是否有任何虚假陈述或违规行为，并确保财务报表能够真实、准确地反映行政事业单位的财务状况和经营绩效。

内部审核和复核是保障财务报表质量的重要环节，有助于发现和纠正潜在的错误和问题，确保财务报表的真实性和可靠性。通过严格的内部审核和复核程序，行政事业单位可以提高财务报表的质量，为内部管理和外部利益相关方提供可信的财务信息和决策依据。

（七）报送和披露

完成审核和复核后，编制好的资产负债表和收入费用表需要按照规定的时间要求进行报送和披露。报送和披露财务报表是行政事业单位向内部管理层、审计机关、相关政府部门，以及其他利益相关方提供财务信息的重要环节，旨在确保透明度、可信度和责任性。

报送和披露财务报表的过程包括以下方面。

首先，内部报送。行政事业单位将编制好的财务报表报送给内部管理层，如财务主管、机构领导等。内部报送的目的是使管理层了解单位的财务状况和经营绩效，以便进行决策和管理。财务报表的及时报送可以帮助管理层及时了解单位的财务状况，并采取相应的措施进行调整和改进。

其次，外部报送。行政事业单位需要将编制好的财务报表报送给外部审计机关、相关政府部门和其他利益相关方，以满足法律法规和监管要求。外部审计机关会对财务报表进行独立审计，验证其真实性和合规性。相关政府部门可能要求行政事业单位报送财务报表，以了解其财务状况和履行政府责任的情况。其他利益相关方，如供应商、投资者、捐赠者等，也可能要求行政事业单位提供财务报表，以评估其稳定性、可靠性和透明度。

最后，披露要求。行政事业单位需要根据相关规定和要求，对财务报表进行公开披露。公开披露是一种透明度和信息公开的机制，通过向公众提供财务信息，促进社会监督和信任建立。行政事业单位需要在指定的报告期限内，将财务报表发布在指定的媒体、网站或其他渠道上，以便公众可以获取和查阅。

报送和披露财务报表的目的是保障财务信息的透明度、可信度和责任性，以满足内外部利益相关方的需求和要求。通过及时、准确地报送和披露财务报表，行政事业单位能够建立良好的信息披露机制，增强对外界的信任和合作，推动单位的可持续发展。同时，也为利益相关方提供了评估单位财务状况和经营绩效的依据，帮助他们做出决策、评估单位的风险和潜力。

编制资产负债表和收入费用表的过程需要严格遵循会计准则和相关法律法规，确保财务信息的准确性、真实性和合规性。

四、资产负债表和收入费用表在财务分析中的应用

行政事业单位新政府会计资产负债表和收入费用表在财务分析中具有重要的应用价值。这些财务报表提供了行政事业单位的财务状况和经营绩效的关键信息，通过对这些报表进行分析可以帮助评估单位的财务健康和运营情况。

（一）评估财务稳定性

资产负债表可以揭示行政事业单位的资产和负债结构，进而评估其财务稳定性。通过分析资产负债表的项目，可以了解单位的资金来源、债务水平和资本结构，从而判断单位的偿债能力和财务风险。

资产负债表在财务分析中的应用主要体现在以下几个方面。

首先，资产结构分析。资产负债表揭示了行政事业单位的资产构成，包括货币资金、应收账款、存货、固定资产等。通过对各项资产的比例和变动趋势进行分析，可以了解单位的资产结构和资金运作情况。例如，高比例的流动资产可能意味着单位有较强的流动性和应对短期债务的能力，而较高比例的固定资产可能暗示单位具备较大的长期发展潜力。

其次，负债结构分析。资产负债表还揭示了行政事业单位的负债结构，包括应付账款、长期借款、递延收益等。通过对负债的比例和变动趋势进行分析，可以评估单位的债务水平和偿债能力。比如，高比例的长期借款可能意味着单位承担较大的财务风险，而适当的负债结构可以提供合理的资金支持，促进单位的稳定发展。

再次，偿债能力评估。资产负债表提供了行政事业单位偿债能力的基本信息。通过计算各项负债与总资产的比例，可以得到资产负债率，进而评估单位的偿债能力。较低的资产负债率意味着单位具备较强的偿债能力，能够及时偿还债务，保障单位的财务稳定性。

最后，资本结构分析。资产负债表还反映了行政事业单位的净资产，通过分析净资产与总资产的比例，可以了解单位的资本结构。合理的资本结构有助于提高单位的抗风险能力和盈利能力。

资产负债表在财务分析中对于评估行政事业单位的财务稳定性、偿债能力和资本结构起着重要作用。通过综合分析资产和负债的结构和比例，可以全面了解单位的财务状况，为决策提供可靠的依据。

（二）分析盈利能力

收入费用表在行政事业单位财务分析中起着重要作用，它提供了单位收入和费用的详细信息，帮助进行财务分析和决策。以下是收入费用表在行政事业单位财务分析中的主要体现。

首先，收入来源分析。收入费用表可以清晰地展示单位的收入来源，包括政府拨款、业务收入、捐赠和其他收入等。通过对各项收入的分析，可以了解单位的财务运作和资金来源的稳定性，评估单位的财务可持续性。

其次，费用结构分析。收入费用表还呈现了单位的各项费用，如工资福利支出、运营费用、设备购置费用等。通过对费用的分析，可以了解单位在各个方面的开支情况，包括人力资源管理、日常运营和资产投入等，帮助评估单位的运营效率和财务管理能力。

再次，盈余分析。收入费用表中的收入减去费用，可以计算出单位的盈余或亏损。通过对盈余的分析，可以了解单位的财务状况和经营业绩。盈余分析还可以提供单位的盈利能力和盈利趋势的有关信息，有助于评估单位的财务稳定性和可持续性。

然后，比较分析。通过比较不同期间或不同单位的收入费用表，可以进行横向和纵向的比较分析。横向比较可以评估单位在相同时间段内的财务变化和趋势，纵向比较可以比较不同单位的财务表现。比较分析可以揭示出业绩优劣、问题所在和改进空间，为单位的财务决策提供参考。

最后，预测和规划。通过对收入费用表的分析，可以预测未来的财务状况和趋势，为单位的财务规划提供依据。基于历史数据和趋势分析，可以制定合理的收入目标和费用控制策略，以实现财务目标和可持续发展。

收入费用表在行政事业单位财务分析中体现了收入来源、费用结构、盈余情况、比较分析和财务规划等方面的信息，为单位的财务管理和决策提供重要的参考依据。

（三）评估财务健康

通过综合分析资产负债表和收入费用表，可以评估行政事业单位的整体财务健康状况。比如，可以通过计算资产负债率、流动比率等指标来评估单位的偿债能力和流动性状况。同时，结合收入费用表的分析，可以了解单位的收入结构、费用控制情况等，从而综合评估单位的财务状况。

资产负债表提供了单位的资产和负债信息。通过计算资产负债率（负债总额与资产总额的比率）和长期负债比率（长期负债与资产总额的比率），可以评估单位的偿债能力和负债水平。较低的资产负债率和长期负债比率表明单位的财务风险相对较低，有较强的偿债能力。

资产负债表中的流动资产和流动负债项目可以用于评估单位的流动性状况。通过计算流动比率（流动资产与流动负债的比率）和速动比率（速动资产与流动负债的比率），可以判断单位在应对短期债务和支付能力方面的情况。较高的流动率和速动比率表明单位具有较好的流动性，能够及时偿还短期债务。

资产负债表中的净资产项目反映了单位的资本结构。通过计算资本结构比率（净资产与总资产的比率），可以了解单位资本的占比情况。较高的资本结构比率表明单位更多地依赖自有资本，具有较低的财务风险。

综合分析资产负债表和收入费用表的指标和信息，可以全面评估单位的财务状况。通过比较不同会计期间的指标变化，可以了解单位的经营趋势和财务健康状况。同时，还可以对比事业单位与行业平均水平或竞争对手的指标，以获得更准确的评估结果。例如，可以对比行业平均的资产负债率和盈利能力指标，以确定单位在行业中的位置和相对优势。

此外，资产负债表和收入费用表还可以用于趋势分析和比较分析。通过比较不同会计期间的财务数据，可以识别单位的增长趋势和变化模式。有助于发现潜在的风险和机会，并为未来的规划和决策提供参考。

财务分析还可以结合其他指标和工具，如现金流量表和财务比率分析，以获得更全面的财务状况和绩效评估。通过综合运用各种分析方法，可以帮助管理层和利益相关方更好地了解行政事业单位的财务状况，制定合理的战略和决策，提高单位的经济效益和可持续发展能力。

资产负债表和收入费用表在行政事业单位的财务分析中起着重要的作用。通过对这些财务报表的分析和解读，可以全面评估单位的财务健康状况、盈利能力和偿债能力，并为管理层和利益相关方提供有价值的信息和决策依据。同时，结合其他财务报表和分析工具的使用，可以进一步加深对单位经济业务的了解，为单位的发展和成长提供支持。

（四）比较和趋势分析

通过对多个会计期间的资产负债表和收入费用表进行比较和趋势分析，可以了解单位的发展变化和经营趋势。比较不同期间的报表可以揭示单位的增长速度和发展潜力，趋势分析则可以预测未来的发展方向和风险。

首先，比较不同期间的资产负债表可以揭示单位的资产和负债结构的变化情况。通过观察资产负债表中的项目，在不同会计期间之间进行比较，可以了解单位的资金来源、资本结构和负债水平的变化。例如，如果长期借款在过去几个期间中有显著增加，可能意味着单位在资金方面依赖度增加，可能需要关注偿债能力的问题。比较不同期间的资产负债表还可以揭示单位的财务稳定性和偿债能力的改善或恶化趋势。

其次，通过对收入费用表的比较和趋势分析，可以了解单位的经营状况和盈利能力的变化。比较不同期间的收入费用表可以观察单位的主营业务收入、费用控制情况和盈利水平的变化。例如，如果单位的主营业务收入在过去几个期间中稳定增长，并且费用占比在相对稳定的范围内，可能表明单位具有良好的盈利能力和经营效益。趋势分析则可以预测单位的未来发展方向和潜在风险。通过观察收入费用表中的项目，可以评估单位的盈利能力和经营趋势，进而制定相应的战略和决策。

除了比较和趋势分析，还可以使用财务比率各项指标进一步评估单位的财务状况和经营绩效。财务比率可以提供更具体的指标，如流动比率、债务比率、利润率等，以衡量单位的流动性、偿债能力和盈利能力等。通过对财务比率的计算和分析，可以深入了解单位的财务状况，并与行业平均水平或竞争对手进行比较，以获得更准确的评估结果。

通过对多个会计期间的资产负债表和收入费用表进行比较和趋势分析，可以获取单位的发展变化和经营趋势的有关重要信息。这种分析方法有助于管理层和利益相关方了解单位的增长速度、盈利能力、偿债能力和财务稳定性等关键信息。

（五）决策支持

资产负债表和收入费用表的分析结果为管理层提供了决策支持的依据。基于财务分析的结论，管理层可以制定相应的经营策略和财务管理措施，优化资源配置、提高运营效率，从而实现单位的目标和可持续发展。

首先，资本投资决策。通过分析资产负债表，管理层可以评估单位的资本结构和资金来源，了解单位的财务稳定性和偿债能力。根据资本结构的情况，管理层可以决定是否需要进行资本调整，例如增资或减资，以满足单位的资金需求和经营发展计划。

其次，经营策略制定。通过分析收入费用表，管理层可以了解单位的盈利能力、费用控制情况和收入结构。基于收入费用的分析结果，管理层可以制订相应的经营策略，包括拓展主营业务、优化产品组合、提高营销效果、降低成本等，以增加单位的收入、降低费用，提高盈利能力。

再其次，风险管理和控制。通过对资产负债表和收入费用表的分析，管理层可以识别单位面临的财务风险和经营风险。例如，如果资产负债率过高，可能存在偿债能力不足的风险；如果费用占比过高，可能存在成本控制不善的风险。基于风险识别，管理层可以采取相应的风险管理措施，包括加强财务监控、优化资金结构、改善内部控制等，以降低风险发生的可能性和影响。

最后，绩效评估和目标管理。通过比较不同会计期间的资产负债表和收入费用表，管理层可以评估单位的绩效表现和目标实现情况。例如，通过计算各项财务指标的变化趋势，管理层可以了解单位的增长速度和盈利能力的变化。基于评估结果，管理层可以调整目标设定，设定更具挑战性和可实现性的目标，并制定相应的绩效考核和激励机制，激励员工实现单位的财务目标。

行政事业单位新政府会计资产负债表和收入费用表在财务分析中扮演着重要的角色。它们提供了关于单位财务状况、经营绩效和盈利能力的定量信息，帮助利益相关方全面了解单位的财务状况和经营情况。

第三节 预算管理与绩效管理

新政府会计预算管理是指行政事业单位在新政府会计制度下，对财务预算进行编制、执行和控制的过程。预算管理旨在合理安排和管理单位的财务资源，确保财务活动与单位的战略目标和政府政策相一致。绩效管理是指通过设定明确的绩效目标、制定绩效评估体系和采取相应的管理措施，来提高行政事业单位的绩效和工作效率。绩效管理旨在评估单位的工作成果和效果，促进工作质量的提高和目标的实现。

一、预算管理与绩效管理的概述

行政事业单位新政府会计预算管理与绩效管理是在新政府会计制度下对财务预算和绩效进行管理的重要环节。这两种管理方法紧密联系，相互支持，旨在确保单位的财务资源得到合理配置，同时提高单位的绩效和工作效率。

新政府会计预算管理是指行政事业单位在新的会计制度框架下，对财务预算进行编制、执行和控制的过程。预算管理通过制订预算计划，明确财务资源的分配和使用，帮助单位合理规划和管理财务活动。预算管理包括预算编制、预算执行和预算控制三个主要环节。在预算编制阶段，单位根据政府政策和自身需求，制订预算计划，确定财务目标和预算数额。预算执行阶段涉及财务资源的调配和支出，确保按照预算计划进行资金使用。预算控制阶段则是对预算执行情况进行监控和评估，及时调整预算计划，保证财务活动的合规性和有效性。

绩效管理是指通过设定明确的绩效目标，制定绩效评估体系和采取相应的管理措施，来提高行政事业单位的绩效和工作效率。绩效管理旨在评估单位的工作成果和效果，促进工作质量的提高和目标的实现。在绩效管理中，单位设定具体的绩效目标，并建立相应的绩效评估指标和评估体系。通过定期评估和反馈，单位可以了解工作绩效的表现，并采取相应的措施进行改进和调整。绩效管理还包括激励机制的建立，通过激励措施激发员工的工作动力和创造力。

行政事业单位新政府会计预算管理与绩效管理相互支持和补充，共同促进单位的财务和工作效能的提升。预算管理为绩效管理提供了明确的财务资源支持和框架，而绩效管理则通过评估和反馈，帮助预算管理调整和优化。这两种管理方法的有效结合，有助于单位实现财务目标和绩效目标的统一，推动单位的可持续发展。

二、预算管理与绩效管理的实施步骤

行政事业单位新政府会计预算管理与绩效管理的实施步骤是确保单位有效管理财务资源并实现预定目标的关键过程。

行政事业单位新政府会计预算管理与绩效管理的实施步骤可以分为以下几个阶段。

（一）确定目标和指标

在实施预算管理和绩效管理之前，单位需要明确自身的目标和绩效指标。包括制定财务目标、绩效目标和关键绩效指标，确保目标的具体性、可衡量性和可实现性。

首先，制定财务目标。行政事业单位应首先确定财务目标，财务目标通常与财务状况、经济效益和资源利用有关。例如，财务目标可能包括增加收入、控制成本、改善资金利用效率等。财务目标的设定应基于单位的使命和战略方向，并与长期发展规划相一致。

其次，制定绩效目标。除了财务目标，行政事业单位还应制定绩效目标，目标涉及单位的服务质量、效率和效益。绩效目标应明确、可衡量，并与行政事业单位的使命和服务承诺相契合。例如，绩效目标可能包括提高服务满意度、缩短办事时效、提高工作效率等。

再次，确定关键绩效指标。为了实现目标的具体性和可衡量性，行政事业单位需要确定关键绩效指标。关键绩效指标是用于度量和监测单位绩效的具体量化指标。例如，关键绩效指标可能包括年度收入增长率、成本控制率、办事时效、客户投诉率等。关键绩效指标的选择应与目标紧密关联，并能够提供有效的绩效评估和监测。

最后，建立目标与绩效指标的综合框架。行政事业单位需要建立一个综合的框架，将财务目标、绩效目标和关键绩效指标整合起来。这个框架应明确目标的层次关系和优先级，确保各个目标之间的协调和统一。同时，框架还应提供具体的测量方法和数据收集方式，以支持绩效评估和报告的进行。

通过明确自身的目标和绩效指标，行政事业单位能够明确管理的方向和重点，为预算管理和绩效管理奠定基础。这使得单位能够更加有针对性地制订预算计划、开展绩效评估，并根据实际情况进行调整和改进，以实现财务的持续健康和绩效优化。

（二）预算编制

预算编制是预算管理的核心环节。单位根据目标和指标，制订预算计划。包括收集和分析相关数据，确定预算数额，制订预算分配计划，并制定预算执行的时间表和程序。

首先，收集和分析相关数据。单位需要收集和分析与预算编制相关的数据。包括历史财务数据、经济数据、市场信息等。通过对这些数据的分析，单位可以了解当前的财务状况、经济环境和市场趋势，为预算编制提供依据。

其次，确定预算数额。基于目标和指标，单位需要确定预算的总体数额。包括预计的收入、支出和资金需求等方面。预算数额的确定应考虑单位的使命和战略方向，以及经济可行性和可持续性。

再次，制订预算分配计划。在确定总体预算数额后，单位需要制订预算分配计划。这涉及将预算数额分配给各个部门、项目或活动。预算分配计划应根据各部门或项目的需求、优先级和贡献度进行合理分配，以最大程度地实现单位的目标和绩效。

最后，制定预算执行的时间表和程序。为了有效管理预算执行过程，单位需要制定预算执行的时间表和程序。这涉及确定预算编制和审批的时间节点、制定预算执行的具体流程和责任人，以确保预算的及时执行和监控。

预算编制是一个复杂的过程，需要单位内部各个部门的协作和合作。在编制预算的过程中，单位应注重信息的透明和沟通的畅通，确保各部门了解和参与预算编制的过程，并根据实际情况进行灵活调整和优化。通过有效的预算编制，单位能够合理配置资源、控制成本、提高绩效，并实现单位的长期发展目标。

（三）预算执行

预算执行阶段是将预算计划付诸实施的过程。单位根据预算计划进行资金调配和支出，确保按照预算数额和时间表进行资金的使用。同时，需要建立相应的预算控制机制，监控预算执行情况，并及时进行调整和控制。

根据预算计划，单位需要将资金进行调配和支出。这涉及将预算分配给各个部门、项目或活动。单位需要确保资金使用的准确性和合规性，以避免超支或资源的浪费。

为了有效监控预算执行情况，单位需要建立相应的预算控制机制。包括制定预算执行的相关政策和规定，设立预算执行的责任人和监控机构。预算控制机制可以通过定期的预算执行报告、财务审计和内部审查等手段，对预算执行情况进行监督和评估。

单位需要定期监控预算执行情况，确保预算的准确执行和资金的有效利用。可以通过比较实际支出与预算数额的差异，分析和解释产生差异的原因，采取相应的调整措施。监控预算执行情况的目的是及时发现问题和风险，并采取措施加以解决。

在预算执行过程中，单位可能会面临各种变化和挑战。为了保持预算的有效性，单位需要灵活调整和控制预算执行。这可能涉及对预算数额、分配计划或时间表进行调整，以适应实际情况的变化。调整和控制预算执行是为了保持预算的灵活性和适应性，以实现单位的目标和绩效。

预算执行阶段需要单位内部各个部门的积极参与和配合。有效的预算执行依赖于信息的畅通和沟通的有效性。单位应建立良好的沟通机制，确保预算执行的信息流通和问题的解决。通过有效的预算执行，单位能够实现预算计划的目标，优化资源配置，提高绩效，并为未来的预算编制和控制提供经验教训。

（四）绩效评估

绩效评估是衡量单位绩效的重要环节。通过设定合适的绩效评估指标和评估体系，对单位的工作成果和效果进行评估和监测。评估结果可以作为改进和调整预算计划的依据，同时为单位提供绩效反馈和改进的方向。

首先，设定合适的绩效评估指标。单位需要根据自身的目标和职能，设定适合的绩效评估指标。这些指标应当与单位的战略目标和预算计划相一致，并具备可度量性、可比性和目标导向性。常见的绩效评估指标包括财务指标（如利润、收入增长率）、运营指标（如生产效率、成本控制）、服务质量指标（如客户满意度）等。

其次，建立评估体系。单位需要建立一个完整的绩效评估体系，包括评估的程序、方法和责任人。评估体系应当包括数据收集和整理的流程、评估指标的权重和计算方法、评估结果的呈现和解释方式等。评估体系应当客观、公正、可靠，以确保评估结果的准确性和可信度。

再次，进行绩效评估。在预算执行的过程中，单位需要定期进行绩效评估，以了解单位的绩效表现。评估可以根据预定的指标和体系进行，通过收集、整理和分析相关数据，计算和比较实际绩效与预期绩效之间的差异。评估结果可以通过报告、指标分析图表等形式呈现，便于管理层和相关人员进行理解和决策。

最后，提供绩效反馈和改进的方向。绩效评估的结果可以为单位提供绩效反馈和改进的方向。通过对绩效差异的分析和解释，单位可以了解工作中存在的问题和不足，并采取相应的改进措施。绩效反馈可以激励单位员工的工作动力，促使其改进工作方法和提升绩效水平。同时，评估结果也可以为单位的预算编制和控制提供经验教训，指导未来的预算计划和绩效管理工作。

绩效评估是预算管理的重要环节，可以帮助单位了解自身的绩效表现和改进的方向。通过合理设定绩效评估指标和建立评估体系，单位可以持续提升工作绩效，提高资源利用效率，优化预算分配，实现财务目标和绩效目标的一致性。绩效评估还可以为单位提供决策支持，帮助管理层制定有效的策略和措施，提高单位的竞争力和可持续发展能力。

（五）绩效改进

基于绩效评估的结果，单位需要采取相应的措施进行绩效改进。这可能涉及调整预算计划、优化资源配置、改进工作流程等方面的措施。同时，需要建立激励机制，激励员工积极工作从而提升绩效。

首先，调整预算计划。根据绩效评估结果，单位可以对预算计划进行调整。如果某些项目的绩效表现较好，可以适当增加其预算，以进一步支持其发展和取得更好的绩效。相反，对于表现较差的项目，可以进行预算削减或重新分配，以提高资源的有效利用。

其次，优化资源配置。通过绩效评估，可以了解到哪些部门或项目的绩效较好，哪些需要改进。基于评估结果，单位可以进行资源的重新配置，将更多资源投入到绩效较好的部门或项目中，提升整体绩效水平。

再次，改进工作流程。绩效评估可以揭示出工作流程中存在的瓶颈和问题。单位可以根据评估结果，优化工作流程，简化冗杂的流程环节，提高工作效率和质量。

然后，建立激励机制。绩效评估结果可以作为激励的依据，单位可以设立激励机制，奖励绩效突出的个人或团队，以激发员工的积极性和创造力。激励机制包括奖金、晋升、培训等形式，以推动员工提升绩效。

最后，加强沟通和培训。绩效改进需要全员参与和支持。单位应加强与员工的沟通，分享绩效评估结果和改进措施，并提供相应的培训和支持，帮助员工提升工作能力和绩效水平。

通过采取上述措施，单位能够不断提升员工的工作效率和质量，实现预算目标和绩效目标的一致性，推动单位的可持续发展。

（六）监督和调整

预算管理与绩效管理是一个持续的过程，需要进行监督和调整。单位应建立监督机制，定期审查预算执行和绩效评估情况，并根据实际情况进行调整和改进，以确保预算管理和绩效管理的有效实施。

首先，定期审查和评估。单位应定期对预算执行情况和绩效评估结果进行审查和评估。这可以通过内部审计、财务报告分析、绩效评估报告等方式进行。在审查过程中，需要关注预算执行情况是否符合预期目标，绩效评估是否客观准确，以及是否存在偏差等问题。

其次，识别问题和挑战。通过审查和评估，单位可以识别出预算管理和绩效管理中存在的问题和挑战。这可能涉及预算执行偏差、绩效评估指标不合理、资源分配不合理等方面。识别问题和挑战是改进和调整的前提。

再次，建立反馈机制。单位应建立反馈机制，允许员工和管理层就预算执行和绩效评估提供反馈意见和建议。这可以通过定期会议、调查问卷、个别访谈等方式进行。反馈机制有助于了解实际操作中的问题和障碍，并及时进行调整和改进。

然后，调整和改进。基于审查和评估结果及反馈意见，单位应进行调整和改进预算管理和绩效管理的策略和措施。这可能涉及修订预算计划、调整绩效评估指标、优化资源配置等方面。调整和改进是一个持续的过程，单位需要根据实际情况不断优化和改善管理方法和实施效果。

最后，培训和提升能力。为了有效实施预算管理和绩效管理，单位应提供培训和提升能力的机会，以提高员工和管理层的相关知识和技能。培训可以包括财务管理知识、绩效评估方法、预算编制和控制技巧等方面。通过提升能力，单位能够更好地应对挑战和改进管理水平。

通过建立监督机制和持续的监控体系，单位可以及时发现问题、识别挑战，并采取相应的调整和改进措施。这有助于确保预算管理和绩效管理的有效实施，推动单位的发展和持续改进。

以上是行政事业单位新政府会计预算管理与绩效管理的实施步骤。具体的实施过程需要根据单位的特点和需求进行调整和补充。同时，与相关部门和人员的合作、配合也是实施过程中的关键因素，确保预算管理和绩效管理的顺利进行。

三、预算管理与绩效管理的未来发展方向

随着时代的发展和行政事业单位的改革，新政府会计预算管理与绩效管理正面临着不断演变和创新的挑战。为了适应日益复杂的经济环境和管理需求，未来的发展需要紧密结合信息技术的应用、绩效导向的理念及全面的风险管理措施。在这个新的发展阶段，预算管理和绩效管理将更加注重效率、准确性和可持续性，以实现行政事业单位的目标和使命。

（一）整合信息技术

随着信息技术的快速发展，行政事业单位可以利用先进的信息技术工具来加强预算管理和绩效管理的效率和准确性。例如，采用云计算、大数据分析和人工智能技术等，可以实现预算数据的实时更新和分析，提供更精确的预算控制和绩效评估结果。信息技术的应用将进一步推动预算管理和绩效管理的数字化和智能化。

首先，云计算。云计算为行政事业单位提供了灵活的计算和存储资源，使其能够实时共享和处理大量的预算和绩效数据。通过云计算，单位可以实现预算数据的集中管理、安全存储和快速分析，提高预算编制和绩效评估的效率和准确性。

其次，大数据分析。大数据分析技术可以帮助行政事业单位挖掘和分析庞大的数据集，发现潜在的模式和关联性。通过对预算和绩效数据进行大数据分析，单位可以更深入地洞察和理解，发现潜在的问题和机会，并作出相应的决策和调整。

再次，人工智能技术。人工智能技术包括机器学习和自然语言处理等，可以帮助单位自动化处理和分析预算与绩效数据。例如，单位可以利用机器学习算法预测未来的收入和支出趋势，提前作出相应的预算调整。同时，自然语言处理技术可以帮助单位快速解析和理解大量财务报表和绩效评估报告。

然后，数字化管理平台。为了更好地支持预算管理和绩效管理，行政事业单位可以建立数字化管理平台，集成各项工作流程和信息系统。这样，单位可以实现预算编制、执行和绩效评估的全过程管理，提高管理的一体化和协同性。

最后，实时监控和预警系统。信息技术的应用还可以帮助单位建立实时监控和预警系统，及时发现潜在的财务风险和绩效问题。通过实时数据的监控和分析，单位可以及时采取措施进行调整和改进，降低潜在风险对单位的影响。

信息技术的发展将为行政事业单位的新政府会计预算管理和绩效管理带来新的机遇和挑战。单位可以积极应用先进的技术工具，提高预算管理和绩效管理的效率、准确性和智能化水平，为单位的发展和绩效的提升提供更有力的支持。

（二）强化绩效导向

未来的发展方向是将绩效导向更加深入地融入预算管理和绩效管理的各个环节。单位将更加关注绩效评估的结果，将绩效评估指标与预算编制、资源分配、奖惩激励等方面紧密结合，以实现绩效的最大化。绩效导向的理念将促使单位更加注重绩效目标的设定、绩效指标的科学性和有效性，以及绩效评估结果的合理运用。

首先，绩效目标设定。单位将更加注重确立明确、可衡量和可实现的绩效目标。绩效目标应与单位的使命和战略目标相一致，并具备可操作性和可衡量性。通过明确的绩效目标，单位能够更好地指导预算编制和资源分配，并为绩效评估提供明确的依据。

其次，科学有效的绩效指标。单位将更加重视选择和设计科学有效的绩效指标。绩效指标应具备量化可测性、相关性和可比性，能够准确反映单位的工作成果和效果。通过合适的绩效指标，单位能够更好地衡量和评估绩效的实现程度，并为预算管理和绩效管理提供有价值的信息。

再次，绩效导向的预算编制。单位将更加注重将绩效导向的理念融入预算编制过程。在编制预算时，单位将根据绩效目标和指标，合理安排资源分配，优化预算分配的效益。预算编制将更加注重绩效优先，确保预算支出能够实现预期的绩效目标。

然后，绩效导向的资源分配，单位将更加注重将绩效导向的理念融入资源分配过程。根据绩效评估的结果，单位将优先考虑那些能够创造高绩效的项目和活动，合理配置资源，提高资源利用效率。资源分配将更加注重绩效的可持续性和效益最大化。

最后，奖惩激励机制。单位将更加注重建立激励机制，以促使员工积极追求卓越绩效。单位将根据绩效评估结果，给予优秀绩效者相应的奖励和激励，同时会采取适当的惩罚措施对低绩效者进行约束和激励。激励机制将成为绩效导向的重要推动力。

未来行政事业单位的新政府会计预算管理和绩效管理将更加注重绩效导向，通过明确的绩效目标、科学有效的绩效指标、绩效导向的预算编制和资源分配，以及奖惩激励机制，实现绩效的最大化。这将有助于提升员工的工作效率、优化资源配置、推动单位的可持续发展。

（三）强化风险管理

预算管理和绩效管理应注重对风险的识别和管理。单位需要建立风险管理体系，识别和评估与预算管理和绩效管理相关的风险，并制定相应的应对措施。例如，可以建立预算执行风险评估机制，及时发现并应对预算执行中的偏差和问题。通过强化风险管理，单位可以更好地应对外部环境变化和不确定性，确保预算管理和绩效管理的稳定性和可持续性。

首先，单位需要建立一个全面的风险管理体系。这包括明确风险管理的组织结构、责任分工和工作流程。单位应指定专门的风险管理团队或负责人，负责监测和管理与预算管理和绩效管理相关的各种风险。

其次，单位需要进行风险识别和评估。通过系统地分析和评估各个环节的潜在风险，包括预算编制、预算执行、绩效评估等，确定可能产生的风险事件和风险因素（常见的风险包括预算偏差、不可控的成本增加、经济环境变化等）。对于每种风险，单位需要评估其可能性、影响程度和紧急程度，以确定其优先级和处理方式。

再次，单位应制定相应的风险应对措施。针对不同的风险，单位需要制定相应的风险应对策略和措施。例如，对于预算偏差风险，可以加强预算控制和监督机制，建立预警系统，及时采取调整措施。对于成本增加风险，可以加强成本管理和采购管理，寻求节约成本的途径。此外，单位还可以考虑购买适当的风险保险，以减轻潜在风险带来的损失。

然后，单位应建立风险监测和报告机制。通过定期监测和报告风险的发展和变化情况，单位能够及时了解风险的演变趋势，并采取必要的措施进行调整和应对。风险监测和报告应涵盖各个层级和部门，确保风险信息的全面性和准确性。

最后，风险管理应作为一个持续的过程进行。单位需要定期评估和审查风险管理的有效性和适应性，并根据实际情况进行调整和改进。随着外部环境的变化和业务的发展，新的风险可能会出现，因此单位需要保持警惕性，不断完善风险管理措施。

未来行政事业单位的新政府会计预算管理和绩效管理将朝着更加综合化、数字化和智能化的方向发展。通过加强风险管理，单位能够更好地应对不确定性和挑战，确保预算管理和绩效管理的稳定性和可持续性，促进单位的长期可持续发展。

（四）加强外部披露和透明度

在行政事业单位的预算管理和绩效管理中，加强对外披露和透明度是一项重要的要求。透明度的提高能够增强单位与社会各方之间的互信和合作，促进公共资源的合理配置和绩效的提升。

首先，主动公开预算执行情况是提高透明度的重要举措之一。行政事业单位应定期向社会公开预算执行情况，包括预算收入、预算支出、执行进度、预算偏差等信息。公开预算执行情况可以让公众了解单位的财务状况和资金使用情况，加强对单位的监督。

其次，公开绩效评估结果也是提高透明度的重要手段。行政事业单位应公开绩效评估的结果和方法，让社会各方了解单位的工作成果和效果。公开绩效评估结果可以使单位的绩效更具说服力和公正性，能够增强外部合作伙伴和利益相关者对单位的信任。

最后，行政事业单位还可以公开决策依据和过程，让社会公众了解单位决策的科学性和合理性。公开决策依据可以让外部利益相关者更好地理解单位的决策，给利益相关者提供参与和建言的机会，增加决策的透明度和公正性。

　　未来行政事业单位新政府会计预算管理与绩效管理将朝着更加数字化、智能化、绩效导向、风险管理和透明度提高的方向发展。将为单位提供更精确、实时、可靠的预算管理和绩效管理支持，增强单位的决策能力和竞争力。通过整合信息技术，单位能够更高效地收集、分析和利用数据，提升预算管理和绩效管理的效率和准确性。强化绩效导向将使单位更加注重绩效目标的设定和实现，提升单位的绩效水平。同时，加强风险管理将帮助单位识别和应对潜在风险，保障预算管理和绩效管理的稳定性。此外，加强外部披露和透明度将增强单位与社会各方的沟通和互信，促进良好的治理和合作关系。

第四章 政府会计信息公开

政府会计信息公开是一项提高政府透明度的重要措施，旨在向公众公开政府财务状况和财务活动，促进政府财务管理的有效性。政府会计信息公开不仅是政府责任和义务的体现，也是公众参与和监督政府运作的重要途径。通过公开政府会计信息，公众可以了解政府的财务收支情况、资产负债状况和财务活动，从而更好地了解政府的财务状况和运作情况，增强政府与公众的互信和合作。在此背景下，政府会计信息公开已经成为现代政府治理的重要组成部分，其意义和价值不容忽视。

第一节　政府信息公开的意义

政府信息公开是现代政府治理的基本原则之一，其意义不仅在于保障公众知情权、参与权和监督权，还在于能让政府进行透明、廉洁和负责任的行政管理。政府信息公开可以帮助实现政府与公众的互动和沟通，建立公民对政府的信心，促进政府与社会的良性互动，增强社会稳定和发展。政府信息公开还有助于促进政府决策的科学、民主和公正，提高政府决策的合理性和有效性，更好地服务社会公众和促进经济社会发展。因此，政府信息公开不仅是政府的责任和义务，也是公众的权利和利益，其重要性和必要性不可忽视。

一、政府信息公开的作用

政府信息公开对于促进公众参与政治和社会生活、加强公民监督和参与、建立政府与社会的互信和合作，都具有重要的意义和作用。

政府信息公开的意义包括以下几个方面。

（一）保障公众知情权、参与权和监督权

政府信息公开可以让公众及时了解政府的工作、政策和决策。政府的工作和政策往往会影响公众的生活和利益，而政府的决策也会直接或间接地影响社会的发展和变化。政府信息公开可以让公众了解政府的工作、政策和决策的过程和结果，及时获取相关信息，更好地了解政府的行动和政策，使公众的知情权得到保障。

政府信息公开还可以提高公众参与政治和社会生活的积极性和效果。公众了解政府的工作和政策，可以增加公众对政治和社会生活的兴趣和参与度，提高公众的社会责任感和民主意识。公众的参与可以促进政府决策的民主性和科学性，提高决策的透明度和公正性，从而促进社会的和谐与稳定。

政府信息公开还可以促进公民参与和监督政府的工作。公众通过政府信息公开可以了解政府工作的情况，及时发现和反映政府工作中存在的问题和不足，促进政府及时纠正错误、改进工作，加大政府的工作效率和服务质量。此外，政府信息公开还可以让公众了解政府的财政收支、行政执法等方面的情况，加大公众对政府的监督力度，减少政府的不正之风和腐败行为，促进政府的廉洁和透明。

政府信息公开也可以加强政府与社会的互动和沟通。政府信息公开可以增加政府与公众的互信和合作，增强政府对公众的关注和理解，增强政府与社会的沟通和交流，更好地反映公众的意见和诉求，推动政府与社会的良性互动。在这个过程中，政府与公众之间建立的信任和合作关系，有助于推动社会和谐发展和进步。

（二）政府应进行透明、廉洁和负责任的行政管理

政府信息公开可以减少政府的权力滥用、腐败和不作为。政府的权力是人民赋予的，政府必须依法行使权力、保障公众的合法权益。但是，在信息不公开的情况下，政府可能会利用自己的权力滥用职权，导致腐败、不作为等问题出现。政府信息公开可以让公众及时了解政府工作的情况，揭示政府行政过程中的不规范和不当行为，从而有效减少政府的权力滥用和腐败行为，保障公众的权益。

政府信息公开可以让公众了解政府的行政工作、管理制度、政策法规等方面的情况，从而增加政府的行政透明度。公众可以通过政府信息公开了解政府工作的全貌，监督政府的行政行为。政府信息公开还可以提高政府的公正性，让政府的决策更加公正、合理，避免因信息不对称而导致的不公平现象。

政府信息公开可以加强对政府的约束。政府信息公开可以让公众了解政府工作的过程和结果，让公众了解政府的决策是如何制定的、如何实施的，使政府的决策更加透明化、科学化。公众可以通过政府信息公开渠道监督政府的工作，对政府工作进行评价和建议，使政府工作更规范并提高效率。政府也会因为公众的监督和批评，加强自身的责任，提高服务质量和效率。

政府信息公开可以提高政府的服务质量和效率。政府信息公开可以让公众了解政府的服务标准、流程、时间等方面的信息，让公众更加了解政府的服务，提高政府服务的可预期性。政府可以根据公众的反馈和建议，及时调整服务流程和服务质量，提高公众的满意度和信任度，推动政府服务的改进和创新。

政府信息公开可以建立和谐、稳定、可持续的社会发展环境。政府信息公开可以促进政府与公众互信和合作。公众可以通过政府信息公开了解政府的工作，对政府的决策和政策表达意见，从而促进政府和公众的沟通和合作，加强政府的民主治理。政府可以根据公众的反馈和建议，更好地了解社会的需求和期望，推进社会和谐稳定发展，促进

社会的可持续发展。

政府应该通过不断加强信息公开，提高行政透明度、公正性、责任性，促进政府与公众的互动和沟通，为公众提供更好的服务，实现政府与公众的共赢。

（三）建立公民对政府的信心

政府信息公开是行政透明的体现，对于增强政府与公众之间的互信和合作具有重要意义。在信息公开的基础上，公众可以及时了解政府的工作和决策，促进公众对政府的信任和支持。

首先，政府信息公开可以让公众了解政府的决策和政策的制定过程，消除公众的猜测和疑虑。政府在决策和政策制定过程中必须考虑公众的利益，政府信息公开可以让公众更加清晰地了解政府制定决策的原因，从而更好地理解和支持政府的工作。

其次，政府信息公开可以提高公众的参与度和满意度。公众可以通过信息公开及时获得政府的工作和政策信息，从而更好地参与政治和社会生活，提出自己的建议和意见。政府可以根据公众的反馈和建议更好地了解社会的需求和期望，进一步提高政府的服务质量和效率。

最后，政府信息公开可以推进社会主义民主政治建设。信息公开可以让政府的决策和政策制定过程更加公开透明，加强政府的民主治理。

（四）促进政府决策的科学、民主和公正

首先，政府信息公开可以为政府决策提供必要的信息和数据。政府制定决策需要大量的信息和数据支撑，政府信息公开可以让公众了解政府的工作和政策信息，让公众参与政策制定的过程。根据公众的反馈和意见，政府可以更好地了解社会的需求和期望，从而更好地决策。

其次，政府信息公开可以使政府决策更加科学和准确。政府信息公开可以促使政府在决策时更加理性和客观，避免个人主观意识和私利影响决策的过程。通过信息公开，政府可以获得更多的观点和意见，从而更好地制定政策。

再次，政府信息公开可以使决策更加符合公众的利益和愿望。

最后，政府信息公开可以增强政府决策的合理性和有效性。

政府信息公开对于政府决策具有重要意义。政府应该加强信息公开，让公众及时了解政府的工作和政策，更好地参与政治和社会生活，提出自己的建议和意见，从而为政府决策提供必要的信息和数据，增强政府决策的合理性和有效性，推进政府治理体系和治理能力现代化。

政府信息公开是现代政府治理的重要组成部分，其意义和价值不容忽视，政府应当通过不断完善相关法律法规和制度体系，加强信息公开的实践和推广，为社会稳定和发展作出更大的贡献。

二、政府会计信息公开的目标和原则

政府会计信息公开的目标是通过向公众和利益相关方提供可靠的财务信息，提高政府的财务管理效率和公信力，促进政府的良好治理和民主参与。政府会计信息公开的原则如下。

（一）透明度

透明度是政府会计信息公开的核心原则。它是指政府应该向公众和利益相关方提供充分的、准确的、完整的和及时的财务信息，以便他们了解政府的财务状况和使用财务资源的情况。透明度的实现需要政府确保公开的财务信息是真实可信的，包括会计准则、会计报表、预算执行情况等内容。这样公众和利益相关方才能够真正了解政府的财务状况和财务活动，对政府的财务状况和财务活动进行监督和评估，从而确保政府的财务管理是规范、合法和公正的。

政府应该采取透明的财务信息公开制度，确保公众可以轻松地获得政府财务信息，同时保护政府财务信息的安全性和机密性。政府应该建立财务信息公开的渠道和平台，例如，建立政府财务信息公开网站、举办财务信息公开的新闻发布会等，使公众可以通过多种途径了解政府的财务状况和财务活动。此外，政府还应该制定相关法律法规，明确财务信息公开的范围和标准，规定信息公开的程序和要求，对违规行为进行惩罚，保证政府财务信息公开的透明度和可靠性。

透明度的实现对于政府的财务管理具有重要意义。首先，透明度可以提升政府财务管理的效率和效果，促进政府财务信息的共享和利用。政府的各个部门和单位可以通过公开的财务信息进行对比和分析，从而发现问题、提高效率和降低成本。其次，透明度可以提高政府的形象和信誉度，增强公众对政府的信任和支持。通过公开的财务信息，政府可以证明自己的合法性和公正性，树立良好的形象和声誉，增强公众对政府的信心和信任。最后，高透明度可以促进政府与公众的沟通和合作，建立和谐的社会关系。通过公开财务信息，政府可以更好地了解公众的需求和意见，积极回应公众的关切和诉求，建立起政府和公众的信任和互信。高透明度的实现还可以促进政府的合规性和法治化，帮助政府更好地遵守法律和规定，减少违规行为的发生。

（二）可靠性

可靠性是政府会计信息公开的另一个重要原则。政府公开的财务信息必须是准确、完整和可靠的，以便公众和利益相关方可以信任和依赖这些信息。政府应该采用适当的会计准则和规范，遵守相关法律法规，保证财务信息的真实性和可信度。此外，政府还应该建立有效的内部控制体系，确保财务信息的准确性和完整性。

公众和利益相关方需要可靠的财务信息来评估政府的财务状况和财务管理能力。如果政府公开的财务信息存在错误或遗漏，将会对公众和利益相关方造成严重影响，导致他们对政府的信任度下降。因此，政府必须认真对待财务信息的准确性和可靠性，建立和实施完善的财务信息披露和审计机制，以保证财务信息的准确性和可靠性。

同时，政府还应该积极回应公众和利益相关方的质疑和建议，及时纠正和完善财务信息，确保公众和利益相关方能够及时了解政府的财务状况和资源使用情况。这样不仅能够增强政府与公众的信任和互动，也能够推动提高政府财务管理水平。

（三）全面性

全面性同样是政府会计信息公开的重要原则。政府应当公开所有与财务相关的信息，包括财务报告、预算和财务报表等。这些信息是公众了解政府财务状况的重要途径，可以让公众和利益相关方对政府的预算和支出进行更深入的分析和评估。

政府会计信息的全面性可以为公众和利益相关方提供更多的决策参考和参与机会，进一步增强政府与公众的互动和沟通。同时，政府也可以通过公开全面的财务信息，让公众更好地了解政府的决策和行动，从而促进政府与公众的互信和合作。

此外，全面公开政府会计信息也有利于监督和控制政府的财务活动。公众和利益相关方可以通过财务信息的比较和分析，发现政府财务管理中存在的问题和不足，从而提出建设性意见和建议，促进政府财务管理的改进和优化。

（四）可比性

可比性也是政府会计信息公开原则的重要内容。政府应当按照一致的会计准则和方法编制财务报告，以便公众和利益相关方可以对政府的财务状况进行比较和分析。如果财务报告采用不同的会计准则和方法，那么就会影响公众和利益相关方对政府财务状况的理解和判断。

为了确保可比性，政府应当采用国际通行的会计准则和方法，如国际公共部门会计准则（IPSAS）或国际财务报告准则（IFRS），并遵守相关的会计原则和规范。政府应当确保财务报告中包含所有必要的信息，如收入和费用、资产和负债等，以便公众和利益相关方可以进行全面准确的比较和分析。

政府还应当定期更新和公开财务信息，以保持信息的及时性和可比性。政府可以通过政府网站、报纸、电视等多种渠道向公众和利益相关方公开财务信息，以便他们及时了解政府的财务状况和使用财务资源的情况。同时，政府也应当鼓励公众和利益相关方对财务信息提出问题和建议，从而进一步提高财务信息的透明度和可比性。

（五）及时性

及时公开财务信息对于公众和利益相关方了解政府的财务状况和使用财务资源的情况至关重要。政府应当确保财务信息及时公开，以便公众和利益相关方可以在需要时及时获取这些信息。

及时公开财务信息可以帮助公众和利益相关方更好地了解政府的财务状况和决策，及时监督政府的财务活动，提出问题和建议。此外，及时公开财务信息还可以帮助政府及时发现和纠正财务问题，避免问题扩大化和升级。

因此，政府应当确保财务信息能够及时公开，遵守公开信息的时间要求，建立健全的信息发布机制和平台，确保信息的及时性和易获取性。政府还应当及时回应公众和利益相关方的质疑和问题，并积极提供解释和答复。

（六）易于理解性

易于理解性在政府公开财务信息的原则中也是重中之重。政府应该以简单、明了的方式呈现财务信息，以便公众和利益相关方可以轻松地理解和分析这些信息。这需要政府考虑到财务信息用户的多样性和知识背景的不同，使用简单的语言和图表等方式呈现财务信息，避免使用过于专业和晦涩难懂的术语。

政府应该充分考虑公众和利益相关方的需求和期望，尽可能地提供详细的解释和背景信息，帮助他们理解和分析财务信息。此外，政府还应该提供足够的上下文信息，使得公众和利益相关方能够更好地理解财务信息的意义和背景，而不是仅仅提供孤立的数字。

易于理解的财务信息不仅可以帮助公众和利益相关方了解政府的财务状况和使用财务资源的情况，还可以提高公众参与政府决策和监督的积极性。如果公众和利益相关方不能理解财务信息，他们就无法有效地参与到政府的决策和监督中，这将影响政府与公众的信任和合作关系，不利于社会稳定和发展。

（七）安全性

确保政府财务信息公开的安全性和保密性非常重要。首先，财务信息的安全性可以保护政府的资产和财务信息不被非法获取和使用。这需要政府建立安全的信息系统和网络，加强网络安全保障，实施数据备份和恢复机制，确保财务信息的完整性和保密性。

其次，政府公开财务信息需要遵守相关的法律法规，确保信息的保密性和隐私性不受侵犯。政府应当加强对公开财务信息的管理和监督，采取措施防止信息泄露和滥用。

最后，政府公开财务信息还需要尊重个人隐私权和商业秘密，避免披露敏感信息。政府可以采用掩蔽或合并数据的方式，保护相关方的隐私和商业秘密。

政府应当采取措施确保公开财务信息的安全性和保密性，以建立公众对政府财务信息公开的信心。

政府会计信息公开的目标和原则旨在促进政府的透明度和公开性，增强公众对政府的监督，从而提高政府的管理水平和服务水平。同时，有助于促进政府的良性发展，推动社会逐渐稳定和繁荣。

三、政府会计信息公开对监督和问责的作用

政府会计信息公开对于监督和问责具有非常重要的作用，它可以为公众提供政府资金使用情况的真实、准确、全面的信息，帮助公众了解政府的财务状况和财政活动，进而提高政府的透明度和公正性。

在这方面，政府会计信息公开发挥了以下作用。

（一）监督政府资金使用情况

政府会计信息公开可以为公众提供政府的财务状况和资金使用情况的真实、准确、全面的信息，使公众对政府的财政状况有一个更加清晰的认识。公众可以通过审查政府的财务报告和账目，了解政府的资金收入和支出情况，以及政府的财政状况。这些信息有助于公众评估政府的财政状况，及时发现政府的财务问题和风险，从而采取有效措施保护自身权益。

政府会计信息公开还可以监督政府的资金使用是否符合法律法规的规定和财务纪律。公众可以通过政府会计信息公开，对政府的资金使用情况进行监督，及时发现政府的财务问题和违规行为。公众可以通过财务报告和账目，审查政府的资金使用情况，判断政府是否存在财务违规行为，如公款私用、挥霍浪费等，可以及时举报和揭露。

此外，政府会计信息公开还可以防止政府滥用资金和腐败现象的发生。政府会计信息公开可以揭示政府的资金使用情况和财务问题，公众可以通过审查财务报告和账目，发现政府的财务问题，及时揭露和曝光，从而防止政府滥用资金和腐败现象的发生。同时，政府会计信息公开还可以加强政府的内部监管和约束，保障政府的资金使用规范、透明和公正。

政府会计信息公开对于公众监督和问责具有重要作用。公众也应当积极参与政府财务信息的监督和问责，促进政府与公众的互信和合作，推动政府治理体系和治理能力现代化。

（二）提高政府的透明度和公正性

政府会计信息公开可以让公众了解政府的财政活动和政策决策，增强政府的透明度和公正性。政府会计信息公开的透明度和公正性是指政府的财政活动和资金使用情况可以被公众了解和监督，政府的财政决策也能够让公众知晓。这有利于公众了解政府的财政状况，加强对政府财政活动的监督，防止政府行为不当、滥用职权、贪污腐败等行为的发生。同时，政府会计信息公开也能让公众了解政府的政策决策，使公众能够及时了解政府决策的内容、理由和影响，促进公众对政府的理解和支持。

政府会计信息公开可以增强公众对政府的信任和支持。当政府的财政活动和政策决策能够得到公众的认可和支持，政府就能够获得公众的信任，从而加强政府与公众的互信和合作。此外，政府会计信息公开也能够让公众了解政府的决策理念和执行情况，让公众更好地参与政治和社会生活，提高公众对政府的信心。

政府会计信息公开可以促进政府与公众的互动和沟通。政府会计信息公开可以为公众提供政府财政活动和政策决策的信息。这有利于建立政府与公众之间的良好关系，使政府更好地服务公众，解决公众的问题和需求。

政府会计信息公开是促进政府透明度和公正性的重要手段之一，有利于推进社会主义民主政治建设。

（三）推进政府问责机制建设

政府会计信息公开可以让公众了解政府的财务状况和资金使用情况。政府会计信息公开可以让公众知道政府的财政活动和政策决策。同时，政府会计信息公开还可以为公众提供政府的财务状况和资金使用情况的信息，监督政府的资金使用是否符合法律法规的规定和财务纪律，防止政府滥用资金和腐败现象的发生。

政府会计信息公开的实施可以迫使政府更加注重财务纪律和政府责任，建立健全的问责机制。政府会计信息公开的实施可以让政府在财务活动中遵循严格的法律法规和财务纪律，避免挥霍浪费，提高资金使用效率。此外，政府会计信息公开也可以让政府接受公众的监督和问责，追究政府财务管理的责任，提高政府的行政效率和财务管理水平。

（四）加强政府与公众的互动和沟通

政府会计信息公开可以促进政府与公众的互动和沟通，这是因为政府会计信息公开可以让公众了解政府的财政活动和政策决策，从而增强公众对政府的信任和支持。政府会计信息公开可以让公众了解政府的收支情况、财政状况、债务状况等重要财务信息，帮助公众了解政府的财政管理水平和财务状况。

公众对政府的信任和支持是政府治理的重要基础。公众对政府的信任和支持是基于对政府的认知和理解，政府会计信息公开可以为公众提供准确、全面、及时的政府财务信息，加深公众对政府的认知和理解，增强公众对政府的信任和支持。

此外，政府会计信息公开也可以提高政府的合法性和稳定性。政府合法性是政府权威性的体现，政府会计信息公开可以让公众了解政府的决策和政策，进而认为政府的决策和政策是合法、公正的，从而增强政府的合法性和稳定性。政府会计信息公开可以为公众提供政府决策和政策的信息，让公众了解政府的工作和成果。

政府会计信息公开对于监督和问责具有非常重要的作用，有利于建立和谐、稳定、可持续的社会发展环境。

第二节　政府会计信息公开的内容和形式

政府会计信息公开的内容和形式是保证公众了解政府财务状况和资金使用情况的重要途径。它涵盖的内容丰富，形式多样，既包括财务报表、预算执行报告、审计报告等政府财务公开基础信息，也包括政府财政支出、项目资金使用、政府债务和投资收益等方面的细节信息。

一、政府会计信息公开的内容

政府会计信息公开是指政府向公众披露其财务信息和资金使用情况的行为。政府会计信息公开的内容非常广泛，主要包括政府的财务报告、预算报告、审计报告、财务资料等方面的信息。这些信息反映了政府在一定时间内的财务状况、财政支出、收入来源和资金运用情况，是公众了解政府财务状况的主要途径。具体包括以下几个方面。

（一）财务报告

政府财务报告是政府会计信息公开的核心内容之一，它是政府对外公布的关于财务状况的报告，也是政府会计信息公开的重要组成部分之一。政府财务报告反映了政府财务活动的情况，包括政府的收入、支出、债务等，对于公众了解政府财务状况、监督政府财务管理具有重要意义。

政府财务报告的内容主要包括资产负债表、收入费用表、现金流量表等。其中，资产负债表反映了政府资产、负债和净资产的状况，可以反映政府的财务健康状况；收入费用表反映了政府在一定时期内的收入和支出情况，可以反映政府的经济活动情况；现金流量表反映了政府现金流量的变动情况，可以反映政府现金管理的情况。此外，政府财务报告还包括报表附注、审计报告等内容，以提高财务报告的可信度和透明度。政府财务报告的编制和公开需要遵循相关的法律法规和会计准则。政府财务报告应当按照规定的时间节点编制，并经过审计机构的审计确认后予以公开。政府财务报告的公开形式可以采用网站公告、报纸刊登、专业会议公开等多种形式，以方便公众了解政府财务情况。

政府财务报告是政府会计信息公开的重要内容之一，它对于公众了解政府财务状况、监督政府财务管理、提高政府财务透明度和公正性具有重要意义。政府应当依法依规编制和公开政府财务报告，提高政府透明度和公正性，促进政府与公众的互动和沟通。

（二）预算报告

政府预算报告是政府对外公布的关于预算的报告，其内容主要包括政府预算的编制、执行情况等。预算编制是政府制定经济政策、发展战略和计划的基础，预算执行是政府实现经济政策、发展战略和计划的重要保障。政府预算报告的公开可以为公众提供了解政府财政状况的渠道，有助于监督政府的财政活动是否合法合规、是否符合公众期望。

（三）审计报告

政府审计报告是政府对外公布的关于财务审计的报告。其内容主要包括政府的财务状况、预算执行情况、财务管理等方面的审计结果。这些报告可以反映政府财务管理和预算执行情况的审计结果。

（四）账务资料

政府的账务资料是政府的财务记录。包括政府的收入和支出、负债和资产等信息。可以帮助公众了解政府的财务状况和资金使用情况。

政府会计信息公开的内容应该涵盖政府的财务状况、预算编制和执行情况、财务审计结果及财务记录等方面，这些信息应当真实、准确、全面地反映政府的财务状况和财务活动，方便公众监查政府的财务管理和预算执行情况。

二、政府会计信息公开的形式

政府会计信息公开的形式是指政府向公众公开财务报告、预算报告等信息的方式和渠道。政府会计信息公开的形式应当便于公众获取、查阅和理解，同时要注重信息的真实性、准确性和全面性。

政府会计信息公开的形式多种多样，主要包括以下几种。

（一）政府网站公开

政府可以通过自己的网站公开会计信息，这是一种直接向公众提供信息的途径。政府可以将相关的会计信息（政府财务报告、预算报告、审计报告等）发布在政府网站上，供公众免费查询和获取。政府网站是一个可以直接获取政府信息的平台，通过政府网站公开会计信息，可以让公众更加方便地获取相关信息。

政府网站公开会计信息的形式可以多样化，如政府网站上的在线查询系统、文件下载、数据共享平台等形式。例如，政府可以提供在线查询系统，公众可以通过输入关键字进行查询，查询结果直接在网页上显示，方便快捷。政府也可以提供文件下载功能，公众可以下载相关会计报告和数据，进行查阅和分析。此外，政府还可以建立数据共享平台，向公众提供政府的财务数据和报告，让公众自行分析和研究。

政府网站公开会计信息的优点在于，公众可以随时随地查询和获取相关信息，不需要到政府部门或其他机构进行查询，提高了获取信息的便捷性。同时，政府网站公开会计信息也可以减少政府部门的工作量，避免了不必要的时间和人力成本。

（二）报纸、杂志等媒体公开

除了在政府网站上公开会计信息外，政府还可以通过各种媒体形式向公众公开会计信息。如政府发布的报纸、杂志等，这些媒体可以广泛传播政府的会计信息，让更多人了解政府的财务状况和运营情况。

政府发布的报纸、杂志等媒体，通常具有广泛的读者基础，包括政府机构、企事业单位、媒体、学校和公众等。政府可以利用这些媒体渠道，向不同的受众传达不同的会计信息。比如，政府向政府机构发布的报纸，可以更详细地说明政府部门之间的会计信息交流和合作情况；而向公众发布的杂志，则可以更加直观地展示政府的财务状况。

政府通过各种媒体形式公开会计信息，可以提高政府财务信息公开的透明度和可信度，也可以促进公众对政府财务状况的监督和参与。此外，政府通过媒体公开会计信息，还可以提高公众对政府的信任度和认可度，有利于提升增强政府的形象和信誉。

需要指出的是，政府公开会计信息的媒体形式应该根据不同的情况选择合适的方式。政府应该在选择媒体形式时，充分考虑受众的需求和特点，以及媒体的传播效果和可信度。同时，政府也应该注意媒体形式的及时性和准确性，以保证会计信息的真实有效。

（三）公开会计报表

政府公开会计报表是一种重要的信息公开形式，可以使公众了解政府的财务状况和经营情况。其中包括资产负债表、收入费用表、预算单位支出明细表等重要的财务报表。

资产负债表是反映政府或机构在特定时间点上的财务状况的财务报表。资产负债表将政府或机构的所有资产、负债和净资产列举出来。资产负债表的公开可以让公众了解政府的资产和负债状况，包括政府的资产总额、负债总额和净资产总额。这些信息可以帮助公众了解政府的财务状况和经营能力，同时也可以帮助公众评估政府的财务风险和财务稳健性。

收入费用表展示了政府在特定期间内的收入和支出情况。收入包括政府的税收收入、政府收费和其他收入来源，支出则包括政府的开支、项目支出和其他费用。公开收入费用表可以帮助公众了解政府的收入来源和支出情况，评估政府的财政状况和资源利用效率。

预算单位支出明细表是详细列出政府各个预算单位支出情况的报表。公开预算单位支出明细表可以让公众了解政府资金的分配情况和使用范围，以及各个预算单位的财务状况和绩效表现。

政府公开会计报表还有助于促进公共财政的透明度和规范化，防止财务管理上的腐败和浪费。政府会计报表的公开也能够提升政府的形象和信誉，增强公众对政府的信任，从而进一步增强政府的合法性和稳定性。同时，公开会计报表也为各级政府间的横向和纵向比较提供了可靠的数据依据，有助于政府间的监督和协调。

（四）政府信息公开平台

政府信息公开平台是政府部门为公众提供便利的渠道之一。政府可以通过信息公开平台向公众公开会计信息，包括政府预算、财政收支等方面的会计报表。

与传统的政府网站相比，信息公开平台更加专业化、系统化，可以将各个部门的信息集中管理，提高信息公开的效率和准确性。政府可以通过信息公开平台实现多种形式的会计信息公开，如网站公告、信息公开申请等，满足公众多样化的信息获取需求。此外，信息公开平台也为政府与公众的互动提供了更加便捷的渠道，公众可以通过平台提出意见、建议，促进政府与公众的交流与沟通。

同时，信息公开平台具备信息安全保障功能，政府可以通过平台实现对会计信息的加密、防篡改等操作，确保信息的安全和可靠性。

政府通过信息公开平台向公众公开会计信息，不仅可以提高政府的透明度和公信力，还可以促进政府与公众的互动和沟通，有利于构建良好的政府与公众关系。

（五）政府公开会计信息公告牌

除了在政府网站和媒体上公开会计信息之外，政府还可以在公共场所设置公告牌，向公众公开会计信息。这种形式的公开不仅可以提高信息的透明度，还可以让更多的人了解到政府的财务状况和经费使用情况。

公告牌通常被设置在政府大楼、公共机构、学校、医院、交通枢纽等公共场所，便于公众观看和获取信息。政府可以通过公告牌的形式，公开政府收支、投资、借贷等方面的情况。还可以在公告牌上公开相关政策和规定，让公众更加了解政府的决策和行动。

公告牌是政府公开会计信息的重要途径之一，可以方便公众获取信息，提高信息公开的透明度和可信度，加强政府与公众的联系和互动。

（六）开放日活动

政府组织开放日活动是一种较为直接、生动的会计信息公开形式，能够有效增强政府与公众的互动和沟通。开放日活动可以通过组织公众参观政府部门、展示政府的工作成果和公共服务，让公众更好地了解政府的运作方式和财务状况，同时让公众对政府更有信心和信任感。

在开放日活动中，政府可以向公众展示会计信息，如财务报表、预算执行情况、项目支出情况等，让公众可以直观地了解政府的资金使用情况。政府还可以通过设置展板、展示视频、进行现场解说等形式，向公众介绍会计信息。

同时，政府还可以通过开放日活动了解公众对政府财务管理和资金使用情况的看法和建议，进一步完善政府财务公开机制。

需要注意的是，开放日活动需要政府做好安全保障和秩序维护工作，确保公众参观活动的安全和顺利进行。政府还需要根据公众的需求和兴趣，灵活设置展示内容和形式，提高活动的吸引力，使公众更有兴趣了解和参与政府财务管理。

政府会计信息公开的形式需要多样化，以便公众可以方便地获取相关信息，促进政府与公众的交流和互动。

三、政府会计信息公开在推动公共部门治理现代化中的作用

随着社会的发展和进步，公共部门治理的现代化建设已经成为全球各国政府的共同目标。政府的财务状况和资金使用情况是公共部门治理的核心内容之一，而政府会计信息公开则是推动公共部门治理现代化的重要举措之一。通过公开会计信息，政府可以提高决策的透明度、促进政府的廉洁治理、提高公众对政府的信任度，从而推动公共部门治理现代化。

政府会计信息公开是推动公共部门治理现代化的重要举措之一，其作用主要表现在以下几个方面。

（一）促进政府依法行政

政府会计信息公开是指政府向公众公开其财务活动、收支情况和预算执行等方面的信息。政府会计信息公开可以推动政府依法行政，规范财务管理和决策过程，防止和打

击贪污腐败等违法行为，提高政府的依法行政水平。具体来说，政府会计信息公开可以产生以下几个方面的影响。

1. 促进政府财务管理的规范化和透明化。

政府会计信息公开可以让公众了解政府的财务状况，从而监督政府的财务管理，遏制政府的不规范行为和违规支出，促进政府财务管理的规范化和透明化。

2. 促进政府决策的公正和科学

政府会计信息公开可以让公众了解政府的财务状况和预算执行情况，从而监督政府的决策过程和决策结果。公众可以通过分析财务数据和预算执行情况，评估政府决策的公正性和科学性。

3. 防止和打击贪污腐败等违法行为

政府会计信息公开可以让公众了解政府的财务状况和预算执行情况，从而监督政府的财务管理，防止和打击贪污腐败等违法行为。

4. 提高政府的依法行政水平

政府会计信息公开可以让公众了解政府的财务状况和预算执行情况，从而监督政府的依法行政，促进政府依法行政水平的提高。

政府会计信息公开是一个重要的制度安排，有利于促进政府和社会的良性互动。

（二）推动政府管理创新

政府会计信息公开是推动政府管理创新、提高政府绩效管理水平的重要手段。政府会计信息公开可以帮助政府更加精准地了解财政状况，为政府决策提供更多信息支撑。

首先，政府会计信息公开可以促进政府管理创新。公众可以通过政府会计信息公开了解政府的财政状况和支出情况，政府也可以通过公开信息了解公众对政府服务的需求和反馈，进而调整政策和改进服务。政府会计信息公开可以增强政府对公共资源的配置和监管能力，实现更加精准的资源分配，优化公共服务质量，提高政府绩效管理水平。

其次，政府会计信息公开可以促进政府管理现代化。政府需要不断提高管理水平，保证政策执行效果，而会计信息公开是实现这一目标的重要手段。政府会计信息公开可以使政府部门的工作更加透明化、规范化、公开化，促进政府的管理创新和现代化。政府会计信息公开还可以提高政府的绩效管理水平，帮助政府更好地实现资源配置和监管职能，提升政府的管理能力。

政府会计信息公开是推动公共部门治理现代化的重要手段。通过透明化政府财务运作，提高政府的公信力和透明度，促进政府管理创新和现代化，优化公共服务质量，政府会计信息公开为实现现代化公共管理提供了强有力的支持。

（三）增强社会参与和监督力度

政府会计信息公开是推动公共部门治理现代化的重要手段。公众通过了解政府会计信息，可以更加清晰地了解政府的财政状况、资金使用情况和效果，从而更加准确地评估政府决策和管理的成效。

同时，政府会计信息公开还可以提高公众对政府财务决策的参与度。公众可以基于对政府财务状况的了解，提出更有建设性的意见和建议，推动政府决策的科学化和民主化。例如，在政府预算编制和执行过程中，公众可以就政府资金的分配和使用提出质疑和建议，促进政府预算的公平性和效益性。

此外，政府会计信息公开也可以提高公众对政府决策的监督力度。公众可以基于政府会计信息，对政府的资金使用效果进行监督和评估，促进政府资金的合理使用和效益最大化。公众的监督还可以促进政府管理的透明度和规范性，遏制贪腐行为的发生，维护社会公正和稳定。

四、政府会计信息公开的监督和评估

政府会计信息公开的监督和评估是确保政府会计信息公开实现其目标的重要手段。政府应当建立健全的监督和评估机制，以确保公开的财务信息的准确性、全面性、及时性、安全性、易于理解性和可比性。

以下是政府会计信息公开监督和评估的几个方面。

（一）内部监督

政府会计信息公开的监督和评估是确保公众和利益相关方可以获得准确、全面、及时和可靠的财务信息的关键步骤。政府应当建立内部监督机制确保财务信息的准确性和全面性。

内部监督机制是指政府内部财务部门和审计机构等建立的监督措施。这些机制的作用是审查和监控财务信息的编制和公开过程。这些机制通常包括审计和内部控制等措施。

审计是指独立的审计机构对政府的财务信息进行审查和评估的过程。审计的目的是评估财务信息的准确性、可靠性和完整性，以帮助政府发现和纠正错误或不规范的财务信息。审计的结果通常以审计报告的形式提交给政府，供政府和公众参考。

内部控制是指政府为确保财务信息的准确性、可靠性和完整性而建立的控制措施。内部控制通常包括制度和程序等方面的措施。内部控制的建立可以帮助政府发现并纠正错误或不规范的财务信息。

此外，政府还应当建立独立的监督机构，这些机构通常由独立的专业机构或民间组织组成，负责监督政府财务信息的公开，这些机制和机构的建立可以帮助政府发现并纠正错误或不规范的财务信息，并确保政府遵守相关法律法规和规范。

（二）外部监督

除了内部监督机制，政府还应邀请独立的监督机构、媒体、社会团体和公众等对其财务信息进行监督。这些外部监督机构可以是会计师事务所、独立审计机构、媒体组织、公众监督机构等。

首先，独立的审计机构可以对政府的财务信息进行审计，确保政府财务信息的准确性和全面性，评估内部控制的有效性，提供公正的意见和建议。审计机构可以根据法律法规要求和独立审计准则的规定，对政府的财务报表进行审计，并出具审计报告。政府应当接受审计机构的审计，积极改进内部控制，完善财务信息公开制度。

其次，媒体组织可以通过媒体报道政府的财务信息，媒体组织可以通过采访政府财务负责人、审计机构、独立专家等，报道政府财务信息的情况和问题，引导公众对政府财务信息进行关注和监督。

再次，社会团体和公众监督机构也可以对政府的财务进行监督，向政府提供意见和建议。这些机构可以是社会团体、学术机构、公益组织等，他们可以通过各种途径了解政府财务信息的情况和问题，提出意见和建议，并向政府和公众汇报。政府应当认真听取这些机构的意见和建议，积极回应和解决问题。

最后，政府应当及时回应公众和利益相关方的提问和意见，向公众公开政府的回应。政府可以通过公开信息公开制度、电话、电子邮件、信函等多种途径回应公众和利益相关方的提问和意见，及时解决问题。

（三）审计和评估

政府的财务信息公开需要确保其质量和效果。为此，政府应当定期进行审计和评估。这些审计和评估应当由独立的审计机构或专业评估机构进行，以确保其客观性和公正性。同时，政府还应当向公众和利益相关方公布审计和评估结果。

审计和评估的目的是评估政府会计信息公开的质量和效果。其中，质量是指财务信息的准确性、完整性、可靠性、可比性、及时性、易于理解性和安全性等方面；效果是指政府会计信息公开是否实现了其既定目标，以及公众和利益相关方对政府会计信息公开的满意度等方面。

审计和评估结果可以帮助政府了解其会计信息公开存在的问题和不足之处，并及时采取改进措施。例如，政府可以加强内部审计和监督机制，提高财务信息的准确性和全面性；加强公众和利益相关方的参与，增加政府会计信息公开的透明度和可信度；加强信息安全保护，防止财务信息被滥用或泄露。

除了政府自身进行审计和评估外，政府还可以邀请独立的第三方机构进行评估和监督，以增强客观性和公正性。这些第三方机构包括专业评估机构、审计机构、媒体和社会团体等。他们可以提供不同的视角和专业知识，帮助政府发现问题并加以解决。

政府应当定期进行审计和评估，并向公众和利益相关方公布结果。政府应当根据审计和评估结果，及时采取改进措施，提高政府会计信息公开的质量和效果。

（四）外部公开

政府应当定期公开财务信息，以便公众和利益相关方对政府的财务状况和使用财务资源的情况进行监督和评估。政府应当确保公开的财务信息具有准确性、完整性、可靠性、易于理解性和可比性，以便公众和利益相关方对政府的财务状况进行分析和比较。政府还应当采取措施保护公开的财务信息的安全性和保密性，防止信息泄露和滥用。

政府公开财务信息的重要性在于确保政府的财务状况得到公正的评估，同时也让公众和利益相关方可以了解政府使用财务资源的情况。

政府公开财务信息应当满足一些基本原则。首先，公开的财务信息应当准确、完整和可靠，以便公众和利益相关方可以信任和依赖这些信息。其次，公开的财务信息应当全面，包括财务报告、预算决算和财务报表等，以便公众和利益相关方了解政府的财务状况和使用财务资源的情况。再次，公开的财务信息应当按照一致的会计准则和方法编制，以便公众和利益相关方可以对政府的财务状况进行比较和分析。还应当及时发布，以便公众和利益相关方可以及时了解政府的财务状况和使用财务资源的情况。最后，公开的财务信息应当以简单、易于理解的方式呈现，以便公众和利益相关方可以轻松地理解和分析这些信息。

政府公开财务信息是政府财务透明和公正评估的基础，也是政府和公众建立信任和沟通的重要方式。政府会计信息公开是推动公共部门治理现代化的必要手段和重要保障，有利于提高政府管理效率和服务水平，增强政府的责任意识和使命感，为建设现代化、法治化、服务型政府提供坚实基础。

第三节　政府会计信息公开的规范和制度

政府会计信息公开是现代公共部门治理的重要组成部分，为保障政府财务管理的透明度和公正性，各国政府逐渐建立了一系列规范和制度。政府会计信息公开的规范和制度旨在确保政府会计信息公开的全面、准确、及时和公正，以满足公众的知情权、监督权和参与权的需求。

一、政府会计信息公开的规范和制度

政府会计信息公开的规范是指政府在公开会计信息时需要遵守的一系列规定和制度。这些规范和制度旨在确保政府会计信息公开的透明度、及时性和准确性，保护公众的知情权和监督权，维护政府的公信力和形象。同时，这些规范和制度还可以促进政府管理创新，优化公共服务质量，提高政府绩效管理水平。本书将探讨政府会计信息公开的规范和制度，包括相关法律法规、规章制度、信息公开制度等方面。

政府会计信息公开的规范和制度主要包括以下方面。

（一）法律法规的制定

政府会计信息公开的法律法规是保障公众知情权和监督权的重要保障。政府需要制定相关法规，明确政府会计信息公开的范围、程序和内容，同时规定违反规定的责任和惩罚措施。这些法规旨在确保政府会计信息的公开透明，维护公众的知情权和监督权，促进政府公共部门治理的现代化。

在我国，政府会计信息公开的法律法规主要包括《中华人民共和国政府信息公开条例》《中华人民共和国预算法》《中华人民共和国会计法》等。这些法律法规明确规定了政府会计信息公开的原则、范围和程序，包括公开的主体、内容、方式和时间等。此外，政府还需要按照法规要求建立健全政府会计信息公开的制度和机制，确保信息公开的及时性、准确性和全面性。

具体来说，政府会计信息公开的规范和制度主要包括以下内容。

1. 公开的主体

政府会计信息公开是指政府及其部门、单位和企业在遵守法律法规和会计准则的前提下，主动向公众公开其会计信息的行为。政府会计信息公开的主体包括中央和地方各级政府、公共机构、国有企业等。

政府会计信息公开的重要性不言而喻。首先，政府会计信息公开有助于提高政府的透明度和公信力，提高政府的责任和信任度，增强公众对政府的信任和支持。其次，政府会计信息公开有助于公众监督政府的财务状况和经济运行情况，促进政府的合理支出，能够防范财务风险。最后，政府会计信息公开还有助于促进政府与社会的沟通和交流，增强公众对政府决策的理解和支持。

为了确保政府会计信息公开的有效性和公正性，需要建立健全的制度和机制。政府应当依法制定政府会计信息公开的规定和程序，并加强对政府会计信息公开工作的监督和评估。同时，需要通过加强公众的参与和监督，建立公众对政府会计信息公开的信任和支持。

2. 公开的内容

政府会计信息公开的内容应当全面、准确、及时、真实、完整，以便公众了解政府的财务状况和经营情况，监督政府的财务管理和使用效益。政府会计信息公开的内容应当包括以下方面。

（1）财务报表。政府会计信息公开的核心内容是财务报表，包括资产负债表、收入费用表、现金流量表等。财务报表反映了政府的财务状况、经营成果和现金流量情况，是公众了解政府财务情况的主要依据。

（2）预算信息。包括年度预算和决算。预算信息反映了政府在预算期间的财政收支情况和政策方向，有助于公众了解政府的财政政策和财政支出情况。

（3）审计信息。包括审计报告和审计结果。审计信息是对政府财务报表的审计结果和评价，有助于公众了解政府财务报表的真实性和可靠性。

（4）债务信息。包括政府债务的规模、用途和偿还情况等。债务信息反映了政府的财务风险和债务管理情况，有助于公众了解政府财务风险和财务健康状况。

（5）资金使用情况。包括资金支出的用途、标准和效益等。资金使用情况反映了政府资金使用的透明度和效率，有助于公众了解政府资金使用情况和监督政府的资金管理。

3. 公开的方式和时间

政府会计信息公开的方式需要多种形式相结合，以便广泛覆盖各类受众。其中，网站是主要的公开渠道之一，政府可以建立政府会计信息公开网站，将各类财务报表和相关信息公开，以方便公众查询和监督。此外，政府还可以通过报纸、电视、公告牌等媒介公开信息，以便更广泛地覆盖不同的社会群体。

公开时间需要定期或按照公共需要确定，以保证信息公开的及时性和有效性。政府需要制定相关的政策法规和操作规范，规范政府会计信息公开的内容、方式和时间，确保政府会计信息公开的质量和水平。此外，政府还需要加强对政府会计信息公开工作的管理和监督，保障政府会计信息公开的顺利实施。

4. 公开的程序

政府会计信息公开的程序应当遵循科学、规范、公开、透明、及时的原则。具体包括以下环节。

（1）信息公开申请。公众可以通过政府网站、信函、电话等方式向政府部门提出信息公开的申请。

（2）信息公开审核。政府部门应当按照规定对公众申请的信息进行审核，审核结果应当在法定时间内予以答复，并明确是否公开、公开方式、公开时间等。

（3）信息公开。政府部门应当按照审核结果及时公开信息，以网站公告、新闻发布、公告牌等方式进行公开，确保公众及时、便捷地获得信息。

（4）信息监督。政府部门应当建立健全监督机制，接受公众对信息公开的监督和投诉，并及时处理，确保信息公开工作的透明和公正。

政府会计信息公开的程序应当遵循公开、公正、及时、便民的原则，确保公众对政府的财务状况和经济活动有充分的了解，进一步提升政府的透明度和公信力。

5. 违规责任和惩罚措施

政府会计信息公开的规范和制度应当明确违规责任和惩罚措施，对违反规定的单位和个人应当给予相应的处罚和制约，以保证政府会计信息公开的效果和效力。

政府会计信息公开是政府开展透明、公开、廉洁治理的重要举措，也是落实政府信息公开制度的具体实践。为了确保政府会计信息公开的规范和有效，需要建立相应的规范和制度，并对违规者进行惩罚。

首先，政府会计信息公开应当遵循相关的法律法规和标准，制定具体的规范和制度，明确信息公开的程序和要求。这些规范和制度应当体现公平、公正、透明和有利于监督和管理的原则，同时应当考虑实际情况和特殊要求。

其次，对于违反规定的单位和个人，应当给予相应的处罚和制约。具体来说，政府会计信息公开的规范和制度应当规定相应的惩罚措施，包括行政处罚、经济处罚、法律制裁等。此外，违规者还应当被列入信用黑名单或者受到其他制约，以保证公共利益的最大化。

最后，为了加强对政府会计信息公开的管理和监督，应当建立健全的监督机制，包括内部审计、外部审计和社会监督等。同时，应当建立投诉处理机制，对违规行为进行严肃处理，并及时反馈和回应公众，增强公众对政府会计信息公开的信任和支持。

（二）会计准则的制定

会计准则是规范政府会计信息披露的重要标准。会计准则是对政府会计报表的格式、内容和要求进行规范，使政府会计报表更加标准化、透明化和可比性强，方便公众理解和监督政府的财务状况。政府需要制定会计准则，明确政府会计信息的编制和披露规范，以确保政府会计信息的准确性、真实性和完整性。

政府制定的会计准则应当符合国际会计准则，并考虑国内的实际情况和需要。会计准则应当包括政府会计报表的基本要素、会计政策、会计估计和会计确认原则等方面的内容，确保政府会计报表的真实、准确、完整和可比。

政府制定的会计准则还应当规定政府会计报表的编制程序和报送要求。政府会计报表应当按照规定的程序进行编制，包括账务处理、报表编制、审核和审批等环节。政府还应当规定政府会计报表的报送要求，包括报送时间、报送方式、报送对象等方面的规定，以便及时向公众披露政府财务状况。

政府制定会计准则是保障政府会计信息公开的重要举措，它能够促进政府会计信息披露的透明化和标准化，提高政府会计信息的可信度和可比性，为公众监督政府财务活动提供重要保障。

（三）政府内部管理制度

政府建立内部管理制度是政府会计信息公开规范化的关键环节。政府需要制定一系列管理制度，以规范政府会计信息的收集、处理和报告流程，保障会计信息的真实性和准确性。这些制度需要明确政府各部门在财务管理中的职责、权限和制约机制，确保财务管理过程中不出现腐败和违规行为。此外，政府还需要建立相应的会计信息披露机制，确保政府会计信息的公开透明。

具体而言，政府需要制定内部财务管理制度，包括会计制度、财务管理制度、内部控制制度、财务报表制度等。会计制度是制定会计政策和制度的规范文件，包括会计核算方法、会计报告格式等；财务管理制度是对政府各部门在财务管理中的职责和权限的明确规定，包括财务审批、授权、使用等；内部控制制度是指建立一套制度化、规范化的内部控制体系，以确保政府财务管理的合法性、规范性和高效性；财务报表制度是指规定政府各级财务报表的格式、内容和要求。

此外，政府还需要建立会计信息公开制度。包括政府会计信息公开的范围、程序和内容等方面的规定，确保政府会计信息公开透明、及时、准确。政府还应该制定违反会计信息公开规定的责任和惩罚，以保证政府会计信息公开的有效性。

政府需要建立完善的内部管理制度和会计信息公开制度，以规范政府会计信息的收集、处理和报告流程。同时，有利于政府加强内部管理，提高公共服务质量，推动公共部门治理现代化。

（四）政府会计信息公开平台的建设

政府会计信息公开平台是政府会计信息公开的重要组成部分。建立政府会计信息公开平台，可以为公众提供方便快捷的查询和下载渠道，使公众能够及时了解政府财务运作情况和资金使用情况。同时，政府会计信息公开平台可以促进政府的信息化建设和管理创新，提高政府的管理效率和透明度。

政府会计信息公开平台应当采用安全、可靠的技术手段，保障政府会计信息的保密性和完整性。平台的建设和维护需要专业技术支持和定期更新维护。政府还应当加强对平台的监督和管理，确保平台的规范化、透明化和有效性。

为了更好地实现政府会计信息公开平台的建设，政府需要积极与社会力量合作，借鉴先进的信息化管理经验，吸纳社会智慧和资源，提升平台的管理水平和服务质量。同时，政府还需要开展宣传教育活动，提高公众对政府会计信息公开平台的认知度和使用率。

（五）政府会计信息公开的公告牌、媒体宣传和开放日等的规范

为了确保政府会计信息公开的有效性和权威性，政府需要规范会计信息公开的各种形式。包括政府会计信息公开的频率、方式、内容和格式等。政府应当制定明确的规定，要求政府会计信息公开必须及时、准确、真实，信息公开的内容应当覆盖政府财务情况的各个方面，如预算执行情况、财务状况、财务成果等。政府还应当建立相关的反馈机制，及时处理公众对政府会计信息公开的问题和建议。

同时，政府需要加强对政府会计信息公开的宣传和推广。政府可以通过新闻媒体、政府网站、社交媒体等渠道，向公众宣传政府会计信息公开的重要性和必要性，鼓励公众参与政府财务的监督和管理。政府还可以组织开放日等活动，让公众亲身了解政府会计信息公开的情况，增强公众对政府会计信息公开的认识和信任。

二、政府会计信息公开在推进政务公开和全面依法治国中的地位和作用

随着中国不断推进政务公开和全面依法治国，政府会计信息公开逐渐成为公众关注的焦点。作为政府财务管理的重要组成部分，政府会计信息公开不仅是政府公信力建设的重要手段，也是加强财政监督和防止腐败的重要途径。在推进政务公开和全面依法治国的过程中，政府会计信息公开的地位和作用日益凸显。

政府会计信息公开在推进政务公开和全面依法治国中具有重要的地位和作用。政务公开是现代治理的重要组成部分，是政府实现公正、透明、负责任的基本要求，也是推进政府治理现代化的必由之路。政府会计信息公开作为政府财务信息公开的重要内容，对于保障政务公开的有效实施、提升政府信任度、促进全面依法治国具有重要的推动作用。

首先，政府会计信息公开有助于促进政务公开。政府会计信息是政府财务管理的核

心内容，对于公众了解政府收支情况、财政预算执行情况、政府债务风险等方面具有重要的参考价值。政府会计信息公开可以促进政府财务公开透明，加强政府与公众之间的信息沟通与互动，增强公众的参与感和获得感，提升政府公信力和形象。

其次，政府会计信息公开有助于全面依法治国。全面依法治国是国家治理的重要基础，政府会计信息公开作为法治建设的重要内容，有助于促进政府依法行政、增强政府的责任意识和法治观念。政府会计信息公开可以通过加强财务监督、防范腐败和滥用职权行为等方面的监管，强化政府的合法性和透明度，维护社会公平正义，增强社会的稳定性，助推可持续发展。

政府会计信息公开在推进政务公开和全面依法治国中具有重要的地位和作用。政府需要加强政府会计信息公开的制度建设和规范，扩大政府会计信息公开的范围和形式，提高政府会计信息公开的质量和效果。同时，公众需要积极参与政府会计信息公开，通过监督和评价的方式推动政府财务管理的规范化、透明化和公正化。

三、政府会计信息公开的发展趋势和前景

随着信息技术的不断发展和政府公信力的不断提高，政府会计信息公开已经成为一个重要的趋势和发展方向。在当今社会，政府会计信息公开已经成为政府透明度的重要标志之一，也是推动政府管理现代化、提高政府信任度和公信力的重要手段之一。

（一）政府会计信息公开的发展趋势

政府会计信息公开作为现代公共财政管理的一项重要制度安排，具有极其重要的意义和价值。随着信息技术的发展和公民意识的提高，政府会计信息公开已经成为全球公共财政管理领域中越来越普遍的做法。

随着公众对政府财务透明度的需求不断增加，政府会计信息公开的发展趋势也日益明显。以下是其中的几个方面。

1. 技术手段的发展

随着信息技术的快速发展，政府会计信息公开将会更多地利用新技术手段（如互联网、大数据、人工智能等），提高信息公开的效率和质量，更好地满足公众需求。

随着信息技术的不断进步和应用，政府会计信息公开的发展趋势也在不断地变化和提升。以下是几个方面的发展趋势。

（1）利用互联网加大信息公开的速度和范围。随着互联网的发展，政府会计信息公开可以通过政府官方网站和其他在线渠道更快、更便捷地传递信息给公众，同时可以扩大公众的接触范围和提高公众的参与度。

（2）运用大数据技术加强数据挖掘和分析。政府会计信息公开可以更好地利用大数据技术，对数据进行挖掘和分析，更精准地反映政府财务状况和经济活动，为政府决策提供更科学的参考依据。

（3）发挥人工智能在信息公开中的作用。人工智能技术在政府会计信息公开中的

应用已经开始出现，如自动化分析财务报表、自动化生成财务分析报告等，未来将更多地发挥人工智能的优势，提高信息公开的效率和质量。

（4）提高信息公开的透明度和可信度。政府会计信息公开需要更注重信息的透明度和可信度，采用更严格的审核标准和技术手段确保信息的准确性和完整性，加强公众对政府财务活动的监督和评估，建立更加完善的公共信用体系。

政府会计信息公开的发展趋势将会更加多元化和智能化，信息公开的质量和效率将不断提高，更好地服务于公众和社会的需要。

2. 法律法规的完善

政府会计信息公开已经成为政府职能的一部分，并得到了国家法律法规的明确支持。未来，政府会计信息公开的法律法规体系将更加完善，为公众获取信息提供更为有力的保障。

首先，随着政府公开和透明的要求越来越高，政府会计信息公开的法律法规体系将不断完善。政府在加强信息公开的过程中，必须遵循信息公开的规范程序，并明确公开的内容、范围、方式和时间，以保证公众对政府行为的监督和问责。

其次，政府会计信息公开将与数字化进程相结合，通过新技术手段提高信息公开的效率和质量。随着大数据、云计算、人工智能等技术的发展，政府会计信息公开将更多地利用数字化手段，提高信息公开的普及率和透明度，进一步增强公众对政府决策的信任度。

最后，政府会计信息公开将更加注重公众参与和意见反馈。政府公开信息是为了增强公众对政府决策的理解和支持，也是为了让公众更好地监督政府的行为。未来，政府会计信息公开将更加注重公众参与，通过开放的渠道和方式，接受公众的意见和建议，从而提高政府的治理效能。

政府会计信息公开已经成为现代公共治理的重要组成部分。未来，政府会计信息公开的法律法规体系将更加完善，数字化手段将更多地被应用，公众参与和意见反馈将更加广泛，这将有助于提高政府治理的透明度和公众对政府的信任度，促进政府与社会的良性互动。

3. 国际化的趋势

政府会计信息公开已成为国际社会公认的全球趋势。在全球化的背景下，政府会计信息公开的范围和标准将越来越接近国际水平。

政府会计信息公开作为一项重要的政府职能，其重要性已经被越来越多的国家和地区认可。在全球化的背景下，政府会计信息公开的发展将更加趋于国际化。以下是几个方面的具体展开。

（1）国际标准的影响。目前，国际上已经形成了一系列会计准则和规范，如国际公共部门会计准则、国际财务报告准则等。随着国际标准的不断完善和普及，政府会计信息公开也将更加贴近国际标准。

（2）多边和区域合作的推进。多边和区域性组织如联合国、世界银行、亚太经济合作组织等，都在积极推进政府会计信息公开的标准化和规范化。这些合作机制将促进各国政府在政府会计信息公开方面的交流与合作，加速其标准化和规范化的进程。

（3）科技的应用和创新。随着信息技术的不断发展和应用，政府会计信息公开也将更加借助于信息技术手段（如互联网、大数据、人工智能等），提高信息公开的效率和质量，这将进一步促进政府会计信息公开的国际化和标准化。

（4）全球治理的需要。在全球化的背景下，各国之间的联系和相互依存程度日益加深。政府会计信息公开不仅是一项重要的国内政策，也是各国进行合作和互动的必要条件。因此，政府会计信息公开将越来越受到全球治理的重视和支持。

政府会计信息公开的国际化趋势已经逐渐显现。随着各国的交流和合作的加深，政府会计信息公开将更加贴近国际标准和规范，从而更好地服务于全球治理的需要。

4. 政府机构自身改革

随着社会发展和公众意识的提高，政府机构的改革已成为大势所趋。而政府会计信息公开也将成为政府机构改革的重要组成部分，对推进政府治理体系和治理能力现代化发挥着重要作用。

首先，政府会计信息公开可以促进政府机构的透明度和责任制度建设。政府机构对于公共资源的使用和管理具有重要责任，而公众有权知道政府机构的财务状况和经营成果，以便更好地监督政府机构的运作。政府会计信息公开可以帮助公众了解政府机构的收支情况、预算执行情况和债务状况等信息，有效地促进政府机构的透明度和责任制度建设。

其次，政府会计信息公开可以提升政府机构的管理水平和效率。政府机构的管理和运作需要依赖丰富的数据和信息，而政府会计信息公开可以让政府机构更加清楚地了解自己的财务状况和经营成果，从而更加科学地制定决策和管理政策。此外，政府会计信息公开还可以激励政府机构更加注重财务管理，提高管理水平和效率，从而更好地为公众服务。

最后，政府会计信息公开可以促进政府机构与社会的互动和合作。政府机构作为公共服务的提供者，需要与公众进行有效的沟通和互动，以便更好地了解公众的需求和反馈。政府会计信息公开可以为公众提供一个全面了解政府机构运作情况的渠道，让公众更好地参与政府机构的决策和管理，实现政府机构与公众的良性互动和合作。

因此，政府机构将逐步加强自身改革，推进政府的信息公开工作，政府会计信息公开也将成为政府机构改革的重要组成部分。

5. 公众参与度的提高

随着社会的发展，公众对政府行为的监督和评估标准越来越高。公众参与政府会计信息公开能够有效提高政府的透明度和公信力，也能够促进政府的改革和提高政府的治理能力。

首先，公众参与政府会计信息公开可以提高政府的透明度和公信力。政府作为公共权力机构，必须接受公众的监督和制约。政府会计信息公开是政府向公众提供信息的一个重要途径，公众可以通过政府会计信息公开了解政府的财务状况和经营成果，进而评估政府的行为和政策。公众参与政府会计信息公开能够推动政府更加积极主动地向公众提供信息。

其次，公众参与政府会计信息公开可以促进政府的改革和提高政府的治理能力。公众作为政府的服务对象和利益相关方，具有对政府行为的直接利益和需求，因此，公众的参与能够为政府提供有益的意见和建议。公众通过政府会计信息公开了解政府的财务状况和经营成果，可以发现政府的问题和短板，提出相应的改进措施和建议，促进政府的改革和提高政府的治理能力。

最后，公众参与政府会计信息公开可以促进公共参与和民主建设。政府会计信息公开是政府与公众之间的桥梁和纽带，公众参与政府会计信息公开可以促进公共参与和民主建设。公众参与政府会计信息公开能够增强公众对政府的信任和支持，促进政府与公众之间的沟通和互动，形成更加开放和民主的政治氛围。

公众参与政府会计信息公开是推动政府透明化和信息化的一个重要途径。政府需要积极引导和鼓励公众参与政府会计信息公开，为公众提供更好的公共服务，促进政府的改革和提高政府的治理能力。

政府会计信息公开的发展趋势将会更加规范、高效、透明、国际化和公众化。政府会计信息公开将会对政府、企业和公众产生积极的影响。

（二）政府会计信息公开的前景

政府会计信息公开的发展将有助于促进政府的透明度和公正性，提高公众对政府的信任和满意度，推动政府部门的改革和优化。

政府会计信息公开是政府公开透明和廉洁治理的重要组成部分，其前景十分广阔。以下是几点关于政府会计信息公开前景的详细说明。

1. 提高政府透明度和公信力

政府会计信息公开对于增强政府的透明度和公信力起着至关重要的作用。政府作为公共事务的管理者和执行者，必须保证其行为的合法性、公正性和透明度，这是政府履行职责的基本要求。政府会计信息公开可以让公众了解政府的财务状况和使用公共资源的情况，从而有效地提高政府的透明度和公信力。

首先，政府会计信息公开可以让公众了解政府的财务状况。政府作为财政收支的主体，通过财务报表可以清晰地反映出政府的资产、负债和经营成果等情况。政府会计信息公开可以让公众了解政府的财务状况，包括政府的财政收入和支出情况，政府的债务状况，政府的资产情况等。这些信息的公开可以帮助公众更好地了解政府的财务状况，同时可以帮助公众评估政府的财政状况是否健康，是否有足够的能力和资源来支持公共服务和公共事业的发展。

其次，政府会计信息公开可以让公众了解政府使用公共资源的情况。政府作为公共资源的管理者和使用者，必须保证公共资源的合理使用和公正分配。政府会计信息公开可以让公众了解政府使用公共资源的情况，包括政府的投资情况、政府采购的情况、政府补贴的情况等。这些信息的公开可以让公众了解政府使用公共资源的方式和效果，有助于公众监督政府的公共资源使用行为是否合理和公正。

最后，政府会计信息公开可以提高政府的公信力和公众对政府的信任度。在信息时代，政府与公众之间的信息交流已经成为一种基本需求。政府会计信息公开不仅可以满足公众获取信息的需求，也可以促进公众参与政府决策的过程，增强公众对政府的信任感和认同感，构建和谐稳定的社会关系。因此，政府应当充分认识到政府会计信息公开的重要性，并采取有效措施推进政府会计信息公开工作，为建设现代化、法治化的政府提供强有力的支持。

2. 促进政府廉洁治理

政府会计信息公开可以加强对政府财务活动的监督，从而避免腐败行为的发生。公众可以通过了解政府部门的财务活动和资源利用情况来检查政府行为是否合法合规，并提出质疑或建议。政府部门也将因此更加谨慎地管理财务活动，防止不当行为的发生。

此外，政府会计信息公开也可以促进政府的廉洁治理。政府部门公开财务信息后，公众可以对政府部门的行为进行监督和评估，有利于发现和纠正行政管理中的不当行为。政府部门也将面临更大的监督压力和责任，这对于促进政府与公众之间的信任和互信、建立和谐社会具有非常重要的作用。

3. 促进公共财政的合理运用

政府会计信息公开可以让公众对政府的收支情况、公共资源使用情况等进行监督和评估，从而有效地提高公共财政的效益和效率。首先，政府会计信息公开可以帮助公众了解政府的财政收支情况，包括政府的收入来源、支出情况、债务状况等，让公众对政府财政状况有更全面、客观的了解。公众可以通过政府会计信息公开了解政府的财政支出是否符合法规、是否合理、是否满足公众需求等，从而促使政府加强财政预算的规划和管理，提高财政支出的效益和效率。

其次，政府会计信息公开可以帮助公众了解政府的公共资源使用情况。政府会计信息公开可以让公众了解政府对公共资源的使用情况，包括土地、自然资源、国有资产等的处置和利用情况，以及政府投资项目的进展情况等。公众可以通过政府会计信息公开了解政府的资源使用是否合理、是否公正、是否满足公众需求等，从而监督政府对公共资源的合理运用，保障公共资源的效益最大化。

4. 提高社会参与度和民主参与程度

政府会计信息公开可以让公众参与政府决策过程，提高社会参与度和民主参与程度，这是因为政府会计信息公开可以提供公开、透明的决策基础和决策过程。公众可以通过政府会计信息公开的途径，如政府网站、公告、报告等，了解政府的财务状况和公共资源使用情况，进而参与政府决策的过程。

首先，政府会计信息公开可以提高公众对政府决策的了解和认知。公众可以通过政府会计信息公开了解政府的决策过程、决策依据和决策结果等，从而更好地理解政府的决策。这种透明度可以增强公众对政府的信任度，提高公众对政府决策的认可度。

其次，政府会计信息公开可以促进公众参与政府决策。通过政府会计信息公开的途径，公众可以了解政府的决策过程和运作方式，有机会提出自己的意见和建议，对政府决策的合理性和可行性提出质疑，从而促进政府与公众之间的互动和沟通。可以使政府决策更加民主和公正，提高政府决策的质量和效果。

最后，政府会计信息公开可以增强公众对政府的监督力度。公众可以通过政府会计信息公开了解政府的财务状况和公共资源使用情况，发现政府在财政收支、公共资源配置等方面的问题和不当行为，及时提出监督和批评，从而有效地监督政府的决策和行为，防止腐败和滥用权力的行为发生。

5. 推动政府管理和服务的优化和创新

政府会计信息公开不仅让公众了解政府的财务状况和公共资源使用情况，同时可以让公众了解政府的经营管理情况，监督政府服务的质量和效率。通过公开政府的经营管理情况，公众可以了解政府的服务内容、服务质量和服务效率等方面的情况。同时，公众也可以通过政府会计信息公开了解政府的经济活动、投资项目、政府采购等方面的信息，了解政府的经营状况。

在这个过程中，如果公众发现政府服务存在问题，可以通过意见反馈、投诉等方式向政府提出问题，从而促使政府改进服务质量和效率。政府会计信息公开也可以促进政府管理和服务的优化和创新。通过公开政府的经营管理情况，政府可以更好地了解公众的需求和反馈，从而优化政府的管理和服务，提高公众满意度。

因此，政府会计信息公开是促进政府管理和服务创新的重要手段之一。公开政府的财务状况和经营管理情况，可以让公众更好地了解政府的工作内容和工作效果，促进政府的优化和创新。

政府会计信息公开的实现需要政府部门和公众共同努力，政府需要不断完善相关制度和规定，公众也需要增强对政府财务管理的关注和监督。我们有理由相信，在政府和公众共同的努力下，政府会计信息公开将会迎来更加光明的未来。

第五章　财政管理中的实践问题和挑战

随着经济全球化和信息化的快速发展，财政管理面临着诸多实践问题。在财政资源有限的情况下，如何实现公共财政的平衡和可持续发展，如何优化财政支出结构，提高财政资金利用效率，如何控制财政风险和防范腐败等问题都是亟待解决的难题。本章将深入剖析这些实践问题，并探讨有效的解决方法，以推动财政管理水平的不断改进和提高。

第一节　政府预算管理的实践问题和挑战

政府预算管理是财政管理的核心内容之一，旨在实现财政资源的有效配置和社会公共利益的最大化。然而，在实践中，政府预算管理也面临着一系列的问题和挑战。本书将从多个方面分析这些实践问题和挑战并提出相应的解决方案和建议，以推动政府预算管理工作的不断改进和创新。

一、政府预算制定与执行中遇到的问题和挑战

政府预算是政府财政管理的核心内容，是政府实现公共政策和服务的重要手段。预算制定与执行的质量直接影响政府治理能力和公共服务水平。然而，现实中政府预算制定与执行过程中面临着许多问题和挑战，有些问题可能会威胁到预算的科学性、合法性和公正性。

首先，政府预算制定面临着信息不对称的问题。政府预算制定需要充分了解各个领域的需求和资源配置情况，但是政府部门之间的信息不对称和数据不完备问题是预算制定过程中经常遇到的难题。政府预算制定的数据来源不一定全面准确，这可能导致预算制定的依据不充分或者失真，从而影响政策的实际效果。

其次，政府预算执行面临着部门间协作问题。政府预算的执行需要各个部门紧密协作，但是在现实中，各个部门协作存在障碍。不同部门之间的分配和协调经常会因为部门利益的不同而影响预算的执行效果。

最后，政府预算执行还面临着对效果评估方面的问题。政府预算的执行需要通过对效果的评估来调整和改进预算的执行方案，但是目前政府部门对于效果评估的重视程度

不足，往往只关注支出的规模和实施情况，而忽略了政策效果的评估和反馈。这将导致政府预算执行缺乏反馈机制，无法及时调整预算执行方案，从而影响预算执行效果。

政府预算制定与执行面临着信息不对称、部门间协作和效果评估等方面的问题。解决这些问题需要政府部门加强信息共享和数据公开、加强部门间的沟通和协作，同时注重政策效果的评估和反馈。只有这样，政府预算才能被更加科学、合法、公正地制定和执行，为公共服务和社会发展提供更好的支持。

二、政府预算公开的实践问题

预算公开是现代财政管理的重要组成部分，也是政府信息公开的重要内容之一。政府通过公开财政收支状况、公共支出决策及执行情况、财政预算、决算报告等信息，使公众更加了解政府的财政情况，增加政府的透明度和公信力。然而，预算公开也存在一些实践问题，需要进行深入的分析和探讨。

预算公开是政府财政管理中的重要环节，能够提高政府财政管理的透明度和公信力，提高政府的决策效率和责任感，同时也能够促进公众对政府财政管理的监督和参与。以下是政府面临的一些问题和挑战。

（一）缺乏标准化和规范化

首先，不同地区、不同部门对于预算公开的标准和规范并不一致，导致公开的内容、方式、时限等存在差异，难以对比和评估。例如，一些地区对于预算公开的内容仅限于预算收支情况，而对于具体支出项目等细节缺乏公开；有些部门公开的方式不够便捷和透明，只在官网上发布信息，而没有提供更加便利的途径供公众查询；同时，预算公开的时限存在差异，一些地区和部门并没有按照规定的时限公开预算信息，或者公开的信息已经过时，无法满足公众的需求。

其次，一些政府部门并未完全履行预算公开的义务，甚至存在故意隐瞒或篡改信息的情况。这些行为严重影响了政府的透明度和公信力，也损害了公众的知情权和监督权。例如，有些地方政府通过虚增收入、虚减支出等方式来掩盖财政问题，导致公开的预算信息失去了真实性和可信度；同时，一些政府部门存在故意隐瞒支出项目、公开信息不完整等问题，使得公众难以全面了解政府的财政情况。

因此，为了解决预算公开的实践问题，需要加强标准和规范的统一性，推进预算公开的透明度和便捷性，同时加强对政府部门的监督和问责机制，确保政府预算公开的真实性和可信度。这不仅有助于提高政府的透明度和公信力，也有利于公众对政府预算的全面了解和有效监督。

（二）公开内容单一

预算公开是政府履行公共权力的重要方式，也是建设透明、廉洁、高效政府的重要手段。然而，当前预算公开的内容还存在一些问题，其中一个显著的问题是预算执行情况的公开相对较少。

一方面，政府预算执行情况的公开是评价政府绩效的重要指标之一，也是公众对政府履职情况进行监督和评价的基础。但目前预算公开主要集中在财政收支情况和支出项目上，对于政府预算执行情况的公开较少，难以全面反映政府预算的实际情况。这导致公众很难了解政府部门预算执行的实际情况，难以监督政府部门的绩效。

另一方面，一些社会公共性质的预算项目（如社会保障、环境保护等）的公开程度也相对较低。这些预算项目与公众的利益密切相关，公众对其执行情况的了解程度应该更高。但是，由于这些预算项目涉及敏感信息和复杂的管理机制，政府部门的预算执行情况往往不太容易公开。

另一方面，即使是在已经公开的预算信息中，不同地区、不同部门对于预算公开的标准和规范也存在差异，导致公开的内容、方式、时限等存在差异，这给公众监督和评价政府预算执行情况带来了困难。

因此，为了建设透明、廉洁、高效的政府，政府部门应该加强预算执行情况的公开，扩大公开的范围和深度，提高公开的质量和效果。政府部门应该制定统一的预算公开标准和规范，对预算公开进行分类、细分、精准化，从而更好地满足公众对预算信息的需求。此外，政府部门还应该加强对预算公开的监督和评价，及时发现和纠正公开中存在的问题和缺陷，确保预算公开的真实性、及时性和可靠性。

（三）公众参与度不高

预算公开是促进政务公开和民主参与的重要手段，可以让公众更好地了解政府的财政状况和公共资源的利用情况。然而，在现实中，大部分公众对于财政预算和公共财政事务的理解和关注程度较低，参与度不高，这是预算公开面临的一个主要挑战。

一方面，公众对于财政预算和公共财政事务的理解和关注程度不高，很大程度上是因为这些信息涉及一些复杂的财经术语和概念，对于普通人来说难以理解。另一方面，预算信息呈现形式较为复杂，不易理解，也影响了公众的参与积极性。这些因素导致了公众对于预算公开的关注度和参与度不高，难以发挥预算公开的监督和参与作用。

因此，政府需要在预算公开方面加强公众教育和宣传，提高公众的关注度和参与度。同时，政府部门也应该进一步拓展预算公开的内容范围，完善预算公开的标准和规范，保证预算信息的准确性和及时性，为公众提供更为全面、真实的预算信息，促进公众对政府财政管理的监督和参与。

（四）安全保障不足

在预算信息公开的过程中，信息安全是一项关键问题。一方面，政府需要确保信息公开的真实性、准确性和完整性。另一方面，也需要保障信息的安全性，防止信息泄露和被篡改。然而，现实中一些地区、部门在信息安全保障方面存在不足，信息泄露和被篡改问题时有发生。

首先，一些政府部门对信息安全意识不够重视，缺乏有效的信息安全管理措施。政府机构在处理和管理预算信息时，存在信息管理漏洞，例如，密码管理不规范、网络安全防护不足、员工内部人为错误等，这些漏洞会给信息安全带来潜在风险。此外，政府机构与社会各界之间的信息交流渠道多样，其中包括传统的纸质文件传输方式和网络传输方式，这也会增加信息泄露和被篡改的风险。

其次，一些政府部门可能存在意图篡改或隐瞒预算信息的情况。有些政府部门可能会有各种原因和动机篡改预算信息，例如，为了掩盖财务问题、避免财政责任追究等。这些行为不仅会严重影响政府财政管理的透明度和公信力，也会削弱政府和公众之间的信任关系，甚至引发社会不稳定。

为了保障预算信息公开的信息安全，政府应该加强信息管理和安全防范措施，例如加强密码管理、网络安全防护等措施，确保预算信息的真实性、准确性和完整性。同时，政府还应该完善法律法规体系，建立严格的监督机制，对违反信息安全管理规定的责任人进行追责，提高政府部门信息安全保障的意识和能力。

针对上述问题和挑战，需要建立更为统一的预算公开标准和规范，明确政府部门的预算公开义务和具体内容，提高公开的透明度和质量。同时，要增强公众对财政预算和公共财政事务的了解和关注程度，加强公众参与意识和能力的培养。在保障信息安全方面，也需要采取更为有效的措施，加强信息系统和技术的建设和更新。

三、政府预算管理中的人力资源和人才培养问题

政府预算管理是一个复杂的过程，需要大量专业和高素质的人才支持。在这一过程中，人力资源的配置和人才培养问题尤为重要，对于预算管理的有效性和可持续性起到至关重要的作用。因此，政府应该重视人力资源和人才培养问题，在此基础上确定合适的人力资源策略和培养计划，以确保预算管理工作的顺利开展。

政府预算管理的顺利实施离不开人力资源的支持和配合。在这方面，政府需要关注如何吸引和留住优秀的预算管理人才，以及如何为他们提供必要的培训和发展机会。同时，政府还需要考虑如何将现有的人力资源优化和配置，以更好地满足预算管理的需求。

首先，政府需要制定一系列政策措施，吸引和留住优秀的预算管理人才。包括提供具有竞争力的薪资待遇、完善的福利制度、职业发展和晋升机会等。此外，政府还可以通过建立良好的工作环境、加强内部沟通和协作等方式，提高员工的工作满意度和归属感。

其次，政府还需要注重预算管理人才的培训和发展。包括开展培训课程、提供学习机会、鼓励员工参加行业会议和培训活动等。通过这些举措，政府可以不断提高预算管理人员的专业能力和素质，增强他们的工作效率和执行力。

最后，政府还需要进行人力资源的优化配置。通过招聘、调配、转岗等方式，将人力资源与各项任务和职责更好地对接。此外，政府还可以根据预算管理的需求和工作量，合理配置人力资源，确保预算管理工作的高效运转。

政府需要在人力资源和人才培养方面加强关注，为预算管理提供优秀的人才和充足的人力资源，从而实现预算管理的有效实施。

四、政府预算管理的创新与改革

随着社会经济的快速发展和政府职能的不断扩大，政府预算管理面临着越来越多的挑战和问题。为了适应新时代的发展需求，政府预算管理需要不断创新和改革，提高效率和透明度，推动预算管理向着更加科学、民主、法治化的方向发展。

政府预算管理的创新与改革主要涉及以下方面。

（一）优化预算编制程序

传统的预算编制程序通常以支出为核心，即以政府的支出需求为主要考虑因素，而对预算支出的绩效和效果关注较少。这种预算编制方式容易导致浪费和资源的低效利用，同时难以评估预算支出的实际效果和成果。

为了提高预算编制的科学性和透明度，需要建立起以绩效为导向的预算编制程序。

首先，制定预算编制规范和标准化流程是必要的。该流程应包括明确的预算编制责任和程序，以及严格的预算执行和监督机制。其次，加强绩效管理也是非常关键的。政府部门应该从预算编制的早期阶段开始就对政策目标和绩效目标进行明确和制定，通过考核和评估政策和项目的绩效来确定预算支出的优先级和分配。

除此之外，政府可以通过建立跨部门的绩效管理机制，将各个政府部门的绩效数据进行汇总和比较，以实现政策和资源的优化配置。这种机制可以促进政府部门之间的协调和合作，从而达到整体绩效的提升。

建立以绩效为导向的预算编制程序是推进预算制度改革的重要一环。通过加强绩效管理和评估，可以提高预算编制和执行的效率和科学性，同时可以为政府决策提供更为准确的信息基础。

（二）健全绩效管理和结果评估机制

建立健全的绩效管理和结果评估机制是优化预算管理的关键之一。政府需要明确预算支出的目标和效果，并制定相关的绩效指标和评估标准，建立绩效管理体系。这有助于政府了解预算执行情况和效果，及时发现和解决问题。

在实践中，政府可以通过以下措施来建立绩效管理和结果评估机制。

1. 制定绩效管理制度

政府应根据实际情况，制定相关的绩效管理制度，包括绩效评估标准、流程、责任等方面，确保绩效管理制度的有效性和科学性。

2. 确定绩效评估指标

政府需要针对不同的预算项目和支出领域，制定相应的绩效评估指标，如经济效益、社会效益、环境效益等，确保绩效评估指标的科学性和全面性。

3. 加强数据采集和分析

政府需要建立健全的数据采集和分析机制，确保绩效评估的数据来源和准确性，以便更好地分析预算执行情况和绩效结果。

4. 加强结果评估

政府应及时进行预算执行结果评估，通过对评估结果进行总结和分析，及时发现问题，优化预算支出和政策方向，避免资源浪费。

5. 强化信息公开

政府应积极加强预算信息的公开和透明度，公布预算支出的执行情况和绩效评估结果，促进公众对政府预算管理的监督和参与，建立以绩效为导向的预算管理机制。

建立健全的绩效管理和结果评估机制对于提高政府预算管理的科学性和有效性具有重要意义，这也是推进预算制度改革的重要内容。

（三）强化预算执行监督机制

预算执行过程中需要建立科学的监督机制，对政府部门和企事业单位预算执行情况进行全方位、全过程的监管。同时，需要加强对政府采购、招标等行为的监管，防止利益输送和腐败行为的发生。

政府预算的执行监督是确保预算编制和执行过程中合规、透明、有效的重要手段。建立科学的监督机制，是保障政府预算执行效果和推动预算管理创新的必要途径。一方面，应该加强对政府部门预算执行情况的监督，确保预算资金的使用符合法律法规和预算编制规定。另一方面，对于行政事业单位的预算支出也应进行监督，以保证资金使用的效益和合理性。

首先，政府部门的预算执行情况应该接受全方位的监管。为此，需要建立健全的监管机制，明确监管职责和权利，确保预算执行过程中各个环节的合规性。具体而言，可以建立以审计、监察和审查为主的监管体系，通过专项审计、巡视、专项调查等方式，对预算执行过程中的问题和漏洞进行排查和纠正，加强对预算执行结果的监督和评估，推动预算管理的改进和创新。

其次，应该加强对政府采购、招标等行为的监管。政府采购和招标是预算执行过程中的重要环节，直接关系到预算资金的使用效益和公共资源的配置效率。为避免利益输送、腐败行为的发生，需要加强对政府采购和招标行为的监管和审查，严格规范采购和招标的程序和标准，防范各种违规行为的发生。此外，还可以借鉴先进国家的监管经验，推动政府采购和招标行为的透明化和公开化，加大社会监督的力度，促进预算执行的公正性和公开性。

建立科学的监督机制是确保预算执行效果和推动预算管理创新的必要途径。政府部门和行政事业单位应该加强预算执行过程中的监管和自我纠正，保障公共资源的有效配置和社会财富的增值。

（四）推进预算信息公开

预算信息公开是提高政府预算透明度的有效途径，可以提高政府的公信力，加强政府与社会的沟通和互动，提高公众参与财政管理的积极性。要实现预算信息公开的目标，需要从以下几个方面进行努力。

首先，提高透明度。政府部门需要将预算信息以清晰明了的方式公开，包括预算编制、预算执行、预算绩效等方面。在公开预算信息时，要考虑到公众的知情权和监督权，将信息以易于理解的方式呈现，提高透明度，让公众对政府的财政管理有更清晰的认识。

其次，提高可读性。预算信息涉及到的内容繁杂、复杂，为了提高公众的理解和参与度，需要将信息以易读易懂的方式呈现。政府可以采用可视化手段，如图表、图像等，将预算信息直观地呈现出来，提高可读性。

再次，提高及时性。预算信息公开的及时性直接影响公众对政府财政管理的监督效果。政府应当在预算编制、执行和绩效评估等方面建立完善的信息公开机制，确保预算信息及时公开，让公众第一时间了解政府的财政管理情况。

最后，提高公众参与度。政府需要采取有效措施，引导和鼓励公众积极参与预算信息公开和使用，如建立政府与社会之间的沟通渠道，鼓励公众提出意见和建议，加强社会各界对财政预算的监督和参与。这些举措可以有效提高公众的参与度，让公众对政府的财政管理有更深入的了解和认识。

预算信息公开是实现预算制度透明化的重要手段，只有不断地在提高透明度、可读性、及时性和公众参与度等方面努力，才能够真正实现预算信息公开的目标，提高政府的公信力和财政管理的科学性和有效性。

（五）推进绩效管理与预算绩效联动

绩效管理是指将政府的行为与政策目标相结合，通过实施绩效管理评估政府行为的成果和效率。在预算制度中，绩效管理是将政府预算编制和执行与政策目标和结果联系起来，使预算编制和执行更加科学和有效。因此，绩效管理是推进预算制度改革的重要环节。

在预算编制中，绩效管理可以帮助政府部门根据政策目标确定预算目标和支出项目，并确定实现这些目标和项目所需的资源。政府部门可以将预算目标与实现这些目标所需的绩效指标和结果相结合，从而更好地达成政策目标和提高预算效益。

在预算执行中，绩效管理可以帮助政府部门评估预算执行结果，并确定资源分配的优先级。政府部门可以通过对预算执行情况的监控和评估，及时调整预算支出和政策方向，避免资源浪费。

为了实现绩效管理在预算制度中的应用，需要建立完善的绩效管理和评估机制。政府部门应该设立专门的绩效管理部门，负责绩效目标的设定、绩效指标的制定、绩效评估的实施和结果的反馈。同时，政府部门还应该建立起与绩效管理相关的信息系统和数据管理系统，为绩效管理和评估提供支持和保障。

除此之外，为了加强绩效管理在预算制度中的应用，还需要加强对政府部门和官员的培训和引导，提高他们的绩效管理意识和能力。同时，需要建立起相应的奖励和惩罚机制，激励政府部门和官员积极推进绩效管理的应用，对不达标的行为进行惩罚和纠正。

绩效管理是推进预算制度改革的重要环节，能够促进政策目标的实现、预算效益的提高和财政资源的优化配置。因此，政府应该加强绩效管理在预算制度中的应用，建立起完善的绩效管理和评估机制，同时加强对政府部门和官员的培训和引导，推动预算制度向绩效导向转型。

政府预算管理是一项复杂而又重要的工作，实践中面临着许多挑战和问题，如预算信息公开存在差异和不足、预算执行监管机制不完善等。但是，随着预算制度改革的深入推进，这些问题正在得到逐步解决。我们相信，在不断完善和创新的预算管理制度下，政府预算管理将更加科学、透明、高效，为推动经济社会发展发挥着更加积极的作用。

第二节 财政审计与风险管理

财政审计与风险管理是保障国家财政安全和推动财政管理创新的重要手段。在当前全球化、市场化的背景下，财政审计与风险管理也面临着新的挑战和机遇。财政审计与风险管理是现代财政管理的重要组成部分，旨在保障公共资金的安全和有效使用，防范和化解财政风险，推动财政管理的科学化、规范化和透明化。在当前经济形势下，加强财政审计与风险管理显得更加迫切。

一、财政审计概述

财政审计是指对政府机关和公共机构的财务活动进行审核和评估的一种行为，旨在保障公共财政的合法性、规范性、透明度和有效性，确保公共资源的合理利用。财政审计可以揭示政府机关和公共机构在财务活动中存在的问题和不足，对政府机关和公共机构进行监督和管理，促进财政制度的完善和财政管理的科学化。财政审计的主要任务包括审计预算执行情况、审计财务会计核算、审计财产管理、审计债务管理、审计国有资产管理等。财政审计是保障公共财政合法、规范、有效的重要手段和途径。

（一）财政审计的定义和目的

财政审计是指对政府部门、公共机构及其他接受政府资金支持的组织进行的审核和评估活动。其目的在于评估财政支出的合法性、经济效益、财务状况及内部控制效果，并提供有关的建议和意见，以保证公共资源的合理分配和使用。

财政审计的目的包括以下几个方面。

1. 评估财政支出的合法性和合规性，避免公共资源的滥用和浪费

财政审计的主要目的是评估财政支出的合法性和合规性，避免公共资源的滥用和浪费。具体而言，财政审计是指对政府部门、公共机构和其他接受财政资金支持的单位进行的一种审计形式，以评估其财务状况、财务活动和财政管理绩效为重点，旨在发现财务风险、防范经济犯罪和提高财政运行效率等方面的问题。在财政审计过程中，审计机构主要关注财务管理是否遵守相关法律法规和规范，财务信息是否真实准确，财务活动是否规范有效，预算和决算是否合理等方面，以便评估财政支出是否合法、合规、合理和有效。

财政审计的目的是防范和发现财务风险，避免公共资源的滥用和浪费。通过对财务管理制度、财务活动和财政管理绩效进行审计，可以发现财务管理方面的漏洞和问题，防范经济犯罪的发生，提高财政运行效率，保障公共利益和财产安全。此外，财政审计还有助于保障政府部门和公共机构的合法权益，保障社会公众的合法权益，促进政府部门和公共机构的诚信经营，维护政府部门和公共机构的形象和声誉。

2. 评估财政支出的经济效益，确保资源的有效利用和最大化收益

评估财政支出的经济效益是财政审计的重要职责。经济效益是指财政资金使用后所带来的经济效果和社会效益，包括直接经济效益和间接经济效益。直接经济效益是指财政资金支出后直接带来的收益，如减少成本、增加收入等；间接经济效益则指财政资金支出所带来的社会效益，如促进经济增长、提高社会福利等。

财政审计通过对财政资金的使用情况进行审计，评估财政支出的经济效益，能够帮助政府合理调配资源，提高财政资金的利用效率和效益，实现公共资源收益最大化。例如，对于一个公共基础设施建设项目，财政审计可以评估其经济效益，包括建设后对当地经济的促进作用、社会效益的提高等，从而对项目的可行性和资金支出进行合理的评估和决策。

同时，财政审计也可以通过评估财政支出的经济效益，发现和纠正财政支出过程中的问题和不足，提高财政支出决策的科学性和精准性。例如，审计发现某项财政支出存在过度浪费的情况，政府可以通过加强管理和监管，优化资源配置，实现经济效益的提高。

因此，评估财政支出的经济效益是财政审计工作的重要内容，对于保障公共财政的有效管理和使用具有重要意义。

3. 评估被审计单位的财务状况，确保其财务报表的真实性和准确性

财政审计在确保行政事业单位财务报表真实性和准确性方面具有重要意义。财政审计是指对行政事业单位的财务状况、会计记录、资金使用、财务管理和财务活动进行独立的审核和评估。

下面是财政审计的几个重要作用。

（1）验证财务报表的真实性和准确性。财政审计对行政事业单位的财务报表进行全面审核，包括核对财务记录、资金使用情况、收支结余等。通过财政审计，可以验证财务报表的真实性和准确性，确保财务信息的可信度。

（2）发现财务风险和问题。财政审计不仅关注财务报表的准确性，还关注财务管理的合规性和效果。通过对财务管理制度、内部控制措施、资金使用情况的审查，财政审计可以发现潜在的财务风险和问题，提供改进和优化的建议。

（3）提供独立的监督和评价。财政审计是独立的第三方对行政事业单位财务管理的评价和监督。审计机构对财务报表的审核和评价结果具有独立性和客观性，可以为管理层和监督机构提供重要的参考和依据，提高财务管理的透明度和规范化。

（4）保障财政稳定和可持续发展。财政审计发现的问题和风险，可以及时采取措施加以解决，确保行政事业单位的财政稳定和可持续发展。通过财政审计的监督和评价，可以提高财务管理的效率和质量，防止财务风险的发生，维护行政事业单位的财政安全。

财政审计在确保行政事业单位财务报表真实性和准确性方面发挥着重要的作用。财政审计通过独立的审核和评估，帮助识别潜在的财务风险和问题，提供独立的监督和评价，促进财务管理的透明度和规范化，保障财政稳定和可持续发展。

4. 评估被审计单位的内部控制效果，发现和解决潜在的风险和问题，提高管理水平和效率

评估被审计单位的内部控制效果是财政审计的重要任务。内部控制是单位和组织为实现经营目标，保护财产、确保财务报告的真实性和准确性，以及遵守法律法规等要求而建立的一系列制度、措施和行动。内部控制的有效性直接影响单位和组织的经营效率和经济效益。

财政审计的评估过程中，审计人员会对被审计单位的内部控制进行全面审计，包括内部控制的设计、实施、运行和监督等方面，以评估其有效性和合规性。审计人员需要根据被审计单位的特点和业务情况，制定相应的审计程序和方法，开展内部控制审计。

内部控制审计的目的是发现潜在的风险和问题，并提出相应的改进建议。在审计过程中，审计人员会对被审计单位的内部控制存在的问题进行识别和评估，并根据问题的严重程度和影响范围，提出相应的改进措施和建议。这些改进措施和建议旨在提高被审计单位的管理水平和效率，减少潜在的风险和损失。

同时，内部控制审计也可以帮助被审计单位建立完善的内部控制制度和管理机制，提高组织的风险意识和管理能力。通过审计人员的评估和建议，被审计单位可以发现自身存在的问题和不足，及时进行整改和提升，从而提高内部控制效果和经济效益。

财政审计的内部控制审计是评估被审计单位内部管理制度和控制效果的重要手段，通过发现问题和提出建议，可以帮助被审计单位提高管理水平和效率，避免潜在的风险和损失。

5. 提供有关的建议和意见，为政府部门和其他接受财政资金支持的组织提供改进和优化的方向和方法

除了审计的主要职责，财政审计还扮演着重要的顾问角色，向政府和其他接受财政资金支持的组织提供有关改进和优化的建议和意见。这些建议和意见有助于改进组织的内部控制，提高运营效率，减少浪费和风险，从而为组织的长期发展提供支持。

在提供建议和意见时，审计人员需要考虑组织的现实情况和可行性，根据审计结果和发现的问题提供切实可行的解决方案。这些方案涉及改进财务报表和财务管理程序、强化内部控制、提高运营效率、优化人力资源管理、加强风险管理和遵守相关法律法规等方面的内容。

此外，财政审计也可以为政府和其他接受财政资金支持的组织提供有关财政管理和预算编制的建议和意见。审计人员可以评估组织的预算编制和执行情况，提供改进预算管理和绩效评估的建议和意见。这些建议和意见可以帮助组织更好地规划和利用预算，实现资源的最大化利用，提高预算效益和质量。

（二）财政审计的类型和范围

财政审计根据审计对象的不同，可以分为财政部门审计、政府部门审计、事业单位审计和企业审计等不同类型。

财政部门审计主要对财政部门的预算执行、财务管理和资产管理等方面进行审计，着重关注财政资源的使用和管理情况。

政府部门审计主要对各级政府部门的预算执行和政策实施情况进行审计，包括各类政策性支出和投资项目的审计。

事业单位审计主要对接受财政拨款的事业单位进行审计，着重关注财务管理和资源利用情况。

企业审计主要对国有企业和其他接受政府资金支持的企业进行审计，着重关注企业的财务状况和经营效益。

除了审计对象不同，财政审计的范围也包括了预算收支、资产负债、财务报表、内部控制等不同的审计内容。审计人员根据审计标准和程序，对审计对象的各个方面进行审查、验证和评估，以发现潜在的问题和风险，并提供改进意见和建议。

（三）财政审计的程序和方法

财政审计的程序和方法是根据审计目的和范围制定的一系列步骤和工具，旨在评估被审计单位的财务状况、内部控制效果和财政支出合法性、合规性及经济效益。

财政审计的程序和方法包括以下几个方面。

1. 规划阶段

在财政审计的规划阶段，确定审计目标和范围、设计审计方案，确定审计时间表和预算等。审计机构需要根据审计对象的特点和审计目标的要求，进行审计范围的确定，并设计出合适的审计方案。主要包括以下几个步骤。

（1）确定审计目标和范围。审计机构需要明确审计的目标和范围，即审计对象的重点、审计工作的范围和审计重点。审计对象可以是一个项目、一个部门或一个全面的财务体系，审计目标的确定将对后续的审计工作产生重要影响。

（2）设计审计方案。审计机构需要根据审计目标和审计对象的特点，制定合适的审计方案。审计方案包括审计方法、工作程序、工作安排、人员配置、审计成本等，需要考虑审计的效率、可行性和可控性。

（3）确定审计时间表。审计机构需要根据审计方案的要求，确定审计的时间表，包括审计开始和结束时间、审计期间等。同时，需要考虑审计工作的实际情况，避免时间表过于紧张或拖延过长，影响审计效果和成果。

（4）确定审计预算。审计机构需要根据审计方案和审计时间表，确定审计的预算。审计预算是审计工作的经费支出，需要考虑人员、设备、材料、差旅等方面的支出，确保审计工作的顺利进行。

在财政审计的规划阶段，审计机构还需要考虑审计过程中可能出现的问题和风险，并提前制定相应的解决方案，确保审计工作的高效和有效性。同时，审计机构需要与被审计单位进行充分的沟通和协商，确保审计工作的顺利开展。

2. 准备阶段

在财政审计的准备阶段，审计团队需要通过获取被审计单位的财务报表、内部控制文件和政策文件等相关资料和信息，对审计工作进行充分的准备和规划，确保审计工作的高效性和准确性。

准备阶段主要包括以下内容。

（1）了解被审计单位情况。审计团队需要了解被审计单位的性质、规模、组织结构、业务范围、财务状况等基本情况，对审计的对象和重点进行明确和确定。

（2）获取相关文件。审计团队需要获取被审计单位的财务报表、内部控制文件、政策文件等相关资料，对审计对象的财务状况和内部控制制度进行分析和评估，了解其经营状况和风险情况。

（3）设计审计方案。审计团队需要根据被审计单位的情况和审计目标，设计审计方案，明确审计的范围、方法和步骤等，确保审计工作的有效性和准确性。

（4）确定审计时间表。审计团队需要根据被审计单位的经营状况和财务报表的时间，确定审计时间表，确保审计工作的及时性和有效性。

（5）预算审计成本。审计团队需要预估审计成本，并根据审计任务和财务预算等制定审计预算，确保审计工作的经济性和效益性。

在准备阶段，审计团队需要对审计工作的目标、内容、范围等进行全面的规划和准备，为后续的审计工作打下坚实的基础。

3. 实施阶段

实施阶段是财政审计过程中最为关键的阶段，主要包括实地检查、采集数据、开展分析和评估等活动。具体而言，该阶段的主要步骤如下。

（1）实地检查。审计人员需要到被审计单位的实际场所进行检查，了解其运营情况和管理水平。这个过程中，审计人员需要与单位的相关人员沟通交流，了解其内部控制情况和存在的问题。

（2）采集数据。审计人员需要收集被审计单位的各种数据资料，包括财务报表、合同、凭证、发票等，这些资料将作为审计的依据和证据。

（3）分析和评估。审计人员根据采集到的数据资料，开展各种分析和评估活动，包括财务数据的比较分析、内部控制的评估、风险识别等，以确认是否存在违规行为或其他问题。

（4）初步发现和确认。在实施阶段，审计人员将初步发现各种问题，并进行初步确认。包括违规行为、财务数据错误、内部控制不完善等，这些问题将在后续阶段得到进一步调查和确认。

实施阶段是财政审计过程中最为重要的阶段，需要审计人员进行充分的调查和分析，以保证审计结论的准确性和可靠性。

4. 报告阶段

在财政审计的报告阶段，审计机构会对实施阶段发现的问题和意见进行总结和整理，编写审计报告，对发现的问题和意见进行详细说明和分析，并提出改进建议和意见及向被审计单位和其他相关方面进行报告和解释。

报告阶段的主要工作包括以下几个方面。

（1）报告撰写。根据实施阶段的审计结果和数据，编写审计报告。审计报告应当准确、客观、具体，对审计结果进行详细的说明和分析，对发现的问题和意见进行全面的阐述，同时，需要提出改进建议和意见。

（2）报告审核。审计机构需要对编写的审计报告进行内部审核和审定，确保报告的准确性和严谨性。同时，需要对报告中提出的建议和意见进行充分的论证和分析，确保其合理性和可行性。

（3）报告通报。完成报告编写和审核后，审计机构需要向被审计单位进行通报，并提供报告副本供被审计单位保存和参考。同时，需要将审计报告提交给审计委员会、政府相关部门和其他有关方面进行查阅和审查。

（4）报告跟踪。审计机构需要对报告中提出的问题和意见进行跟踪，了解被审计单位的改进情况和进展，并对改进情况进行评估和反馈。

报告阶段是财政审计的后期阶段，也是最重要的阶段。通过报告的撰写和发布，能够为政府和被审计单位提供重要的参考和建议，促进财政管理的透明度和规范化。同时，能够促进政府采纳改进意见，提高财政资金的使用效率和效益。

5. 跟踪阶段

跟踪阶段是财政审计的最后一个阶段，其主要目的是确保审计结论得到贯彻执行，推动被审计单位采取有效的改进措施，提高财务管理水平和效率。在跟踪阶段，审计人员将跟踪被审计单位采取的改进措施和措施的执行情况，对改进措施的有效性和实施情况进行监督和检查，以确保问题得到有效解决，不再出现同类问题。

跟踪阶段通常包括以下步骤。

（1）跟踪改进计划的执行情况。审计人员将跟踪被审计单位采取的改进计划，包括改进计划的具体措施和时间表等。审计人员将定期与被审计单位进行沟通，了解改进计划的执行情况和进度，并及时提供支持和建议。

（2）检查改进措施的有效性。审计人员将检查被审计单位采取的改进措施的有效性和实施情况。如果发现改进措施存在问题或者未能达到预期效果，审计人员将提出进一步改进的建议和意见，并监督改进措施的再次实施。

（3）检查财务管理制度和流程的完善情况。审计人员将检查被审计单位的财务管理制度和流程是否得到完善，是否存在新的风险和问题。如果发现问题，审计人员将提出改进建议和意见，并监督被审计单位采取相应的改进措施。

（4）提供支持和培训。审计人员将向被审计单位提供支持和培训，帮助被审计单位提高财务管理水平和效率。审计人员将根据被审计单位的需要，提供相应的技术和管理方面的支持，帮助被审计单位更好地实施财务管理制度和流程。

跟踪阶段是财政审计的重要组成部分，可以确保审计结论得到贯彻执行，同时，可以推动被审计单位采取有效的改进措施，提高财务管理水平和效率。

财政审计是为了保证审计工作的全面、客观、公正和科学，提供客观的审计意见和建议，促进被审计单位的管理和治理水平的提升。

（四）财政审计的主要内容

财政审计是对财政资金的管理和使用情况进行审查和评估的过程。其主要目的是评估财政支出的合法性、合规性和经济效益，确保公共资源的合理利用和收益最大化。财政审计的主要内容包括对被审计单位的财务报表、内部控制、合规性和绩效等方面的审查和评估。

财政审计的主要内容可以归纳为以下几个方面。

（1）财务报表审计。审计人员对被审计单位的财务报表进行审核，以确定其真实性、准确性和合法性。包括审计现金、应收账款、应付账款、固定资产、长期负债、税收等项目。

（2）内部控制审计。审计人员对被审计单位的内部控制体系进行审计，以确定其是否有效、合理和完整。包括审计组织结构、管理制度、内部控制流程、财务报表制度、信息技术系统等项目。

（3）经济效益审计。审计人员对被审计单位的经济效益进行审计，以确定其是否达到预期目标、是否存在浪费、滥用或不当使用公共资源的行为。包括审计政策效果、项目效益、投资回报率、成本效益等项目。

（4）合规性审计。审计人员对被审计单位的行为进行审计，以确定其是否符合法律法规和政策要求。包括审计合同执行、采购招标、资金管理、财政资助等项目。

（5）风险管理审计。审计人员对被审计单位的风险管理情况进行审计，以确定其是否存在潜在的风险和问题，是否采取了有效的措施来防范和控制风险。包括审计风险识别、评估和应对措施等项目。

财政审计的主要内容是多方面的，需要从财务、内部控制、经济效益、合规性和风险管理等多个角度来进行审计。可以全面地评估被审计单位的财务状况和管理水平，为政府部门提供决策和改进的依据和建议。

二、风险管理的基本概念

风险管理是指通过识别、评估、应对和监控风险，以确保单位能够达成其目标并维护其财务健康和可持续性。风险管理的基本概念包括以下几个方面。

（一）风险识别

风险识别在行政事业单位的新政府会计制度下是一项重要的活动，它帮助单位确定可能对财务运作和目标实现产生负面影响的事件或情况。风险识别的目的是提前预知潜在的风险，以便采取适当的措施来应对和管理这些风险。

在进行风险识别时，行政事业单位应综合考虑内外部环境的因素。首先，内部环境包括单位的财务状况、运营模式、组织结构、人员素质等因素。行政事业单位需要审查财务报表、资产负债表和收入费用表等财务数据，了解自身的财务健康状况，识别可能的财务风险，如资金短缺、债务问题等。此外，行政事业单位还需审查内部控制体系，确定潜在的运营风险，如资源浪费、成本超支等。

其次，外部环境包括宏观经济状况、市场竞争、法律法规、政策变化等因素。单位需要关注宏观经济走势，如通货膨胀、汇率波动等对财务状况的影响。市场竞争也是一个重要的风险因素，单位需了解竞争对手的动向和市场趋势，以应对市场风险。此外，法律法规和政策的变化也可能对单位的财务运作产生影响，单位需要密切关注相关法规和政策，及时调整自身的运作策略。

在风险识别过程中，行政事业单位可以采用多种方法和工具。例如，可以进行SWOT分析评估单位的优势、劣势、机会和威胁，识别可能的风险来源。此外，还可以进行趋势分析，观察历史数据和趋势，预测未来可能出现的风险。行政事业单位还可以组织内部讨论和专家咨询，借鉴其他单位的经验和教训，拥有丰富的风险识别的视角和思路。

通过综合分析内外部环境，行政事业单位可以全面了解可能的风险来源，并及时采取相应的措施进行风险管理。风险识别是风险管理的基础，它为单位制定合理的风险管理策略和应对措施提供了依据。

（二）风险评估

风险评估是风险管理过程中的重要环节，旨在对已识别的风险进行全面的评估和分析。通过风险评估，行政事业单位可以了解风险的潜在影响程度和可能性，进而确定哪些风险对自身的财务健康和目标实现具有较高的风险水平。风险评估通常包括定性评估和定量评估两个方面。

1. 定性评估

定性评估是对风险进行主观分析和评估，主要关注风险的性质、影响因素和可能性等方面。在定性评估中，可以使用专家判断、经验分析和风险评估工具等方法，对风险进行描述和分类，并对其可能带来的影响进行估计。通过定性评估，可以初步确定哪些风险对单位的财务运作和目标实现具有较大的潜在影响。

2. 定量评估

定量评估是对风险进行量化分析和评估，主要关注风险的概率和影响程度。在定量评估中，可以利用统计数据、模型分析和仿真模拟等方法，对风险进行量化处理，以便更准确地评估风险的潜在影响。通过定量评估，可以确定风险的发生概率、损失程度和风险指标等，为制定应对措施提供定量依据。

风险评估是对已识别的风险进行定性和定量评估，以确定其潜在影响的严重程度和可能性。通过风险评估，行政事业单位可以确定哪些风险对其财务健康和目标实现具有较高的风险水平，从而为制定应对措施提供依据。

（三）风险应对

风险应对是采取相应措施来管理和减轻已识别的风险。行政事业单位可以通过确定风险管理策略和计划，明确风险的责任分配和应对措施，以最大程度地降低风险对财务和目标的负面影响。在进行风险应对时，行政事业单位可以考虑以下几个方面。

风险控制措施。针对已识别的风险，制定相应的控制措施，以降低风险发生的概率和严重程度。这可能涉及加强内部控制、改进业务流程、制定政策和规范等。例如，对于财务风险，可以加强预算控制、审计制度和财务报告的准确性和透明度，以确保财务管理的稳健性和合规性。

风险转移和分担。对于某些风险，行政事业单位可以考虑转移给第三方或通过保险等方式进行分担。例如，购买适当的保险可以在风险事件发生时提供经济补偿，降低单位的财务风险。

应急预案和灾备计划。制订应急预案和灾备计划，以应对突发风险事件的发生。包括确定灾难恢复计划、业务连续性计划和紧急响应机制等，以确保单位在风险事件发生时能够迅速应对和恢复正常运作。

绩效监测和反馈。建立绩效监测机制，定期跟踪风险应对措施的执行效果，并进行必要的调整和改进。通过绩效监测和反馈，可以及时发现应对风险的不足之处，以及新的风险问题，从而加强风险管理的有效性和适应性。

培训和意识提升。加强员工培训和意识提升，提高对风险管理的认识和理解。通过培训和沟通，使员工具备识别、评估和应对风险的能力，形成全员参与风险管理的良好氛围。

风险应对是行政事业单位风险管理的重要环节。通过确定风险管理策略和计划，明确风险的责任分配和应对措施，行政事业单位可以更好地管理和减轻已识别的风险。

（四）风险监控

风险监控是风险管理过程中的关键环节，它涉及对已采取的风险应对进行跟踪和评估，以确保其有效性和及时性。从以下几个方面展开论述。

首先，确定监控指标和频率。行政事业单位应明确监控风险的关键指标和监控频率。监控指标可以是关键绩效指标、预算执行情况、财务健康指标等与风险相关的指标。监控频率可以每月、每季度或每年进行一次，具体根据风险的性质和重要程度而定。

其次，收集和分析数据。单位需要收集和分析与风险相关的数据，以获取准确的监控信息。数据来源包括财务报表、业绩报告、市场数据等。通过对数据的分析，单位可以了解风险的发展趋势、异常情况和潜在风险点，及时进行干预和调整。

再次，进行风险评估。通过对已采取的风险应对措施进行评估，单位可以判断其有效性和及时性。评估方法包括定性评估和定量评估，通过与预期结果进行对比，确定风险控制措施是否达到预期效果。如果发现效果不佳，单位需要及时调整和改进，以确保风险的有效控制。

然后，建立监控报告和反馈机制。单位应建立监控报告和反馈机制，将监控结果及时向相关部门和管理层汇报。监控报告应包括风险的状态、变化趋势、监控指标的达成情况等信息，以便管理层作出决策和调整。同时，单位应设立反馈机制，使各级管理人员和员工能够提供意见和建议，共同参与风险管理的改进。

最后，进行风险应对调整。根据监控结果，单位需要及时调整和改进风险应对措施。如果监控发现新的风险或现有风险的情况发生变化，单位应根据情况制定相应的调整方案。这可能涉及到资源重新配置、流程改进、培训和教育等方面的措施，以确保对风险的有效应对。

风险监控是保证风险管理有效性的重要环节。行政事业单位应建立健全风险监控机制，以确保对风险的有效控制。

通过有效的风险管理，行政事业单位可以降低财务风险、提高决策的正确性、保护单位的财务健康和可持续性。风险管理应成为行政事业单位财务管理的重要组成部分，贯穿于预算编制、资金管理、绩效评估等各个环节。

三、财政审计与风险管理的关系

在行政事业单位新政府会计背景下，财政审计和风险管理密切相关，二者相互促进和支持。以下是财政审计和风险管理之间的关系。

（一）信息共享与获取

财政审计和风险管理都需要获取相关的信息和数据来进行评估和分析。财政审计通过审计程序和方法获取单位的财务信息和运作情况，而风险管理则需要收集内外部环境的信息来识别和评估风险。两者结合，可以形成更全面、准确的信息基础。

首先，财政审计的信息获取。财政审计是通过审计程序和方法获取行政事业单位的财务信息和运作情况。审计师会检查财务报表、凭证、账簿和相关文件，以了解单位的财务状况、财务活动和内部控制情况。此外，审计师还会与单位的工作人员进行沟通和交流，获取更多的信息和解释。

其次，风险管理的信息获取。风险管理需要收集内外部环境的信息来识别和评估风险。内部环境信息包括单位的组织结构、管理制度、内部控制措施等；外部环境信息包括市场状况、法律法规变化、竞争对手情况等。这些信息可以通过市场调研、行业分析、政策研究、风险评估工具等途径获得。

再次，信息共享和补充。财政审计和风险管理可以相互补充信息，提高信息的全面性和准确性。财政审计过程中发现的财务问题、内部控制缺陷等可以作为风险管理的参考，帮助识别潜在的风险因素。反过来，风险管理的信息和评估结果也可以为财政审计提供更全面的背景和理解，帮助审计师更准确地评估风险对单位财务状况的影响。

最后，数据分析和技术支持。财政审计和风险管理都可以借助先进的数据分析技术和工具来处理大量的信息和数据。数据分析可以帮助审计师和风险管理人员更好地发现异常情况、趋势和潜在的风险因素。例如，利用大数据分析、数据挖掘和人工智能等技术，可以从庞大的数据集中洞察和提取有用的信息，加强对财务风险和潜在风险的识别和评估。

通过财政审计和风险管理信息的获取和共享，行政事业单位可以建立更全面、准确的信息基础，为决策提供更可靠的依据。

（二）风险识别与评估

财政审计可以通过对财务报表和内部控制的审计，揭示单位存在的潜在风险。审计结果可以作为风险管理的参考，帮助单位更准确地识别和评估风险。反过来，风险管理的风险识别和评估结果也可以为财政审计提供重要的依据和参考。

首先，财政审计对财务报表的审计可以揭示单位在财务方面存在的潜在风险。审计人员通过审核财务报表的准确性、完整性和合规性，可以发现财务管理中存在的漏洞、错误和潜在的欺诈行为。这些审计发现可以为单位的风险管理提供重要的线索和参考，帮助单位识别和评估财务风险，并采取相应的风险应对措施。

其次，财政审计还对单位的内部控制制度进行审计，以评估其有效性和完整性。内部控制是风险管理的重要组成部分，它通过规范和监督财务活动，帮助单位预防和减轻潜在的财务风险。财政审计人员在审计过程中，将关注内部控制制度的设计和实施情况，检查其是否能够有效地识别和管理财务风险。审计发现的内部控制缺陷和弱点可以成为单位加强风险管理的改进方向，促使其加强内部控制制度的建设和完善。

最后，风险管理的风险识别和评估结果也可以为财政审计提供重要的依据和参考。风险管理通过对内外部环境的分析和评估，识别可能的风险来源，并确定其潜在影响的严重程度和可能性。风险识别和评估结果可以为财政审计提供重要的参考，帮助审计人员确定审计的重点和方向，更加全面地审查单位可能存在的财务风险和问题。

财政审计和风险管理之间存在着相互依赖和互补的关系。这种密切的合作将有助于提高单位财务风险管理的有效性和可持续性，确保财政资源的合理使用和单位目标的实现。

（三）控制与改进措施

首先，财政审计可以通过对财务运作和内部控制的审计，揭示单位存在的问题和不足之处。审计报告中的审计意见和建议可以为单位提供改进和控制风险的方向和措施。审计的结果和建议可以作为风险管理的参考，帮助单位识别和评估风险，并制定相应的风险应对措施。例如，审计可能发现财务管理中存在的漏洞和风险点，如财务操作不规范、内部控制弱化等，这些问题可以成为风险管理的重点关注和改进对象。

其次，风险管理通过识别和评估风险，提出相应的风险应对措施，帮助单位建立健全的内部控制体系，加强风险控制和改进措施的落实。风险管理可以从更全面的角度审视单位面临的各种风险，包括财务风险、市场风险、法律风险等。通过风险管理的实施，单位可以建立相应的风险管理策略和计划，明确风险的责任分配和应对措施，以最大程度地降低风险对单位财务和目标的负面影响。

财政审计和风险管理在实践中可以形成良性互动。财政审计揭示的问题和不足可以为风险管理提供具体的案例和实证，有助于更好地识别和评估风险。同时，风险管理的方法和工具也可以为财政审计提供更全面的审计依据和方法论，提高审计的深度和广度。通过共同努力，财政审计和风险管理可以促进单位建立健全的内部控制体系，加强风险控制和改进措施的落实，确保财政资源的有效使用和单位目标的实现。

（四）监督与追责

财政审计在行政事业单位新政府会计背景下发挥着重要的监督和追责作用，对单位的财务状况和运作情况进行独立评价，旨在确保单位财务的真实性、合规性和有效性。审计结果可以为风险管理提供监督和评估的依据，强化对风险管理的执行和落实情况的监督，确保风险管理的有效性和可持续性。

首先，财政审计通过对财务报表和内部控制的审计，揭示可能存在的财务风险和违规行为。审计人员会对财务数据的准确性、完整性和合规性进行验证，检查内部控制的有效性和执行情况。审计发现的财务违规行为，如财务造假、资金挪用、违规支出等，将被记录在审计报告中，形成独立的审计意见。这些审计结果提供了对单位财务责任和违规行为进行监督和追责的基础，确保单位在财务运作中遵守法律法规和规章制度，保障财政资源的安全和有效使用。

其次，审计结果可以为风险管理提供监督和评估的依据。风险管理是对单位可能面临的各种风险进行识别、评估和应对的过程，旨在降低风险对单位财务和目标的负面影响。财政审计揭示的问题和不足可以为风险管理提供具体的案例和实证，加强对风险管理的执行和落实情况的监督。审计报告中的审计意见和建议可以作为单位改进风险管理的参考，帮助单位识别和评估风险，并制定相应的风险应对措施。

财政审计和风险管理的密切关系还体现在对单位的监督和控制机制的强化上。财政审计通过对单位财务状况和运作情况的评价，加强了对单位的监督和追责。而风险管理则通过识别和评估风险，提出相应的风险应对措施，加强对单位内部控制的建设和执行。财政审计和风险管理共同推动单位建立健全的内部控制体系，加强风险控制和改进措施的落实。

财政审计作为对单位财务状况和运作情况的独立评价，对单位的财务责任和违规行为进行监督和追责。审计结果可以为风险管理提供监督和评估的依据，强化对风险管理的执行和落实情况的监督，确保风险管理的有效性和可持续性。

财政审计和风险管理在行政事业单位新政府会计背景下是相互关联和互为支持的。财政审计可以为风险管理提供信息和评估的基础，同时风险管理也可以为财政审计提供风险识别和改进措施的参考。两者共同助力单位建立健全的风险管理体系，确保财务稳健和目标实现。

四、探索风险管理的新模式和新路径，提高财政管理水平

随着全球经济的不断发展和变化，各种风险愈发复杂和多元化，传统的风险管理模式和方法已经无法满足当前的需求。特别是在财政管理领域，风险管理显得尤为重要，因为财政活动涉及各种利益相关方，一旦发生风险，可能给政府部门、企业和公众带来严重影响。因此，探索风险管理的新模式和新路径，提高财政管理水平显得尤为紧迫和必要。

探索风险管理的新模式和新路径，提高财政管理水平，需要采取多种方法和措施，以下是一些方法和措施。

（一）强化信息技术应用

信息技术是风险管理的重要工具，可以通过数据分析和挖掘、智能监控和预警等方式，帮助识别和管理风险。因此，财政部门可以加强信息技术建设和应用，建立信息化风险管理体系。

随着信息技术的发展，越来越多的财政部门开始意识到信息技术在风险管理中的重要性。信息技术可以帮助财政部门对数据进行快速、准确的分析和挖掘，提高风险识别的准确性和效率。同时，信息技术还可以通过智能监控和预警等方式，实现对风险的实时监测和预警，及时采取措施防范和应对风险。

财政部门可以通过建立信息化风险管理体系，将信息技术与风险管理相结合，实现风险管理工作的全面、高效、精准。建立信息化风险管理体系需要解决的关键问题包括：

首先，需要建立风险管理信息系统。风险管理信息系统应具备数据采集、分析、处理、存储、展示等功能，能够实现对财政部门内部控制和财务状况的全面监控和管理。

其次，需要建立风险分类和评估标准。财政部门需要根据不同的业务领域和风险类型，建立相应的风险分类和评估标准，对不同类型的风险进行分类和评估，并采取相应的防范和应对措施。

再次，需要建立风险监控和预警机制。财政部门需要通过信息技术手段，实现对风险的实时监控和预警，及时采取防范措施和应对风险。风险监控和预警机制应具备快速响应、准确预警、有效应对等功能。

最后，需要建立风险管理的组织架构和流程。财政部门需要明确风险管理的责任和权力，建立相应的组织架构和流程，确保风险管理工作的有序进行。

信息技术在风险管理中的应用，可以提高风险识别和管理的准确性和效率，帮助财政部门更好地管理和控制风险。财政部门应加强信息技术建设和应用，建立信息化风险管理体系，实现对风险的全面、高效、精准管理。

（二）推动风险管理与绩效管理相结合

风险管理和绩效管理是相辅相成的，通过将两者相结合，可以更好地实现财政目标。财政部门可以将风险管理纳入绩效管理体系中，并通过指标体系、绩效评估等手段，实现风险管理和绩效管理的有机结合。

风险管理和绩效管理的目标都是为了保障财政部门的稳健运行和实现既定的目标。风险管理关注的是如何识别、评估、控制和应对各种风险，从而避免或减轻财政损失，保障财政安全；绩效管理则强调对财政活动的评价和改进，以完成财政部门的目标和使命。

将风险管理纳入绩效管理体系中，可以有效地提高财政部门的绩效管理水平，从而更好地实现财政目标。具体来说，可以采取以下措施。

1. 建立风险管理与绩效管理的指标体系

将风险管理的指标与绩效管理的指标相结合，建立科学的绩效评价指标体系，对财政部门的各项业务活动进行全面、系统的绩效评估。这有助于加强对风险管理与绩效管理的衔接，确保风险管理的措施和绩效管理的目标相互支持和促进。

2. 将风险评估纳入绩效评估的范畴

在绩效评估中增加风险评估的内容，评估财政部门在风险管理方面的绩效，为风险管理提供有效的参考数据和信息。同时，将风险评估的结果纳入绩效评估结果的考核范畴，强化对风险管理的重视程度。

3. 加强风险管理和绩效管理的协同

通过制定相应的工作流程和规定，加强风险管理和绩效管理的协同，使风险管理与绩效管理相互配合、相互促进，共同实现财政部门的目标。

将风险管理纳入绩效管理体系中，可以更好地实现财政目标，提高财政部门的管理水平和服务水平，为保障财政安全和促进经济发展作出更大的贡献。

（三）建立多元化的风险管理机制

风险管理不是一项单一的任务，而是一项系统工程，需要建立多种风险管理机制，如风险防范机制、风险监测机制、风险评估机制、风险应对机制等，通过这些机制的有机结合，实现风险管理的全面覆盖，需要建立多种风险管理机制，以应对不同类型和不同来源的风险。以下是常见的几种风险管理机制。

1. 风险防范机制

主要包括制定风险规避策略、加强内部控制和管理等措施，以减少风险的发生。比如，加强财务管理，建立审批制度，严格执行预算制度等。

2. 风险监测机制

行政事业单位在执行新政府会计制度时，应建立风险监控机制，包括监测市场变化、监控业务流程和监测内部员工行为等。这样可以及时发现风险，以便及时进行干预和处理，保障单位的财务安全和目标的实现。

3. 风险评估机制

对可能出现的风险进行评估，确定风险的概率、影响和优先级，以便采取相应的措施。比如，建立风险评估模型，对各类风险进行评估，并根据评估结果制订相应的风险管理计划。

4. 风险应对机制

针对不同类型的风险，制定相应的应对策略，做到最小化风险。比如，建立应急预案，及时进行应对和处理，降低损失的程度。

通过以上多种风险管理机制的有机结合，可以实现对风险的全面覆盖和有效管理，提高财政部门的风险管理能力和水平。同时，风险管理也需要不断地与实际情况相结合，不断完善和优化，以适应不断变化的风险环境。

（四）加强风险管理的人才队伍建设

风险管理是一个高度专业化的领域，需要具备专业知识和技能的人才来支持。在财政部门中，建立专业化风险管理人才队伍对于实现风险管理的目标至关重要。

首先，建立专业化风险管理人才队伍，可以提高财政部门的风险管理水平。风险管理涉及多个领域的知识和技能，如财务、审计、统计、经济学等，专业化的风险管理人才可以根据具体情况进行分析和判断，并采取相应的风险管理策略，从而提高风险管理的水平。

其次，加强对风险管理人才的培养和引进可以为财政部门注入新的思想和技能，促进风险管理的创新和发展。随着经济和社会环境的不断变化，风险管理也需要不断地适应新的情况和挑战，有专业化风险管理人才支持可以为财政部门带来新的思路和方法。

最后，建立专业化风险管理人才队伍可以提高财政部门的竞争力和影响力。在现代社会中，风险管理已经成为企业和组织管理的重要内容，具有较大的竞争力和影响力。财政部门作为国家财政管理的核心部门，需要具备先进的风险管理技能和能力，才能更好地实现其职责和目标。

因此，财政部门应该加强对风险管理人才的培养和引进，建立专业化风险管理人才队伍，提高财政部门的风险管理水平和竞争力，从而更好地实现其职责和目标。

（五）加强风险管理的宣传教育

风险管理需要全员参与，这是因为任何一名员工的行为都可能对组织的风险产生影响。因此，财政部门应该加强对风险管理的宣传教育，提高全员的风险意识和风险管理能力，形成全员风险管理的良好氛围。

首先，财政部门应该加强对风险管理的宣传教育，让全体员工了解风险管理的重要性、方法和技能，提高员工的风险管理意识。可以通过开展风险管理培训、组织员工参加风险管理知识竞赛等方式实现。同时，财政部门可以通过内部刊物、宣传栏、公告板等途径，将风险管理的知识和实践案例传达给全员，增强员工的风险管理意识。

其次，财政部门应该提高全员的风险管理能力，让员工能够识别、评估和应对风险。这可以通过开展风险管理培训、组织风险评估活动、建立风险管理工具和模板等方式实现。财政部门还可以利用内部专家和外部专业机构，向员工提供风险管理的专业支持和咨询服务，帮助员工更好地理解和应对风险。

最后，财政部门应该营造全员风险管理的良好氛围，让员工在日常工作中养成风险管理的好习惯。财政部门可以通过表彰风险管理先进个人或团队、开展风险管理知识竞赛等方式，营造良好的风险管理氛围，提高员工的风险管理能力和工作质量。

风险管理需要全员参与，财政部门应该加强对风险管理的宣传教育，提高全员的风险意识和风险管理能力，形成全员风险管理的良好氛围，从而更好地保障财政部门的安全和稳定运行。

通过以上措施的实施，可以探索出更加适合财政管理的风险管理新模式和新路径，提高财政管理水平，确保财政安全和稳定。

五、财政审计中的风险评估和控制

财政审计是对政府财政收支情况、财产状况、经济责任和管理情况等的审核和检查，以保障政府的财务管理合法、规范和有效。在财政审计中，风险评估和控制是非常重要的步骤，它们可以帮助审计机构评估潜在的风险，确定应对措施，避免或减少财政损失和其他不利影响。

（一）风险评估

风险评估是财政审计的重要组成部分，它主要是对政府单位的财务状况和财政管理活动中可能出现的风险进行评估，以确定财政审计的重点和方向。风险评估的主要内容包括以下几个方面。

1. 对政府单位财务状况和财政管理活动的调查和了解，以识别潜在风险

政府单位的财务状况和财政管理活动是社会经济发展的重要组成部分，对于政府的决策制定和社会稳定都具有至关重要的影响。因此，对政府单位财务状况和财政管理活动的调查和了解是非常必要的，以识别潜在的风险，保障政府的财务安全和稳定。

首先，政府单位的财务状况和财政管理活动与社会经济的发展息息相关。政府的财政状况影响着国家的经济和社会的发展，如果政府的财务状况不良，就可能导致国家经济发展缓慢，使社会稳定受到影响。因此，了解政府财务状况，能够帮助政府及时调整财政政策，合理分配财政资源，促进经济发展和社会稳定。

其次，对政府单位财务状况和财政管理活动的调查和了解可以发现潜在风险，及时加以应对。政府单位的财务状况和财政管理活动存在一些潜在风险，如资金滞留、虚假账目、不当使用财政资金等。及时发现这些风险，采取措施加以应对，有助于减少风险对政府财务安全和稳定的影响。

最后，政府单位的财务状况和财政管理活动的透明度是政府公信力的体现。政府单位的财务状况和财政管理活动的透明度，可以反映政府的公信力和治理水平。如果政府单位的财务状况和财政管理活动透明度低，容易引起社会的质疑和不信任，影响政府的声誉和形象。

对政府单位财务状况和财政管理活动的调查和了解是非常必要的，它可以帮助政府及时发现潜在的风险，加以应对，保障政府财务安全和稳定；同时，它也能够反映政府的公信力和治理水平，提升政府的形象和声誉。

2. 对潜在风险的可能性、影响程度和紧急程度进行评估

对潜在风险进行评估，通常需要考虑三个方面：可能性、影响程度和紧急程度。下面分别进行论述。

（1）可能性评估。可能性评估是对潜在风险事件发生概率的评估。在评估可能性时，需要考虑相关因素，例如，过去类似事件的发生频率、潜在风险事件的类型、组织内部的控制措施及外部环境等。可能性评估可以根据风险事件的概率分为高、中、低等级，以便制定相应的应对措施。

（2）影响程度评估。影响程度评估是对潜在风险事件发生后可能对组织或者社会造成的影响程度进行评估。可以分为财务、法律、声誉、安全等方面的影响。在评估影响程度时，需要考虑风险事件发生后可能对组织或者社会带来的潜在损失、影响范围及持续时间等因素。

（3）紧急程度评估。紧急程度评估是对潜在风险事件需要采取行动的紧急程度进

行评估。在评估紧急程度时，需要考虑时间的紧迫程度、事件的紧急性及应对措施的实施难度等因素。评估紧急程度可以帮助组织在面对多个风险事件时，根据紧急程度确定优先级，以便及时采取应对措施。

对潜在风险进行评估需要综合考虑可能性、影响程度和紧急程度等因素。评估结果可以帮助组织制定相应的应对措施，从而对组织或者社会产生最小的影响。同时，风险评估是一个动态的过程，组织需要定期进行风险评估，并不断调整和完善相关措施，以适应不断变化的外部和内部环境。

3. 根据评估结果确定财政审计的重点和方向，制订相应的审计计划和方法

在确定财政审计的重点和方向时，需要根据风险评估的结果，结合组织的财务管理情况和实际需求，制订相应的审计计划和方法。下面将从两个方面进行论述。

（1）确定审计重点和方向。根据风险评估的结果，审计重点和方向主要包括以下几个方面：第一，风险评估结果显示的高风险领域和重点项目；第二，组织财务管理和财政管理活动中存在的风险点和漏洞；第三，监管机构和利益相关方关注的重点领域和项目；第四，组织内部管理需要强化的重点领域和项目。审计重点和方向的确定需要与组织管理层进行充分沟通和协商，以确保审计工作的有效性和可行性。

（2）制订审计计划和方法。在确定审计重点和方向后，需要制订相应的审计计划和方法，包括以下几个方面：第一，审计目标和范围。明确审计目标和范围，以确保审计工作的全面性和深度。第二，审计程序和方法。根据审计目标和范围，制订相应的审计程序和方法，以确保审计工作的可行性和有效性。第三，审计时间和资源。确定审计工作的时间和资源，并合理分配和利用审计资源，以确保审计工作的高效性和质量。第四，审计报告和跟踪。制定相应的审计报告和跟踪机制，及时向组织管理层和利益相关方反馈审计结果和建议，以推动组织财务管理和财政管理活动的不断完善。

根据评估结果确定财政审计的重点和方向，制订相应的审计计划和方法是保证审计工作有效性和可行性的关键。审计工作需要结合实际情况，充分沟通和协商，并不断完善和调整，以确保达到审计目标和效果。

（二）风险控制

风险控制是指对可能出现的财政风险采取预防和控制措施，以减少风险对政府单位的不利影响。风险控制包括以下几个方面。

1. 内部控制制度的建立和完善

内部控制是指政府单位为达到财务管理目标所制定的一系列制度、规定和程序。建立和完善内部控制制度是政府单位财务管理的重要保障，下面从三个方面进行论述。

（1）建立内部控制制度的必要性。建立内部控制制度可以帮助政府单位实现以下目标：第一，确保财务信息的准确性、完整性、及时性和可靠性，以支持决策和管理。第二，防止财务风险和损失的发生，保护政府单位的财产安全。第三，提高工作效率和质量，减少人力和物力浪费，降低管理成本。第四，符合法律法规和制度要求，提升政

府单位的形象和信誉度。

（2）建立内部控制制度的内容和步骤。建立内部控制制度需要遵循以下步骤：第一，确定内部控制目标。明确财务管理目标和需求，根据风险评估和控制要求确定内部控制目标。第二，制定内部控制制度。根据内部控制目标和制度要求，制定相应的制度、规定和程序，包括财务管理制度、人事管理制度、信息管理制度等。第三，实施内部控制制度。组织实施内部控制制度，包括制度宣传、培训和监督等。第四，审核内部控制制度。定期进行内部控制制度的审核和评估，发现问题及时改进和完善。

（3）完善内部控制制度的方法和技巧。为了进一步提高内部控制制度的有效性和可行性，可以采取以下方法和技巧：第一，突出重点，优化内部控制制度。根据风险评估的结果和实际情况，优化内部控制制度，重点关注高风险领域和重点项目。第二，做到科学、系统、全面。内部控制制度需要科学、系统、全面地设计和实施，确保各项制度、规定和程序的有机衔接和协调一致。第三，不断完善和调整。随着政府单位的发展和变化，内部控制制度需要不断完善和调整，以适应新的财务管理要求和制度规定。需要建立健全的内部控制管理机制，加强内部控制制度的监督和评估，及时发现和弥补制度缺陷和漏洞。第四，做好内部控制制度宣传和培训。内部控制制度的有效实施需要全员参与，需要对相关人员进行内部控制制度的宣传和培训，提高工作人员的意识和能力。第五，加强内部控制制度的监督和评估。对内部控制制度的执行情况进行监督和评估，及时发现和解决问题，防范内部控制风险和漏洞。

建立和完善内部控制制度是政府单位财务管理的基础和重要保障。政府单位应根据实际情况，有针对性地建立和完善内部控制制度，加强内部控制制度的宣传和培训，加强内部控制制度的监督和评估，不断提升内部控制制度的有效性和可行性，确保财务信息的准确性、完整性、及时性和可靠性，保障政府单位的财产安全，提高政府单位的管理效率和质量。

2. 建立风险管理机制

政府单位作为公共财政管理的主体，其财务管理涉及的面广、责任重，面临多种风险。因此，政府单位应该建立风险管理机制，对其财务风险进行监测和分析，制定相应的应对措施，以保障财政安全，保护公共利益。

下面是建立风险管理机制的具体步骤。

（1）风险识别。政府单位应该对财务管理活动中的各种风险进行识别。风险识别是风险管理的第一步，只有确定了风险，才能采取相应的措施进行管理。

（2）风险评估。对已识别的风险进行评估，包括风险的可能性、影响程度和紧急程度等方面的评估，以确定其相对重要性和优先级。

（3）风险控制。根据风险评估结果，采取相应的风险控制措施，包括风险避免、转移、降低和承担等，以达到风险控制的目的。

（4）风险监测。对已采取的风险控制措施进行监测，及时发现和解决风险问题，确保风险控制措施的有效性和可行性。

（5）风险应对。对于未能预见和控制的风险，政府单位应该及时采取应对措施，包括危机应对、损失控制和恢复等，实现最小化影响。

在风险管理的过程中，政府单位应该建立完善的风险管理机制，确保风险管理的有效性和可行性。此外，政府单位应该加强风险管理的宣传和培训，提高全员风险意识和能力，建立风险管理文化，促进风险管理的有效实施。

建立风险管理机制是政府单位财务管理的重要组成部分，是保障财政安全、促进财政管理的有效性和可行性的重要手段。政府单位应该在实践中不断总结和完善风险管理经验，提高风险管理水平，以应对日益复杂多变的财务风险挑战。

3. 加强对财政预算执行和项目实施的监督和管理

财政预算执行和项目实施的监督和管理是保障公共财政安全和维护公共利益的关键环节，也是政府财务管理的核心任务。政府单位应该加强对财政预算执行和项目实施的监督和管理，以避免财政资金的浪费和滥用，保障财政资金的安全、有效和合理使用。

以下是加强对财政预算执行和项目实施的监督管理的具体措施：

（1）建立健全财政预算执行和项目实施监督管理制度。政府单位应该根据实际情况，制定财政预算执行和项目实施的监督和管理制度，明确责任和权限，规范工作流程，确保监督管理的有效性和可行性。

（2）加强对财政预算执行情况的监督。政府单位应该对财政预算执行情况进行全面、及时、准确的监测和分析，及时发现问题，采取相应的措施加以纠正。

（3）严格项目准入门槛和资金管理。政府单位应该加强对项目准入门槛的审查和审核，确保项目符合政策要求和投资标准。同时，应该加强对项目资金的监督和管理，严格执行预算管理制度，加强对项目资金的审计监督。

（4）强化对承包商和供应商的管理。政府单位应该建立健全承包商和供应商管理制度，规范招投标流程，严格执行合同管理，确保资金的安全和有效使用。

（5）加强对政府采购和物资管理的监督。政府单位应该加强对政府采购和物资管理的监督，规范采购和物资管理流程，严格执行采购合同，防止采购程序和物资管理出现问题。

（6）完善财务信息公开制度。政府单位应该完善财务信息公开制度，及时公开财政预算执行和项目实施的相关信息，接受社会监督和舆论监督，推动财政透明度的提高。

加强对财政预算执行和项目实施的监督和管理是政府财务管理的关键环节，也是公共财政安全和公共利益的保障。政府单位应该根据实际情况，采取有效的措施和方法，提高监督管理水平，防范财政风险，保障财政资金的安全和有效使用。政府部门应加强内部管理，加强对财政预算执行和项目实施的监督和管理，建立健全财政管理制度，确保财政管理的规范和透明。

此外，政府单位还应加强对财务预算执行和项目实施的监督和管理，加强对政府部门和机构的财务管理，加强对公共资源的管理，推进公共财政管理的改革和创新。只有通过加强财政管理，规范财务预算执行和项目实施的管理，才能保障公共财政安全，维护公共利益，促进经济社会发展。

因此，政府部门和机构应该加强财政管理的监督和管理，建立健全财政管理制度，加强财务管理的规范，确保财政管理的稳健性和可持续性。同时，政府部门和机构应积极推进财政管理的改革和创新，不断提高财政管理的水平和效率，推动公共财政管理的现代化和智能化。

4. 建立健全的内部审计机制

建立健全的内部审计机制，对政府单位的财务状况和财政管理活动进行常态化审计监督是确保政府财政管理规范和透明的重要手段。内部审计是指由专门机构或人员对政府单位的财务状况和财政管理活动进行监督、检查和评估，发现问题并提出改进建议的一种管理方式。内部审计旨在为政府单位提供独立的、客观的、全面的审计服务，帮助政府单位发现财务管理中的漏洞和风险，规范政府财务管理行为，提高财务管理效率和质量，保障公共利益和社会稳定。

建立健全的内部审计机制，需要从以下几个方面展开。

（1）设立内部审计部门和机构，明确审计职责和权限。内部审计部门和机构应该独立于被审计单位的财务管理部门，具有一定的权威性和独立性，能够有效开展内部审计工作。在审计职责和权限方面，应该明确内部审计部门和机构的监督范围、审计对象、审计周期、审计方式和审计结果等内容。

（2）建立内部审计制度和规章制度，明确审计程序和操作规范。内部审计制度和规章制度应该细化审计工作的具体程序和操作规范，确保内部审计工作的严谨性和规范性。审计程序包括审计准备、资料收集、问题发现、审计报告和整改跟踪等环节；操作规范包括审计人员的职责和义务、审计程序的要求和流程、审计工具和技术的使用等方面。

（3）建立内部审计人员的专业化和素质化培训机制，提高审计人员的业务水平和工作能力。内部审计人员应具备一定的财务和审计专业知识，同时还需要具备独立思考、综合分析、判断和决策能力等。针对内部审计人员的素质和能力，政府单位应该加强培训和教育，提高内部审计人员的专业化水平和素质化水平。

（4）加强内部审计结果的应用和监督管理，确保内部审计工作的有效性和成果。内部审计结果应该及时向政府单位的财务管理部门和高层领导汇报，并给出针对问题的改进措施和建议。政府单位应该及时采纳内部审计结果和建议，落实问题整改和改进措施，确保内部审计工作的有效性。同时，政府单位应该建立健全内部审计的监督管理机制，加强对内部审计工作的监督和评估，确保内部审计工作的独立性、客观性和公正性，有效促进政府财务管理的规范化和透明化。

建立健全的内部审计机制是政府财务管理的重要保障，可以有效发现财务管理中的漏洞和风险，规范政府财务管理行为，提高财务管理效率和质量，保障公共利益和社会稳定。政府单位应该注重内部审计工作的建设和发展，加强内部审计机制的完善和改进，不断提升内部审计工作的水平和质量，为政府财务管理提供可靠的保障。

5. 建立信用评价和信用管理制度

政府单位是公共事务的管理者和执行者，财务管理和财务信用状况的好坏直接关系到政府的形象和公信力。为了提高政府单位的财务诚信度和信用等级，建立信用评价和信用管理制度是非常必要的。

首先，政府单位应该建立完善的财务信息公开制度，定期公布财务报表、预算执行情况、债务情况等财务信息，让公众了解政府单位的财务状况和管理情况，提高政府的透明度和公信力。

其次，政府单位应该建立信用评价和信用管理机制，对政府单位的财务信用状况进行评价和管理。这可以通过建立政府单位信用档案和评价指标体系来实现。政府单位信用档案应该包括政府单位的基本情况、财务信息、经济管理和社会责任等方面的内容，评价指标体系应该考虑政府单位的财务状况、管理效率、服务质量等方面的因素，同时考虑到政府单位的不同类型和特点，根据实际情况进行评价和管理。

最后，政府单位应该注重信用管理的日常化，通过建立信用管理工作机制和激励约束机制推动信用管理的实施。信用管理工作机制应该包括财务信用评估、信用档案管理、信用记录管理等方面的内容，激励约束机制应该包括奖惩机制、考核机制等方面的内容。政府单位应该通过加强内部管理，提高工作人员的责任感和使命感，切实做好财务信用管理工作。

建立信用评价和信用管理制度是提高政府单位财务诚信度和信用等级的重要途径。政府单位应该注重信用管理工作的建设和发展，加强内部管理和监督，不断完善信用评价和信用管理机制，切实提高政府单位的财务诚信度和信用等级，为公众提供优质高效的服务和公共产品。

风险评估和控制是财政审计的重要组成部分，它们可以帮助审计机构更加全面、深入地了解政府单位的财务状况和财政管理活动。通过对潜在风险的可能性、影响程度和紧急程度进行评估，审计机构可以确定审计重点和方向，制订相应的审计计划和方法。此外，建立风险管理机制可以对政府单位的重要财务风险进行监测和分析，及时采取应对措施，减少或避免风险的发生。

风险评估和控制的实施可以提高审计效果和质量，同时促进政府单位的财务健康发展。通过加强对财政预算执行和项目实施的监督和管理，避免财政资金的浪费和滥用，可以提高政府单位的经济效益和社会效益。建立健全的内部审计机制，还可以对政府单位的财务状况和财政管理活动进行常态化审计监督，发现和纠正财务问题，提高内部控制的有效性和财务诚信度。此外，建立信用评价和信用管理制度，对政府单位的财务信用状况进行评价和管理，可以提高政府单位的财务诚信度和信用等级，提升其形象和信誉。

在现代社会，财政审计和风险管理是保障政府单位财务安全、促进经济发展的重要手段。通过对政府单位的财务状况和财政管理活动进行评估、监督和控制，可以发现和解决财务风险问题，促进政府单位的经济效益和社会效益的提升。

财政审计和风险管理的实施需要各方共同努力，政府部门需要加强财政管理制度建设，完善内部控制机制，确保财务信息的准确、完整、及时、可靠，以及切实履行财政责任。审计机构需要提高专业能力和素质，加强监督和管理，严格按照法律法规和审计规范开展工作，提高审计质量和效果。同时，社会各界需要关注政府单位的财务状况和财政管理活动，对财政审计和风险管理工作进行监督和支持，促进财政工作的规范、透明和公正。

第三节　财政改革与发展

财政是一个国家的经济生命线，它对于实现经济繁荣和社会稳定起着至关重要的作用。在当前全球化、市场化和信息化的背景下，财政改革与发展已成为各国政府必须面对的重要挑战之一。财政改革旨在优化政府财政收支结构，提高财政管理效率，加强财政监督，促进经济发展和社会进步。同时，财政发展需要不断适应经济、社会和政治变革的需求，通过合理的财政政策、税收制度和财政体制等手段，为经济和社会发展提供强有力的支持和保障。

一、财政改革与发展的现状和问题

当前，全球范围内的财政改革与发展面临着复杂的形势和严峻的挑战。一方面，国际经济环境不稳定，贸易保护主义抬头，全球化进程受阻，经济增长乏力，各国财政压力加大。另一方面，社会问题和公共服务需求日益增加，财政支出压力不断加大，但财政资金短缺、财政收支不平衡等问题仍然存在。此外，数字化和信息化技术的快速发展也对财政管理提出了新的要求和挑战，例如，如何保障信息安全、如何提高财政数据的准确性和实时性等。在这样的背景下，各国政府需要进一步加强财政改革与发展，适应新时代的需求，提高财政管理水平，促进经济和社会的可持续发展。

我国财政改革与发展已经取得了长足的进步，但仍面临一系列问题和挑战。以下是我国财政改革与发展的现状。

（一）财政收支矛盾仍然存在

随着我国经济的转型和发展，财政支出规模也在不断扩大，同时，由于税制过于依赖部分税种，导致财政收支矛盾不断加剧。

首先，财政支出增长速度较快。近年来，我国政府不断加大对基础设施建设、社会事业和民生领域的投入，这些领域的支出是财政支出的主要组成部分。政府加大了对农村基础设施建设、环保、文化事业、教育、医疗卫生等领域的投入力度，这些领域的支出规模大幅度增大，从而导致财政支出增长速度较快。

其次，税制过于依赖部分税种。我国税制主要由间接税和直接税组成，其中间接税占税收总收入的比重较大，如消费税、增值税等。这些税种往往对经济增长较为敏感，当经济下行时，税收收入也会相应下降，从而导致财政收支矛盾加剧。此外，一些资源税也占了较大比例，但由于资源税征收管理不够规范和严格，导致税收征收和管理的效率不高，也给财政收支带来了一定的压力。

（二）财政管理能力有待提高

我国财政体制的改革与完善已经取得了很大的进展，但是仍然存在财政管理水平和能力不足的问题。尤其是在财政预算管理、财政监督和审计等方面，存在缺陷和不足。

首先，财政预算管理方面存在问题。尽管我国政府在制定预算时已经加强了预算编制和执行过程中的公开性、透明度和合法性，但是在一些地方和部门中，预算编制和执行仍然存在缺陷。例如，预算编制过程中缺乏对社会经济发展趋势的深入研究和分析，预算执行过程中存在浪费、滥用和不合理支出等问题。这些问题严重影响了财政资金的使用效率和财政收支平衡。

其次，财政监督方面存在问题。尽管我国政府已经建立了一套完整的财政监督体系，包括审计、监察、预算调整等措施，但是，由于财政监督人员的数量和专业水平不足，监督效果不佳。此外，一些地方和部门的财政监督机制尚未完善，监督制度不够严格，监督机构的独立性和权威性不够，监督措施执行不力等问题仍然存在。

最后，审计方面也存在问题。尽管我国政府加强了审计机构的独立性和权威性，审计范围也在不断扩大，但是，由于审计人员的数量和专业水平不足，审计机构的技术水平和管理能力有待提高。此外，审计机构在审计过程中缺乏对政府部门的有效约束力，审计结果的执行力度较低，难以达到有效监督和约束的效果。

（三）财政对经济社会发展的支持力度需要进一步加强

虽然我国政府加大了对基础设施建设和社会事业的投入，但在农村基础设施建设、教育医疗等方面，仍然存在缺乏投入和公共服务供给不足的问题。

首先，农村基础设施建设仍然滞后。虽然我国政府加大了对农村基础设施建设的投入，但是，由于农村地区的基础设施建设相对滞后，投入仍然存在一定的不足。农村地区的道路、桥梁、供水、供电等基础设施建设仍然存在缺乏和不足的问题，这不仅影响了农村地区的经济发展和人民生活质量，也影响了城乡之间的平衡发展。

其次，教育投入不足。尽管我国政府一直致力于提高教育的发展水平，但是在基础教育和职业教育领域，公共教育投入仍然不足。教育资源分配不均，导致一些农村地区的教育资源匮乏。同时，一些地区的职业教育发展滞后，与经济发展和市场需求不匹配，导致劳动力市场缺乏足够的技能人才，制约了经济发展的速度和质量。

最后，医疗卫生投入不足。尽管我国政府一直致力于提高医疗卫生服务的水平，但是在基层医疗服务和医疗卫生设施建设方面，公共医疗投入仍然不足。一些地区的医疗卫生资源分配不均，导致一些农村地区的医疗卫生资源匮乏，群众医疗卫生服务的需求得不到满足。同时，医疗卫生服务的质量和效率也有待提高，这对于保障人民健康和促进社会和谐稳定具有重要意义。

（四）财政监管不足

尽管我国财政监管制度不断完善，但在财政预算执行和政府债务管理方面，还存在监管不足的问题。

首先，在财政预算执行方面。虽然我国财政预算制度不断完善，但是在财政预算执行方面，仍然存在一些监管不足的问题。一些地方政府和部门可能会违反财政预算的规定，从而出现预算超支、违规拨付资金等问题。此外，一些地方政府和部门可能会将财政资金用于不合理或不必要的支出，浪费公共财政资源。

其次，在政府债务管理方面。随着我国经济的快速发展，政府债务规模不断增加，政府债务管理成为财政监管的重要内容。然而，一些地方政府和部门可能会违反政府债务的规定，采取不当的融资方式，导致政府债务风险加大。此外，政府债务的透明度和信息公开度也需要进一步提高，以便监管部门和公众对政府债务的管理和运行情况有更全面、准确的了解。

我国财政改革与发展取得了一定进展，但仍需要进一步完善财政管理体制，提高财政管理能力，加大财政对经济社会发展的支持力度，同时加强财政监管和信息化建设，促进我国经济和社会的可持续发展。

二、财政改革与发展的内容和方向

财政改革与发展是一个国家重要的经济政策领域，其目的在于优化财政资源配置，推动经济增长和社会进步。在当今经济全球化和市场化的背景下，财政改革与发展已成为各国政府必须面对的重大挑战。在这个过程中，财政改革的内容和方向将决定着一个国家经济发展的方向和速度。

财政改革与发展旨在完善财政制度、优化财政管理、促进财政可持续发展。以下是财政改革与发展的主要内容和方向。

（一）完善税制

建立健全现代税制是财政改革与发展的重要内容。现代税制的建立可以促进财政收支平衡，实现公平、高效的税收制度。下面从改革税收结构、完善税制框架、减轻税收负担三个方面展开论述。

首先，改革税收结构是建立现代税制的重要一步。税收结构的改革应该以优化税收收入结构为目标，促进经济发展。具体来说，应该降低企业税收负担，增加消费税的比例，推广资源税，建立环境税，完善个人所得税制度等。通过改革税收结构，可以促进资源配置效率，增加政府财政收入，同时避免过度依赖某一种税种。

其次，完善税制框架也是建立现代税制的重要一环。完善税制框架包括加强税制法律法规建设、改进税收管理和监督等方面。要加强税制法律法规建设，建立健全税收体系，完善税收政策法规，提高税收政策的科学性和可操作性。同时，应该加强税收管理和监督，加强税收征收与管理的信息化建设，提高税务部门的服务水平，促进税收征管的科学化、规范化和现代化。

最后，减轻税收负担也是建立现代税制的重要内容之一。税收负担对企业和个人来说都是一种重要的经济负担，如果税收负担过重，将影响企业的经济效益和个人的生活水平。因此，应该采取有效措施，减轻税收负担。具体来说，可以通过加大减税力度，降低税率，简化税收征收程序等方式减轻企业税收负担。对于个人来说，可以通过提高个税起征点、增加个税扣除项目等方式减轻个人税收负担。

建立健全现代税制是财政改革与发展的重要内容。通过改革税收结构、完善税制框架、减轻税收负担等手段，可以实现财政收支平衡和公平、高效的税收制度，促进经济发展和社会进步。

（二）推进财政信息化建设

财政信息化建设是指运用现代信息技术手段，提高财政管理效率和质量的一种方式。通过建立财政管理信息平台、实现数字化预算管理、推进电子政务发展等措施，可以优化财政管理流程，提高财政数据的准确性和可靠性，加强对财政资金的监管，从而为政府决策提供更加科学、精准的依据。

首先，建立财政管理信息平台可以实现财政数据的集中管理和共享。财政部门在日常管理过程中会产生大量数据，包括财政预算、财务账务、税收征管等方面的数据，这些数据的整合和分析对于提高财政管理效率和精度至关重要。通过建立财政管理信息平台，可以将各个部门的数据集中管理，并且实现数据共享，避免数据的重复录入和传输，提高数据的准确性和完整性。

其次，实现数字化预算管理可以提高预算编制和执行的效率和透明度。数字化预算管理包括预算制定、审核、执行和监督等，通过建立数字化预算管理系统，可以实现预算编制的全过程数字化，避免传统的手工编制和审核预算的方式，提高预算编制的效率和精度。同时，数字化预算管理可以实现预算执行的实时监督和反馈，及时发现问题和调整预算执行方案，提高预算执行的透明度和规范性。

最后，推进电子政务发展可以提高政府服务的便捷性和效率。电子政务是指运用信息化技术，提高政府服务效率发展和质量的一种方式。财政部门在财政管理过程中需要与各级政府部门和社会公众进行信息交流，通过推进电子政务发展，可以实现在线政务服务、电子政务信息公开、电子支付等功能，提高政府服务的便捷性和效率，为公众和企业提供更加便利的服务。

加强财政信息化建设，可以提高财政管理的效率和质量，实现预算管理的数字化、财务数据的集中管理和共享、政府服务的电子化等方面的目标，有助于推动政府的现代化和提高政府的服务水平。

（三）加强财政监管

加强对财政收支情况和使用情况的监管和审计，是保障财政资金安全、防范和化解财政风险的重要手段。这一工作包括建立健全财政监管和审计制度、加强财政监督和审计工作、完善财政风险防控机制等。

首先，建立健全财政监管和审计制度是保障财政资金安全的基础。财政监管和审计制度应该包括各种规章制度、标准、程序和管理办法，确保财政收支和使用情况的合法、规范和透明。同时，财政监管和审计制度应该符合国家法律法规和监管要求，有利于提高财政监管和审计工作的效率和质量。

其次，加强财政监督和审计工作可以有效地发现和防范财政风险。财政监督和审计工作应该从财政收支、资金使用、项目实施、风险管理等方面进行全面监督和审计，及时发现和解决问题，避免财政资金的浪费和滥用，保障财政资金的安全和合理使用。同时，财政监督和审计工作也有利于加强财政部门和地方政府的自我管理和自我约束，推进政府的廉洁治理和风险防控工作。

最后，完善财政风险防控机制可以更好地防范和化解财政风险。财政风险防控机制包括建立健全风险评估和预警机制、制定应对措施和应急预案、加强协同监管等方面。通过完善财政风险防控机制，可以有效地降低财政风险的发生概率和影响，保障财政资金的安全和合理使用，同时有利于提高政府的风险管理水平和能力。

加强对财政收支情况和使用情况的监管和审计，严格控制财政风险，防范和化解财政风险，对于推进财政管理的现代化，保障财政资金的安全和合理使用，提高政府的廉洁治理和风险管理能力，具有重要意义。

（四）实现农村基础设施建设和公共服务均衡发展

加大对农村基础设施建设和公共服务的投入，是促进农村经济发展和改善农村居民生活质量的关键举措。这一工作包括建设农村基础设施、提供农村公共服务、推进农业现代化等。

首先，建设农村基础设施是推动农村经济发展的基础。农村基础设施包括交通、水利、能源、通讯等方面，它们对于农村经济发展具有至关重要的作用。在交通方面，要加强农村公路、桥梁和交通枢纽的建设，提高农村交通的通达性和便利性。在水利方面，要加强水资源的管理和利用，保障农业生产和生活用水需求。在能源方面，要加强农村电网和燃气管网的建设，提供可靠的能源供应保障。在通讯方面，要加强农村电信和互联网建设，提高信息化水平和服务质量。

其次，提供农村公共服务是保障农村居民基本生活需要的关键。农村公共服务包括教育、医疗、文化、体育等方面，提供农村公共服务可以有效地提高农村居民的生活质量和幸福感。在教育方面，要加强农村学校和教师队伍建设，提高教育质量和教育公平。在医疗方面，要加强农村医疗设施和医疗人员的建设，提高医疗服务的覆盖率和质量。在文化和体育方面，要加强农村文化建设和体育设施的建设，提供多样化的文化和体育活动，丰富农村居民的精神文化生活。

最后，推进农业现代化是实现农村经济持续发展的关键。农业现代化包括推进农业产业化、农业技术创新、农业经营主体化等。在农业产业化方面，要加强农产品加工和营销，提高农产品附加值和市场竞争力。在农业技术创新方面，要加强科技研发和推广应用，提高农业生产效率和质量，增强农业可持续发展能力。在农业经营主体化方面，要鼓励农民专业合作社、家庭农场、农业企业等农业经营主体的发展，提高农业规模化、集约化、专业化程度，增强农业经营主体的市场竞争力和发展动力。这些工作可以有效地提高农业生产效率和农产品质量，促进农村经济转型升级。

（五）财政预算执行和政府债务管理问题分析与应对

加强对财政预算执行和政府债务管理的监督和管理是保障财政健康稳定运行的重要举措。

首先，要加强对财政预算执行的监督和管理，确保财政资金使用的合法性、规范性和效益性。对于预算执行中出现的问题，要及时发现、纠正和整改，确保预算执行的真实、准确和及时。

其次，要加强对政府债务管理的监督和管理，控制债务规模和风险。要制定完善的债务管理制度，严格控制债务融资的规模和用途，防止债务过度积累和滥用。同时，要加强对债务使用情况的监督和评估，确保债务资金使用的合理性和效益性。

最后，还要建立健全的财政预算和债务信息公开制度，加强信息公开透明度，增强公众监督作用。通过信息公开，可以使政府行为更加透明化和公开化，提高政府的公信力和形象，增强人民群众对政府的信任度和认可度。

加强对财政预算执行和政府债务管理的监督和管理，可以有效控制财政风险，促进财政的稳定健康发展。

（六）建立健全现代财政制度体系

加快建立健全现代财政制度体系，包括改革预算管理制度、完善财政分权、促进财政改革创新等，提高财政管理效能和质量。

建立健全现代财政制度体系是实现财政改革和现代化的必要条件，也是实现经济可持续发展的重要保障。其中，改革预算管理制度是财政制度体系改革的核心，是推进财政改革的重要手段。

改革预算管理制度，要求从预算编制、审核、执行、监督、评价等环节，建立起科学、规范、透明、负责的管理机制，确保财政资源的合理配置和有效利用。特别是要加强财政预算管理的信息化建设，建立预算管理信息平台，实现数字化预算管理，从而提高预算管理的效率和质量。

同时，完善财政分权也是现代财政制度体系建设的重要方面。要在合理分担中央和地方政府的财政责任的基础上，进一步完善财政分权体系，加强地方财政管理能力，推动地方政府自主财政管理。

此外，还需要促进财政改革创新，推进财税体制改革、财政投融资体制改革、地方债务管理等方面的改革，以适应新时代经济发展的需要。还要建立和完善财政政策协调机制，形成财政政策合力，促进财政制度的创新和协调发展。

加快建立健全现代财政制度体系，不仅可以提高财政管理效能和质量，也是实现经济发展和社会稳定的必要条件，是当前和未来一个时期的重要任务。

建立健全现代财政制度体系将有助于实现财政收支平衡、提高财政管理效率和质量、促进公共服务均衡发展、控制财政风险等目标，同时推动财政与经济社会转型升级相适应。

三、推进财政改革与发展的措施

近年来，我国不断推进财政改革与发展，以适应数字化和信息化快速发展、经济社会转型升级等新形势的需要。为了加强财政管理，优化财政支出结构，提高财政监管水平，政府采取了一系列措施，包括以下几个方面：

（一）推动税制改革

税收是国家财政收入的重要来源，建立现代税收制度是推进财政改革与发展的重要措施之一。我国税收制度在不断完善，但仍存在一些问题，例如税种单一、税率过高、税收征管不规范等，需要进一步加强完善和改革。

首先，推进资源税改革是建立现代税收制度的重要举措之一。我国资源税制度存在缺陷，导致资源的过度开采和浪费，严重影响了环境保护和可持续发展。因此，要加快资源税改革，建立科学合理的资源税制度，以调节资源利用和环境保护。

其次，完善个人所得税制度也是建立现代税收制度的重要方面。我国个人所得税制度长期以来存在征收标准低、缴纳比例高等问题，需要进一步完善。在这方面，应当考虑提高个人所得税的起征点，同时加大对高收入群体的征税力度，以实现税收公平和社会公正。

最后，优化企业所得税制度也是建立现代税收制度的重要方面之一。可以采取降低企业所得税税率、加大优惠力度等政策，鼓励企业加大投资和研发力度，推动经济高质量发展。

建立现代税收制度需要采取一系列的政策措施，包括推进资源税改革、完善个人所得税制度、优化企业所得税制度等。这些措施可以有效促进财政收入的增加，进一步提升财政运作效率和能力。

（二）加强财政信息化建设

建设财政管理信息平台是推进财政信息化建设的重要举措。通过建设财政管理信息平台，可以实现财政信息的集中化管理、全面化分析和精准化应用。这样可以提高财政管理效率和透明度，促进财政预算的科学编制和严格执行。

数字化预算管理是财政管理信息化建设的重要内容。通过数字化预算管理，可以实现预算编制、决策和执行全过程的数字化管理。这样可以提高预算的科学性和精确度，降低预算执行过程中的误差和风险。

另外，加强财政统计信息公开也是财政信息化建设的重要内容。通过财政统计信息公开，可以使公众和利益相关者了解政府财政收支情况、财政政策和财政预算等方面的信息。这样可以提高政府的透明度，增强公众对政府财政工作的信任和支持。

建设财政管理信息平台、推进数字化预算管理和加强财政统计信息公开等方面的工作，是推进财政信息化建设的重要措施。这些措施的实施，将有助于提高财政管理效率和透明度，推动财政体制改革和财政发展的转型升级。

（三）建立健全财政监管体系

加强对财政收支情况和使用情况的监管和审计，是保障财政稳健可持续发展的关键举措之一。为了做好这方面的工作，需要加强监管机制的建设，推动监管手段的创新，加大监督执法力度，强化财政审计的独立性和公正性，提高监管部门的专业化水平和工作效能。

首先，要建立健全财政监管机制。应该建立起从财政预算的编制、执行到监督、审计等全过程的监管机制，形成层层监管、错综复杂的监管网络。同时，要探索建立起利益相关方参与监管的机制，包括财政部门、审计机关、媒体、社会监督等各方的联合监管模式，形成多元化、全方位的监管格局。

其次，要加强监管手段的创新。应该推动数字化财政预算管理，实现预算编制、审核、执行、监督、审计等全过程的信息化管理。利用大数据、人工智能等先进技术手段，加强对财政数据的分析和挖掘，提高财政监管的精细化水平。还可以探索建立起以风险管理为核心的监管体系，引入风险评估、预警、防范等手段，预防和避免财政风险的发生。

最后，要提高监管部门的专业化水平和工作效能。应该强化监管部门的组织建设，建立起一支高素质、专业化、专注于财政监管的队伍。加强人才培养、引进和使用，提高财政监管人员的业务能力和工作素质。此外，还要优化工作流程和机制，提高监管部门的工作效能和响应速度，确保财政监管的有效性和实效性。

加强对财政收支情况和使用情况的监管和审计，是推进财政改革与发展的必要措施，也是保障财政稳健可持续发展的重要保障。只有通过建立健全的监管机制，创新监管手段，提高监管部门的专业化水平和工作效能，才能够实现财政监管的全过程、全方位、全要素的覆盖，保障财政的健康发展。

（四）加大对农村基础设施和公共服务的投入

随着我国经济的不断发展，城乡差距逐渐缩小，但农村地区基础设施建设和公共服务供给仍存在不足。因此，为了推进财政改革和促进农村地区的发展，需要采取措施加强农村基础设施建设和公共服务供给的均衡发展，以满足农村地区人民的需求。

首先，在农村基础设施建设方面，需要加大投资力度，建设更多的公路、桥梁、供水、供电等基础设施，以缩小城乡发展差距。同时，可以采取公私合作的方式，吸引社会资本投资农村基础设施建设，提高建设效率和质量。

其次，在农村公共服务供给方面，可以通过多种方式扩大农村教育、医疗、社保等公共服务的覆盖面。例如，可以建设更多的学校和医院，引进优秀的医疗和教育资源，提高农村地区的服务水平。同时，可以加强对农村教育和医疗机构的扶持和管理，提高服务质量和管理水平。此外，可以采取差别化政策，为农村地区提供更多的社保和福利，加强对贫困地区的帮扶，促进农村地区的发展。

最后，在推进农村地区基础设施建设和公共服务供给的过程中，需要加强财政管理和监督。要严格执行财政预算，防止财政资金被挪用或浪费，保证资金的有效使用。同时，要加强对农村基础设施建设和公共服务供给的监督和评估，及时发现和解决问题，提高财政支出的效益和公共服务的质量。

（五）加强财政预算执行和政府债务管理

加强财政预算执行和政府债务管理需要采取以下措施。

首先，建立健全预算执行监督和管理制度。加强预算执行监督和管理，建立健全预算执行信息公开制度，完善预算执行中的激励和惩罚机制，确保预算资金使用合法、合规、有效。

其次，加强政府债务管理。应当加强对政府债务的监督和管理，制定政府债务管理规定，明确政府债务融资的渠道和方式，防止违规融资和超标超限融资的发生。要及时披露政府债务情况，加强政府债务的风险监测和预警，防范和化解政府债务风险。

再次，应当加强政府间财政转移支付的监督和管理。在财政转移支付方面，应当建立健全各级财政转移支付的信息公开和监管制度，规范转移支付程序，加强对资金的监督和管理，防止资金的流失和挪用，确保转移支付资金用于公共服务和民生保障领域。

最后，要加强对政府采购的监督和管理。政府采购是财政支出的一个重要组成部分。应当加强对政府采购的规范和监督，确保政府采购程序的公开透明，防止行政干预和腐败现象的发生，降低采购成本，提高采购效率。

加强对财政预算执行和政府债务管理的监督和管理，有助于保障财政资源的有效配置和财政稳健可持续发展。需要进一步健全监督和管理制度，加强风险监测和预警，加强信息公开和公众参与，营造良好的财政管理环境。

（六）创新财政体制和财政管理机制

建立健全现代财政管理体系是推进财政改革与发展的关键。这需要深入推进财政分权改革，加强对各级政府和财政部门的管理和监督，并加强财政政策和预算执行的调控和协调。

首先，需要加快推进财政分权改革，探索建立省级政府与地方政府的财政关系更加清晰、权责明确、有利于地方发展的财政分权体系。要根据地方发展的实际需要，合理划分财政职责和权力，并加强对各级政府和财政部门的监管和评估。此外，还需要探索建立政府与社会资本合作的模式，推动政府与社会资本合作项目的有序实施。

其次，需要加强对各级政府和财政部门的管理和监督，提高财政管理水平和能力。要强化财政部门的内部管理，建立健全财务管理、内部控制和风险管理等制度和机制。同时，要加强对政府采购、招投标等财政支出的监管，严格执行财政预算和财政支出程序，保障财政资金的安全和合理使用。

最后，需要加强财政政策和预算执行的调控和协调。要建立健全财政政策和预算执行的评估机制，及时发现和解决财政政策和预算执行中的问题。同时，要加强对各级政府和财政部门之间的协调和合作，推动各级政府和财政部门按照中央的要求和规定，协调财政政策和预算执行，提高财政政策的协同性和针对性。

建立健全现代财政管理体系，推进财政分权改革，加强对财政政策和预算执行的调控和协调等措施，是推进财政改革与发展的重要途径，也是建设现代化经济体系的重要保障。

（七）建立财政与经济社会发展相适应的政策体系

财政政策是国家宏观经济政策的重要组成部分，是指国家运用财政手段对经济运行进行调节和控制，实现宏观经济目标的一系列措施。

首先，要根据经济发展阶段和特征，制定不同的财政政策和预算方案。我国经济发展已经进入新发展阶段，需要针对新的特征和趋势制定财政政策和预算方案。例如，在新发展阶段，应当注重促进高质量发展、推进产业转型升级、加强创新驱动、推进绿色发展、增强内需拉动等方面，制定具有针对性的财政政策和预算方案。

其次，要注重财政政策和预算方案的协调性和稳定性。财政政策和预算方案应该与货币政策、产业政策等其他宏观经济政策相协调，形成整体性的经济政策体系。同时，要保持财政政策和预算方案的稳定性，避免频繁调整和波动对经济发展带来的不利影响。

最后，要充分考虑社会公众的需求和利益，实现公平合理的财政政策和预算方案。财政政策和预算方案应当注重社会公众的需求和利益，特别是注重解决贫困问题、保障民生、改善环境等方面，实现公平合理的财政分配。

为了提高财政政策的针对性和有效性，需要根据经济社会发展需求，制定合理的财政政策和预算方案，注重财政政策和预算方案的协调性和稳定性，充分考虑社会公众的需求和利益。

推进财政改革与发展需要各方面协同合作，采取系统性、综合性措施，促进财政体制和财政管理水平的不断提高。

四、公共财政与社会保障体系的改革与完善

公共财政与社会保障体系的改革与完善是推动社会经济发展和促进人民生活水平改善的重要举措。在公共财政方面，政府需要加强财政管理和监督，优化财政支出结构，提高财政资金使用效益，加大税收和非税收入的调节力度，促进经济的健康发展。在社会保障方面，政府需要加强社会保障制度建设，扩大社会保障覆盖面，提高保障水平，改善社会保障体系的公平性和可持续性，促进社会和谐稳定。

为实现公共财政与社会保障体系的改革与完善，政府可以采取以下措施。

（一）加强财政管理和监督

财政管理是现代政府治理的重要内容，财政管理和监督对于保证财政资金的合理使用、推动经济社会发展、维护财政稳定等具有至关重要的作用。因此，政府应该加强财政管理和监督，规范财政支出行为，严格控制财政支出规模和结构，提高财政资金使用效益。

首先，政府应该规范财政支出行为。在支出方面，政府需要按照预算编制和执行程序，严格控制财政支出的规模和结构。政府需要对财政资金的使用进行合理安排和科学配置，重点加大对基础设施建设、公共服务和社会事业等领域的投入，优化财政支出结构，提高财政支出效益。

其次，政府应该提高财政资金使用效益。政府需要把财政支出的重点放在具有长远投资价值和推动经济社会发展的领域，加大对科技创新、教育培训、医疗卫生等领域的投入，提高财政支出效益。政府还应该加强对财政支出效益的评估和监督，及时发现问题并进行纠正。

最后，政府应加大对财政收支情况的监督和审计力度，确保财政支出的合理性和效益性。政府需要对财政收支情况进行全面、及时、准确的监督和信息公开，加强对预算执行的监督和评估，建立健全预算执行结果考核机制和财务报告制度。

政府应该加强财政管理和监督，规范财政支出行为，严格控制财政支出规模和结构，提高财政资金使用效益，加大对财政收支情况的监督和审计力度，确保财政支出的合理性和效益性。这样才能保证财政资金的有效使用，推动经济社会发展，维护财政稳定。

（二）优化财政支出结构

政府优化财政支出结构的目的是促进社会事业的发展和提高公共服务水平。其中，教育、科技、文化、环保等领域是国家发展的重要支柱，政府应该适当增加对这些领域的支持力度。可以通过以下几种方式实现。

首先，加大对教育的支持力度。教育是国家发展的重要支柱，政府应该加大对教育事业的投入，提高教育资源配置效率，完善教育财政体系，推动教育公平发展。从而提高国家的人力资本，促进经济发展。

其次，加大对科技的支持力度。科技是国家竞争力的重要组成部分，政府应该适当增加对科技创新的支持，提高科技创新能力。可以通过加大科技投入、优化科技政策、推动科技成果转化等方式，促进科技成果的广泛应用和产业化发展。

再次，加大对文化和环保的支持力度。文化是国家软实力的重要体现，政府应该加大对文化产业的支持，推动文化创意产业发展。同时，环保是可持续发展的关键，政府应该加大对环保产业的支持，推动环保产业的发展，实现经济发展和环境保护的良性循环。

最后，政府应该加大基础设施建设和公共服务投入。基础设施是国家发展的重要支撑，政府应该适当增加基础设施建设的投入，完善基础设施建设体系，提高基础设施建设质量。公共服务是政府提供的一项重要服务，政府应该加大公共服务投入，提高公共服务水平，满足民众日益增长的公共服务需求。从而为国家经济社会发展提供更好的支撑。

（三）加大税收和非税收入的调节力度

税收和非税收入是政府财政收入的主要来源。政府在财政管理中，除了控制支出外，还需注意收入的稳定增长。

首先，政府可以通过调整税率、改革税制等方式来提高税收收入的贡献率。例如，适度提高高收入群体的税率，增加个人所得税和财产税的征收范围，完善营改增等税收改革措施，可以提高税收收入的贡献率。此外，政府还可以加大对逃税和偷税行为的打击力度，进一步提高税收收入的实际贡献率。

其次，政府还可以通过完善非税收入体系，增加非税收入的贡献率。例如，政府可以通过发行国债、出售国有资产、收取特许经营权等方式增加非税收入。此外，政府还可以探索新的非税收入来源，如收取碳排放权等环境保护费，或者推广电子商务等新兴行业的税收征收方式，以增加非税收入的贡献率。

最后，政府需要加强税收和非税收入的调节力度，确保财政收入的平衡和稳定增长。例如，在经济下行时，政府可以通过降低企业税负、适当调低税率等措施来刺激经济发展，促进税收收入的增长；在经济高速增长时，政府则需要适当提高税率、加强税收征收管理等措施，以避免过度依赖不稳定的非税收入来源，保证财政收入的平稳增长。

政府应加大税收和非税收入的调节力度，完善税收体系和非税收入体系，提高税收收入和非税收入的贡献率，以实现财政收入的稳定增长，为实现经济社会发展提供充足的财政支持。

（四）扩大社会保障覆盖面

随着我国经济的快速发展和人口老龄化的加剧，社会保障制度建设成为政府工作的重要内容之一。在现代化经济建设中，政府应当充分认识到社会保障制度的重要性，加强社会保障体系建设，完善社会保障制度，以提高社会保障水平和保障人民的基本生活需求。

首先，政府应扩大社会保障覆盖面。针对城乡居民、企业职工、城镇居民等不同人群，建立全面的社会保障制度，将社会保障制度的覆盖面扩大到每个公民，保障每个公民的基本生活需求。

其次，政府应提高社会保障水平。社会保障制度的基本目标是保障人民的基本生活需求，因此，政府应提高社会保障的质量和水平，使人民在享受社会保障服务时更加满意。特别是，政府应加大对弱势群体的保障力度。贫困人口、失业人员、老年人、残疾人等是社会保障制度的重点保障对象。政府应该加强对这些弱势群体的保障力度，帮助他们改善生活水平，提高生活质量。

最后，政府应加强社会保障制度的管理和监督。政府应当建立完善的社会保障制度管理机构和监督机制，确保社会保障资金的安全和有效使用，避免社会保障制度的滥用和浪费，增强社会保障制度的可持续性和稳定性。

社会保障制度是一个重要的社会保障机制，对于维护社会公平和保障人民基本生活需求具有重要作用。政府应该加强社会保障制度建设，促进社会保障制度的完善，提高社会保障水平，为实现经济社会的持续发展和人民幸福生活作出更大的贡献。

（五）提高社会保障制度的可持续性

政府应加强社会保障制度的可持续性建设，通过完善社会保障制度的融资体系、调整社会保障制度的结构和机制等方式，确保社会保障制度的可持续性。政府可以通过建立多层次、多渠道的社会保障体系（包括基本养老保险、职工医疗保险、失业保险、工伤保险等，以及发展商业保险和个人养老金等方式），扩大社会保障的覆盖面，提高保障水平。此外，政府还可以加强对社会保障基金的监督和管理，提高社会保障基金的资金使用效率和风险控制能力，确保社会保障制度的可持续性。

同时，为了解决社会保障制度中存在的问题，政府还需要调整社会保障制度的结构和机制。例如，针对养老金不足的问题，政府可以采取延迟退休、提高缴费比例、调整养老金发放标准等措施，增加养老保险基金的收入和支出平衡。针对医保覆盖面不足的问题，政府可以通过提高补贴标准、增加医保基金投入、调整医保支付方式等方式，加强对医保制度的支持和保障。

在公共财政与社会保障体系的改革与完善过程中，政府需要采取一系列措施来加强财政管理和监督、优化财政支出结构、加大税收和非税收入的调节力度，以及加强社会保障制度建设等方面的工作。这不仅是为了满足人民对公共事务的需求，也是为了实现社会的可持续发展和长期稳定。因此，政府需要深入贯彻落实各项政策措施，不断完善公共财政与社会保障体系，为实现经济社会的高质量发展提供坚实的保障。

财政改革与发展是推动中国现代化建设的重要举措。通过建立现代税收制度、数字化预算管理、加强财政监管、促进农村地区基础设施建设和公共服务供给等方面的举措，可以实现财政收支平衡、财政管理现代化、财政服务社会化等目标。在未来的发展中，我们需要继续深化财政改革，探索新的改革方向和实践路径，不断提升财政管理水平和能力，推进财政体制改革和政府治理体系现代化，为实现中华民族伟大复兴的中国梦作出更大的贡献。

第六章　政府会计与财政管理的未来发展

政府会计与财政管理是国家治理的重要组成部分，随着时代的发展和经济社会的转型升级，政府会计与财政管理面临新的挑战和机遇。未来，政府会计与财政管理需要紧跟时代潮流，推动数字化、智能化、信息化等方面的转型升级，同时深入推进财政体制改革，加强财政监管和风险管理，提升财政管理水平和效能，以适应经济社会发展的需要。本书将从多个方面探讨政府会计与财政管理的未来发展。

第一节　政府会计与财政管理发展的趋势

随着数字化和信息化的快速发展，政府会计与财政管理也正在面临重大的变革和挑战。未来，政府会计与财政管理将呈现多元化、数字化、智能化等发展趋势。在这样的大背景下，政府需要积极推动政府会计与财政管理的创新和变革，以适应新形势下的发展需要。

一、政府会计与财政管理的发展趋势

政府会计与财政管理正经历着深刻的变革。在数字化和信息化时代背景下，政府会计与财政管理将逐渐向更加高效、智能、透明的方向发展。虽然新技术为政府会计和财政管理带来了更多的机遇，但也带来了新的挑战，例如，如何更好地应用新技术，如何提高管理水平和能力，如何保证数据的安全性和准确性等。因此，政府会计和财政管理部门需要不断提高自身的素质和能力，不断学习和掌握新技术，以适应未来数字化、信息化时代的发展需求。

在这样的趋势下，政府会计与财政管理的未来将呈现以下几个方面的发展趋势。

（一）数字化、信息化与智能化

随着信息技术的迅猛发展，数字化、信息化和智能化已经成为政府会计和财政管理领域的主要发展趋势。数字化和信息化技术的广泛应用，为政府会计和财政管理带来了巨大的机遇和挑战。

首先，数字化和信息化技术为政府会计和财政管理带来了高效、准确的数据处理和管理方式。政府会计系统将更多地采用云计算、大数据、人工智能等技术手段，以提高

财务数据的处理效率和质量。政府财政管理部门也将逐步实现数字化预算管理、财政信息公开、预算执行监督等，实现全流程数字化、信息化、智能化管理。这些技术手段可以使政府财务数据的处理、分析、报告和监管等环节更加高效和准确，提高财政管理的透明度和效率。

其次，数字化、信息化和智能化的转型也要求政府会计和财政管理部门具备更高的技术水平和管理能力。政府会计和财政管理人员需要不断更新知识和技能，不断学习新的技术和理念。此外，政府会计和财政管理部门也需要与新技术的发展保持同步，不断更新和升级自己的工作方式和理念，以适应数字化、信息化和智能化的趋势。

数字化、信息化和智能化已经成为未来政府会计和财政管理的主要发展方向。政府会计和财政管理部门需要积极采用新技术手段，不断提高自己的技术水平和管理能力，推动数字化、信息化和智能化转型，实现政府财务管理的高效、透明和智能化。

（二）强化风险管理和内部控制

随着国家债务规模不断扩大，政府会计和财政管理部门需要更加重视风险管理和内部控制，以应对债务风险的增加和经济运行环境不确定性。债务风险管理是财政管理中最为重要的环节之一，必须采取一系列措施来规避和控制债务风险。其中，加强预算管理是最为重要的措施之一。政府会计和财政管理部门应该通过科学合理地编制预算、严格控制预算执行和预算外支出等方式来控制债务增长，确保债务规模的可持续性。

此外，在会计核算方面，政府会计和财政管理部门应该建立健全的会计核算制度，确保财务报表真实、准确、完整地反映政府财务状况和经济活动的情况。加强资产负债管理也是防范债务风险的关键措施之一，政府会计和财政管理部门应该建立健全的资产负债管理制度，实时掌握政府的资产负债状况，提前预警风险。

同时，政府会计和财政管理部门还应该加强内部审计工作，通过内部审计发现和解决财务管理中的风险和问题。内部审计应该全面、客观、公正地审查政府的预算执行、会计核算、资产管理、债务管理等方面的情况，及时发现和纠正存在的问题和不足。

（三）深化财税体制改革

财税体制改革是政府会计和财政管理的重要保障，其重要性在于建立健全的财税制度，保障经济社会发展的基础性工作。随着经济全球化和市场化程度的加深，财税体制的改革也必须紧跟时代的步伐，及时适应和引导经济社会发展的要求。

首先，现代税收制度应具有税种丰富、税负合理、税制简单、管理便捷等特点，能够更好地适应经济发展和社会需求的变化，同时能够有效地提高财政收入。要做到这一点，需要改革和完善现有税收政策和制度，加强税收征管、监督和执法力度，确保税收收入的合法性和稳定性。

其次，完善国家预算制度也是财税体制改革的重要方向。国家预算制度应当具有合理的预算编制、执行和监督机制，确保公共财政资源的合理配置和使用。要实现这一目标，需要不断优化预算编制与执行的程序和方法，推动信息化、数字化的预算管理，提高预算编制和执行的透明度和公开度，增强预算的约束力和执行力。

再次，推进地方税体系改革是财税体制改革的重要组成部分。地方税体系改革应当遵循合理分配、权责明确、机制灵活的原则，旨在加强地方财政收入保障，促进地方经济发展。要实现这一目标，需要继续深化地方税制改革，完善地方税收政策和管理机制，推动地方税收管理的现代化和规范化。

最后，加强政府债务风险管理也是财税体制改革的重要任务。政府债务规模不断扩大，债务风险的控制和管理是财政稳定和可持续发展的重要保障。要实现这一目标，需要加强政府债务管理的监督和审计，加强债务风险的预警和控制，建立健全的政府债务风险管理机制，确保政府债务的可持续性和风险可控。

（四）推进公共财政和社会保障

公共财政和社会保障是政府会计和财政管理的核心职责，直接关系到国家的发展和民生福祉。公共财政体系包括国家财政、地方财政和社会保障基金等，旨在实现公共资源的合理配置和社会公正的提高。

为实现公共财政和社会保障的目标，未来需要加强以下方面的工作：首先，加大对公共财政的投入。随着经济社会的不断发展，公共财政需求不断增加，需要政府加大财政投入，以满足国家经济社会发展的需求，加强公共基础设施建设和社会事业发展，提高公共服务水平。其次，加强公共财政和社会保障的管理。政府需要进一步完善公共财政管理制度和规章，加强财政监管和风险控制，提高资金使用效率和财政资金使用的透明度，防止资金浪费和腐败行为。同时，政府也需要加强社会保障制度建设，实现全民参保，确保民生基本保障，加强对弱势群体的保障和救助，推动社会公平和谐。最后，加强公共财政和社会保障的创新和改革。政府需要加强对公共财政和社会保障的研究和探索，推动公共财政体系和社会保障制度的改革和创新，逐步建立健全的公共财政和社会保障制度体系，提高财政和社会保障的效率和可持续性。

未来需要政府加大财政投入，加强管理和创新，以实现公共资源的合理配置和社会公正，推动全面建设社会主义现代化国家。

二、新型公共财政治理模式的发展与探索

新型公共财政治理模式的发展与探索，是当前公共财政和财政管理领域面临的重要课题。随着国家治理体系和治理能力现代化的推进，新型公共财政治理模式已成为财政改革和发展的重要方向，也是推动公共服务和社会公正的重要保障。

随着社会经济的发展和变革，传统的公共财政治理模式已经无法满足日益复杂多变的社会需求和公共财政管理的新要求。因此，新型公共财政治理模式应运而生。新型公共财政治理模式是一种基于创新和改革的新型管理模式，旨在提高政府财政管理的效率和透明度，实现公共财政的可持续发展。

新型公共财政治理模式的特点包括了更加市场化、法治化和民主化的特征，这些特

征反映了公共财政治理的转型和升级。随着经济社会的快速发展和国家治理能力的提高，新型公共财政治理模式成为了适应时代要求的必然选择。在这个新的模式下，政府将更加注重市场化的资源配置、法治化的管理和民主化的决策，以推动公共财政治理的高效、透明和可持续发展。

新型公共财政治理模式是在市场经济条件下，公共财政职能和市场机制相结合的新型公共财政管理模式。其主要特点包括以下几个方面。

（一）多元化的财政收支方式

传统的财政收支方式以税收为主，而新型公共财政治理模式则采用多元化的收支方式，包括政府性基金、政府投资收益等方式，以增加收入来源的多样性和可持续性。

新型公共财政治理模式在收支方式上的一个主要特点是多元化。传统的财政收支方式主要以税收为主，但是随着社会经济发展和公共服务需求的增加，单一的税收收入已经难以满足政府开支的需求。因此，新型公共财政治理模式采用多元化的收支方式，包括政府性基金、政府投资收益等方式，以增加收入来源的多样性和可持续性。

政府性基金是一种由政府设立和管理的特定资金，用于特定领域或项目的支出。政府性基金具有稳定的收入来源和特定的支出用途，可以保障相关领域或项目的持续发展。例如，我国的社会保险基金、公路建设基金等都是政府性基金。

政府投资收益是指政府通过对各种资产的投资获得的收益，如股票、债券、房地产等。政府投资收益具有较高的收益率和市场灵活性，可以为政府提供更多的财政收入。

多元化的收支方式不仅能够增加财政收入，还能够提高政府财政管理的透明度和效率。例如，政府性基金和政府投资收益都有较明确的收入来源和支出用途，能够减少政府的隐性债务和不透明的财政支出，提高财政管理的公开性。同时，多元化的收支方式也有助于优化财政资源配置，更好地满足公共服务的需求。

需要指出的是，多元化的收支方式也存在一定的风险。政府性基金的管理需要保证专款专用、收支平衡，避免滥用和浪费。政府投资收益的投资风险需要得到有效的控制和管理，避免出现大规模的亏损。因此，新型公共财政治理模式需要建立健全的风险管理机制，保证财政管理的可持续性和稳健性。

（二）指标管理的财政预算

在新型公共财政治理模式下，预算管理与绩效评估的结合是一个重要特点。传统的财政预算编制往往仅关注经费的数额和支出的项目，而对于项目的绩效和效果却很少进行评估和考核。这种管理方式存在诸多弊端，如难以有效掌控公共资源的使用情况、难以评估项目的成效等。因此，在新型公共财政治理模式中，预算管理和绩效评估被紧密结合，以实现更加有效的资源配置和绩效管理。

在新型公共财政治理模式下，通过建立指标管理的财政预算体系，将预算编制与绩效评估相衔接。指标管理是一种基于数据和信息的管理方式，通过建立量化的指标体系和监测机制，实现对项目执行过程和效果的全程跟踪和评估。通过预算编制和绩效评估的结合，政府可以将项目的执行效果与经费的使用情况相匹配，实现预算的精细化管理和资源的优化配置。

同时，新型公共财政治理模式注重对绩效的管理和评估。政府将项目的执行绩效作为重要的考核指标，对项目的效益和成效进行全方位评估，包括经济效益、社会效益和环境效益等多个方面。通过对项目绩效的全面评估，政府可以发现问题并及时调整和优化资源配置，提高公共资源的利用效率和社会效益。

新型公共财政治理模式中预算管理和绩效评估的结合，为政府提供了更加有效的资源配置和绩效管理手段。通过建立指标管理的财政预算体系，政府可以将预算编制和绩效评估相衔接，实现预算的精细化管理和资源的优化配置。同时，对绩效的全方位评估可以有效提高公共资源的利用效率和社会效益，促进政府治理的现代化和效能化。

（三）市场化的政府采购

新型公共财政治理模式将政府采购向市场化、法治化方向转变，建立竞争性、透明化的政府采购制度，增强公共资源配置的市场化效应。

在传统的财政治理模式下，政府采购往往以行政命令为主导，缺乏市场竞争机制和法治化保障，容易引发政府不当行为和资源浪费。而新型公共财政治理模式则注重将政府采购向市场化、法治化方向转变，通过建立竞争性、透明化的政府采购制度，增强公共资源配置的市场化效应。

新型公共财政治理模式在政府采购方面的特点包括以下几个方面。

（1）建立透明化的政府采购制度。新型公共财政治理模式注重公开透明的政府采购流程和结果，建立政府采购信息公开平台和监督评价机制，使采购过程公开、公正、透明，增强了政府采购的合法性和公信力。

（2）引入市场化机制，提高采购效率和质量。新型公共财政治理模式鼓励采用竞争性谈判、公开招标、拍卖、协商等市场化机制，增加采购商的选择权和议价权，提高采购效率和质量，降低采购成本。

（3）严格落实采购法律法规，规范采购行为。新型公共财政治理模式要求政府采购机构在采购过程中严格遵守采购法律法规和标准，实行公正、公平、公开的采购程序，确保采购活动合法、规范、透明。

（4）加强采购监督和评价，提高资源利用效率。新型公共财政治理模式建立了采购绩效评价机制，加强对采购结果的监督和评价，实现了采购成本和效益的动态平衡，提高了公共资源配置的效率和效果。

新型公共财政治理模式在政府采购方面的市场化、法治化特点，不仅能有效提高公共资源的配置效率和效果，还能增强政府采购的合法性和公信力，为现代公共财政治理提供了更为可持续的基础。

（四）公众参与的决策程序

新型公共财政治理模式注重公众参与政策决策和财政管理的过程，这一特点体现了现代治理的民主化和社会化趋势。具体而言，新型公共财政治理模式通过以下方式鼓励公众参与。

首先，加强信息公开。政府通过公开财政收支信息、政策文件、决策依据等信息，向公众提供透明、真实、完整的信息，使公众了解政府的财政决策和管理情况。

其次，加强社会监督。政府鼓励社会组织和公众对政府财政活动进行监督和评价，通过社会监督，促进政府行为的合法性、公正性和透明度的提升，减少政府滥用权力和腐败现象，提高财政资源配置的效率和公平性。

最后，增加民主参与。政府通过公开听取公众意见、开展社会咨询、建立民主决策机制等方式，增加公众在财政决策和管理过程中的参与度，使政府的财政决策更符合公众利益的需要，提高政府治理的民主化水平。

这些措施使公众更加了解政府的财政管理情况，更加关注政府决策的公正性和合法性，从而促进政府财政管理的透明度、公正性和有效性。同时，公众的参与也为政府提供了更多的思路和建议，有助于政府更加科学地决策和管理财政资源。

（五）风险管理和内部控制

在新型公共财政治理模式中，风险管理和内部控制被认为是非常重要的方面，这是因为随着经济发展和政府职能的不断扩大，政府面临的风险也越来越多样化和复杂化。因此，政府需要采取措施来有效地管理这些风险，以确保财政管理的合规性和可持续性。

在财政预算方面，政府需要制定合理的预算方案，包括适当的收支平衡和预算限额，以确保财政预算的合规性和可持续性。此外，政府还需要制定财政预算管理制度和预算执行监督制度，确保预算的实施和执行符合规定，减少预算执行中的浪费和滥用行为。

在会计核算方面，政府需要建立科学的会计制度和内部控制制度，确保财务报表的准确性和可靠性。此外，政府还需要加强财务报表的审计和监督，避免因财务报表错误或失实导致的财务风险和信用风险。

在债务管理方面，政府需要建立债务管理制度，包括规范债务的融资方式、期限和利率等方面。政府还需要制定债务风险管理制度，采取有效的风险控制措施，确保政府债务的可持续性和偿还能力。

在资产负债管理方面，政府需要建立资产负债管理制度，通过统筹资产和负债的管理，实现资产和负债的平衡和优化配置。此外，政府还需要加强资产和负债的监督和评估，确保资产负债表的真实性和准确性。

新型公共财政治理模式注重风险管理和内部控制，建立完善的制度体系，加强对各个环节的监督和管理，以确保财政管理的合规性和可持续性。

新型公共财政治理模式具有多元化的财政收支方式、指标管理的财政预算、市场化的政府采购、公众参与的决策程序，以及风险管理和内部控制等特点。这些特点，旨在提高财政管理的效率和公正性，实现公共资源的优化配置和社会公正的提高。

三、审计监督与风险防范机制的升级与创新

随着经济社会的发展和国家治理水平的提高，审计监督与风险防范机制在财政管理中扮演着越来越重要的角色。为了进一步提高财政管理的透明度和有效性，审计监督与风险防范机制需要不断升级和创新，以应对新的风险挑战和变化。

随着社会经济的不断发展和政府职能的日益扩大，审计监督与风险防范机制也在不断升级与创新。这一机制的主要目的是通过对政府、企业、事业单位、社会组织等各类主体的财务和业务活动进行审计监督，识别和防范各类潜在风险，促进财务管理和业务流程的规范化和合规化，保障财产安全和社会稳定。

首先，审计监督与风险防范机制在技术手段上得到了升级和创新。现代技术手段的不断发展和应用，使审计监督与风险防范机制的效率和准确性得到了提高。例如，大数据分析、人工智能、区块链等技术的应用，可以对大量数据进行分析，挖掘潜在的风险点，并提供决策支持和预警机制。

其次，审计监督与风险防范机制在法律制度上也得到了不断升级和创新。各国政府不断完善相关法律法规和制度，加强对财务和业务活动的监督和管理，减少违规违法行为的发生。例如，制定行业准则和标准，强化对重点领域和行业的监管，严格审计监督制度，建立风险防控体系等。

再次，审计监督与风险防范机制在人才队伍建设上也得到了不断升级和创新。随着审计监督与风险防范机制的不断升级，对人才的需求也在不断加大。政府和企业对审计、风险防范等方面的专业人才需求日益增多，因此需要建立起一支高素质的专业人才队伍，提高专业素质和工作能力，适应新时代的发展要求。

政府职能的拓展和社会经济的不断变化推动审计监督与风险防范机制的升级与创新成为必然趋势。随着技术手段的革新和法律制度的完善，审计监督和风险防范机制将更加有效地规范财务管理和业务流程，从而推动经济发展和社会稳定。此外，应对越来越复杂的风险形势，建设专业人才队伍和实施专业化培训也将成为关键因素，以适应审计监督和风险防范机制升级和创新的需求。

四、国际合作与交流将在政府财务管理中发挥更重要的作用

随着全球化的不断深入和各国经济的日益紧密关联，国际合作与交流对于政府财务管理将越发重要。国际合作可以为政府提供跨国界的财务数据和信息共享、政策经验和技术支持，以及财务风险管理和应对措施等方面的帮助。在这一背景下，各国政府需要加强合作与交流，探索更多合作机会，共同应对全球财务挑战。

随着全球化进程的加速和经济互联互通的不断深化，各国的经济联系日益密切，政

府财务管理也必须适应这一趋势。在这种背景下，国际合作与交流已经成为政府财务管理中不可或缺的重要组成部分。下面详细说明这一趋势的具体表现。

首先，国际合作与交流有助于提高政府财务管理的透明度和规范性。不同国家之间可以分享财务管理经验和实践，学习彼此的优点和经验，从而提高各自的财务管理水平和能力。此外，国际组织如国际货币基金组织、世界银行等也可以为各国提供财务管理方面的支持和指导，协助各国建立透明、规范、有效的财务管理体系。

其次，国际合作与交流可以促进各国之间的财务信息共享和协调。不同国家的财政状况和财务问题存在很大的差异，但是这些问题往往是相互关联的。通过国际合作与交流，各国可以共同分析和解决这些问题，以实现全球财务稳定和可持续发展。

再次，国际合作与交流还可以促进政府间的合作和协调，特别是在跨国贸易、投资和项目融资等方面。各国政府可以通过财务信息共享和协调，提高决策的准确性和有效性，减少决策风险和不确定性，促进国际贸易和投资的发展和繁荣。

最后，国际合作与交流可以促进全球财务监管和风险管理的协调。在全球化进程中，跨国金融市场和跨国企业的规模和影响力越来越大，国际财务监管也面临越来越大的挑战。通过国际合作和协调，各国可以共同制定全球性的财务监管、风险管理的标准和机制，保障全球财务市场的稳定和安全。

随着时代的发展和经济的变化，政府会计和财政管理的趋势也在不断发生着变化。从传统的单一收支方式到多元化的收支方式，从重点关注过程到强调绩效评估，从政府独立管理到公众参与监督，从风险后果处理到风险预警和防范，信息技术的应用也使得财政管理变得更加科学和精细。

未来，政府会计和财政管理将继续推进数字化和信息化转型，加强财务管理和业务流程的规范化和合规化，提高财政资金使用的效益和安全性，同时将更加注重公共资源的合理配置和社会公正水平的提高，加快全面建设社会主义现代化国家的进程。为此，我们需要不断完善制度和机制，培养更多专业化人才，推动政府会计和财政管理不断发展和创新。

第二节　信息技术在政府会计与财政管理中的影响

信息技术的快速发展和广泛应用，使得政府会计和财政管理进入了一个新的时代。作为一种支持和推动力量，信息技术在政府会计和财政管理中的作用日益重要。通过采用信息技术手段，政府可以更有效地管理财政预算、加强风险管理、提高预算执行效率、优化资源配置和增强信息安全，进而提升政府的财政管理水平和服务能力。

一、信息技术在政府会计与财政管理中的应用现状

随着信息技术的快速发展和应用，政府会计与财政管理也在不断地变革和更新。现代信息技术为政府提供了更加高效、准确和安全的数据处理和管理工具，帮助政府更好地监控财务状况、制订预算计划、管理财务风险，以及与其他政府部门和国际组织交流合作。本书将介绍信息技术在政府会计与财政管理中的应用现状，探讨信息技术在提高政府财务管理效率和准确度方面所起的作用，并对未来信息技术在政府财务管理中的应用进行展望。

信息技术在政府会计与财政管理中的应用越来越广泛，它可以帮助政府机构更高效地管理和分配公共资源，优化预算规划和执行，同时也能提高财务报告的准确性和及时性。

首先，信息技术在政府会计中的应用主要体现在财务数据的自动化处理和实时监控。政府可以通过财务管理系统、大数据分析、人工智能等技术实现财务数据的自动化采集、处理和分析，减少人工干预，提高数据准确性和效率。此外，政府可以利用信息技术实现财务数据的实时监控，及时掌握财务状况，做出快速决策。

其次，信息技术在政府财政管理中的应用也非常广泛。政府可以利用信息技术优化预算规划和执行，实现财政收支平衡，避免财政浪费和滥用。此外，政府还可以利用信息技术实现电子化票据管理、电子化税务管理、电子支付等，提高财政管理的效率和便捷性。

最后，信息技术在政府会计与财政管理中的应用还包括强化内部控制和增强信息安全。政府可以利用信息技术实现内部控制的自动化管理，减少人为因素的干扰，提高内部控制效率和准确性。同时，政府可以利用信息技术提高信息安全水平，保障财务数据的安全和保密，避免数据泄露和信息被篡改的风险。

信息技术在政府会计与财政管理中的应用已经成为一种趋势，政府需要不断地引进和应用新技术，优化财务管理和服务，提高政府的效率和公信力。

二、信息技术对政府会计与财政管理的影响

信息技术对政府会计和财政管理中的影响不断扩大和深化，为政府提供了更多更好的工具和手段，促进了政府财务管理的现代化和数字化转型。

信息技术对政府会计和财政管理的影响主要体现在以下几个方面。

（一）政府会计信息化

政府会计信息化是指利用信息技术对政府会计核算、预算编制、财务管理、决策支持等各个环节进行全面的数字化处理，从而提高政府会计信息的准确性、及时性和透明度。随着信息技术的不断发展，政府会计信息化已经成为政府财务管理的重要趋势。主

要体现在以下几个方面。

1. 提高会计核算准确性和透明度

政府会计信息化可以实现会计核算的自动化、数字化、规范化和标准化处理，避免了人工处理中可能出现的错误和遗漏。同时，政府会计信息化也提供了公开透明的渠道，便于监管部门、纳税人、投资人等了解政府的财务状况和财政收支情况，增强了政府的可信度。

2. 加强预算编制和财务管理的监管和控制

政府会计信息化可以实现对预算编制和财务管理全流程的数字化控制和监管，确保财政预算和财务管理符合法律法规和政策要求，避免人工处理中可能出现的纰漏和疏忽，提高政府对预算和财务管理的监管和控制能力。

3. 优化决策支持和业务流程

政府会计信息化可以为政府决策提供准确的财务数据支持，帮助政府制定科学的财政政策和战略规划。同时，政府会计信息化也能够帮助政府优化财政管理的业务流程，提高工作效率和管理水平。

4. 提高财政管理的服务水平和效率

政府会计信息化可以实现财政管理的在线化、数字化和自动化处理，简化政府财务管理的流程和手续，提高服务水平和效率，便于政府工作人员、纳税人和社会公众进行财务信息查询、财务业务处理和财务管理咨询等工作。

政府会计信息化是一种重要的财政管理模式，利用信息技术手段，全面提升政府会计核算、预算编制、财务管理和决策支持等环节的效率和质量，实现政府财务管理的科学化、规范化和透明化，促进经济发展和社会稳定。

（二）财务管理信息化

财务管理信息化是指运用信息技术手段对财务管理进行全面数字化处理，包括收支管理、预算编制、资产负债管理、风险管理等各个环节。通过财务管理信息化，政府能够更加精细化地管理公共财政，提高财政资源配置效率和公共服务质量。

财务管理信息化是政府财务管理中的一项重要内容，其主要作用在于提高财政资源的管理效率和公共服务质量。通过运用信息技术手段，可以实现对财务管理全面数字化处理，包括收支管理、预算编制、资产负债管理、风险管理等各个环节。

首先，财务管理信息化可以提高财务管理的效率。政府的财务管理面临大量的财务数据和信息，传统的手工处理方式效率较低，容易出现错误和遗漏。而通过财务管理信息化，可以实现财务数据的快速收集、处理和分析，提高财务管理的效率和准确性。同时，财务管理信息化还可以实现自动化的生成报表和财务数据查询，为财务管理决策提供准确的数据支持。

其次，财务管理信息化可以提高财务管理的透明度。政府的财务管理需要保证公共财政的透明度和公开性，以增强社会对政府财务管理的信任和监督。财务管理信息化可以通过提供实时的财务数据和信息公开平台，加强政府的财务公开和社会监督，增强公众对政府财务管理的信任。

最后，财务管理信息化还可以提高政府决策的科学性和精细化程度。政府财务管理涉及预算编制、收支管理、资产负债管理、风险管理等多个环节，需要考虑众多因素和变量。通过财务管理信息化，政府可以实现对财务数据和信息的精细化分析和处理，提高决策的科学性和准确性。

（三）建立和完善电子政务系统

电子政务是指政府机关利用信息技术手段进行政务管理和公共服务的过程。通过建立和完善电子政务系统，政府能够更加便捷地向公众提供各种政务服务，实现政府管理的现代化和便民化。

随着信息技术的不断发展，电子政务已经成为政府现代化建设的重要方向之一。电子政务通过建立数字化的政务服务平台，实现政府机构之间、政府机构与企业、公众之间的信息共享和交流，实现政府管理的智能化、高效化和透明化。其主要作用如下。

1. 提高政务服务效率

电子政务可以实现政府与公众的直接沟通和互动，有效地缩短了政务服务的时间和成本，提高了政务服务的效率和质量。

2. 促进政府信息公开

通过电子政务平台，政府可以向公众发布各类政府信息和公共数据，提高了政府信息公开的透明度和广度，有助于加强政府与公众的互动和信任。

3. 优化政府管理流程

电子政务系统可以对政府管理流程进行优化和改进，加强政府机构之间的信息共享和协作，减少行政审批的时间和成本，提高政府决策和执行的效率和科学性。

4. 加强信息安全保障

电子政务系统需要对数据和信息进行安全管理和保护，这有助于加强政府信息安全的保障，防止信息泄露和网络攻击等问题的发生。

电子政务对于现代化政府建设来说具有非常重要的意义，可以推动政府管理和公共服务的现代化和智能化，促进政府与公民的互动和沟通，为实现经济社会发展和国家治理现代化奠定基础。

（四）大数据深度分析

在政府中，大数据分析是指通过大数据技术对政府财务数据进行深度分析，发现潜在的规律和趋势，从而为政府决策提供支持和参考。利用大数据分析，政府能够更加准确地了解公共财政的状况，发现和解决问题，提高财政管理的效率和水平。

随着信息技术的发展和大数据时代的到来，大数据分析在政府财务管理中的作用越来越重要。利用大数据分析，政府可以更加全面、深入地了解财政情况和运作规律，从而更好地制定财政政策和调控经济。

首先，大数据分析可以为政府提供更准确的财务数据。通过大数据分析，政府可以收集和整理各种财务数据，进行多维度、多层次的分析和比较，发现其中的规律和趋势，从而为政府决策提供更准确的数据支持。

其次，大数据分析可以帮助政府识别财务风险。政府在财务管理中面临着各种风险，如预算超支、财务诈骗等。通过大数据分析，政府可以对各种财务数据进行细致的分析，识别和预警财务风险，采取相应的措施进行风险防范和控制。

最后，大数据分析可以帮助政府优化财务资源配置。政府的财政资源有限，如何合理地配置财政资源，使其能够最大限度地满足社会需求，是政府财务管理的核心问题。通过大数据分析，政府可以了解各种财政项目的需求情况和效益，进行综合评估和比较，优化财政资源配置，提高财政资源利用效率和公共服务水平。

大数据分析在政府财务管理中的作用越来越重要，可以为政府提供准确的财务数据支持，帮助政府识别和预警财务风险，优化财务资源配置，提高财政管理效率和水平。

（五）人工智能使财务管理服务智能化、精细化

人工智能技术可以为政府提供更加智能化和精细化的财务管理服务。例如，利用自然语言处理技术进行语音识别和智能对话，可以提高政府机关的工作效率；利用机器学习技术对政府财务数据进行分析，可以提高财务管理的精确度和效率。

自然语言处理技术主要应用于语音识别和智能对话方面。在政府机关中，人们经常需要处理各种各样的文件和文件夹，以及进行会议和电话等沟通。自然语言处理技术可以通过语音识别，将语音转换成文本，从而提高政府机关的工作效率。此外，自然语言处理技术还可以实现智能对话，能够对公众提出的问题进行自动回答，减轻政府机关的工作压力。

机器学习技术主要应用于数据分析和预测方面。政府机关需要收集大量财务数据，并进行分析和预测。传统的方法需要人工进行数据处理和分析，效率低且容易出现错误。而机器学习技术可以通过算法自动处理和分析数据，发现数据之间的关系，预测潜在趋势和模式。这些分析结果可以为政府机关提供更加准确的决策支持，提高政府财务管理的精确度和效率。

人工智能技术在政府财务管理中的应用，可以为政府提供更加智能化和精细化的服务，提高工作效率和管理水平，同时对政府财政的可持续性和公共服务的质量有着重要的促进作用。

三、信息技术对政府会计与财政管理创新的推动

随着信息技术的飞速发展和普及，越来越多的政府机构开始意识到信息技术在政府会计与财政管理中的重要作用。信息技术不仅提高了政府财务数据的处理速度和准确度，还带来了许多创新性的财务管理方式和工具。

信息技术对政府会计与财政管理的创新主要包括以下几个方面。

（一）电子化办公和数字化会计处理

随着信息技术的发展，政府机构越来越多地采用电子化办公和数字化会计处理来提高工作效率和质量。其中，数字化会计处理对政府会计与财政管理的创新影响尤为显著。

首先，数字化会计处理可以加快会计信息的处理速度。采用数字化会计处理，政府机构可以将大量会计数据进行自动化处理和汇总，从而减少了烦琐的手工操作和重复性工作，提高了会计信息的处理效率。此外，数字化会计处理还可以通过实时更新会计信息的方式，让政府机构及时掌握财务状况，及时调整预算和决策。

其次，数字化会计处理可以提高会计信息的准确性和规范性。数字化会计处理可以有效避免人为因素带来的错误和失误，避免因为操作不当或信息遗漏导致的财务纠纷和风险。数字化会计处理还可以通过实时的财务信息披露，提高政府的透明度和公信力，保证了政府财务信息的准确性和规范性。

最后，数字化会计处理还可以降低人力成本。采用数字化会计处理，政府机构可以将大量人力资源从烦琐的手工操作中解放出来，减轻了财务人员的工作负担，同时减少了政府机构的人力成本。这为政府机构提高财务管理水平、优化财务资源配置提供了强有力的支撑。

数字化会计处理对政府会计与财政管理的创新影响深远。数字化会计处理不仅可以提高会计信息的处理速度、准确性和规范性，还可以降低人力成本。政府机构应该进一步加强数字化会计处理的建设，提升财务管理的现代化水平，为经济发展和社会稳定提供更好的支持和服务。

（二）数据采集与管理

政府机构利用信息技术手段进行财务数据的采集和管理，可以实现数据的集中化、规范化和精细化管理。政府能够更加及时地了解公共财政的状况，从而有针对性的进行财政管理和决策。

政府机构利用信息技术进行财务数据的采集和管理，主要体现在以下方面。

1. 数据集中化管理

政府机构可以采用信息技术手段，将分散在各个部门和单位的财务数据进行集中化管理。通过建立统一的财务数据平台，可以将政府的各类财务数据进行整合，使其形成一个完整的财务信息体系。

2. 数据规范化管理

政府机构可以通过信息技术手段对财务数据进行规范化管理，以提高数据的准确性和规范性。通过制定财务数据管理标准、完善数据采集和处理流程，可以保证财务数据的一致性和可比性，从而为政府决策提供可靠的数据支持。

3. 数据精细化管理

政府机构可以通过信息技术手段实现对财务数据的精细化管理。通过建立智能化财务分析模型，政府机构可以更加深入地分析财务数据，发现问题、优化财政资源配置、提高预算编制和执行水平等，从而提高政府财政管理的效率和水平。

以上三个方面的信息技术应用，都能够实现政府财务数据的全面数字化管理，提高数据的准确性和规范性，并为政府决策提供可靠的数据支持。这些创新性应用，能够使政府财政管理更加高效、精准、透明，从而有效地促进社会的可持续发展。

（三）云计算和区块链技术

政府机构采用云计算和区块链技术，可以实现财务数据的安全存储和共享，保障财务信息的安全性和透明度。同时，云计算和区块链技术还可以提高财务管理的效率和降低成本。例如，政府机构可以将财务数据存储在云服务器中，从而实现数据共享和远程访问，提高财务管理的灵活性和便捷性。

政府机构采用云计算和区块链技术，对于提升财务管理的效率和降低成本有着重要的作用。

1. 云计算技术在政府财务管理中的应用

云计算技术可以为政府机构提供高效的数据存储、处理和共享服务。政府机构可以将财务数据存储在云服务器中，从而实现数据共享和远程访问，提高财务管理的灵活性和便捷性。云计算技术还可以帮助政府机构实现财务数据的备份和恢复，保障财务数据的安全性和可靠性。

另外，云计算技术还可以帮助政府机构降低 IT 基础设施的投入和运维成本。政府机构不再需要建立大量服务器和数据中心，而是可以选择使用云服务器和云存储服务，按需购买和使用，减少了硬件设备的维护和更新成本，从而降低了财务管理的总体成本。

2. 区块链技术在政府财务管理中的应用

区块链技术可以帮助政府机构实现财务数据的安全存储和透明共享。区块链技术基于去中心化的数据存储和共享模式，保证了财务数据的安全性和可追溯性，防止数据被篡改和恶意攻击。政府机构可以将财务数据存储在区块链中，实现数据的共享和监管，提高了财务管理的透明度和公正性。

此外，区块链技术还可以帮助政府机构实现财务流程的自动化和智能化。通过智能合约，政府机构可以实现财务流程的自动执行和管理，减少了人为错误和失误，提高了财务管理的效率和准确度。

政府机构采用云计算和区块链技术可以实现财务数据的安全存储和共享，提高财务管理的效率和降低成本。同时，这些技术也可以为政府机构提供更加智能化、便捷化、透明化的财务管理服务，为政府决策提供更加精准的数据支持。

信息技术对政府会计与财政管理的创新，可以提高财政管理的精细化和智能化，实现财务数据的高效处理、准确分析和安全存储。这将有助于提高政府的财政管理效率和透明度，促进公共服务的提升和社会经济的发展。

四、信息技术在政府会计与财政管理中的实践案例

信息技术在政府会计与财政管理中的实践案例已经得到广泛应用，例如，政府部门采用数字化会计处理、电子化发票管理、云计算存储、区块链技术等方案，实现了财务数据的高效处理、安全存储和共享，提高了财务管理的效率和精准度。以下是一些具体的实践案例。

（一）我国财政部门数字化会计处理的实践案例

我国财政部门利用信息技术手段，实现了数字化会计处理，推广了电子化会计凭证和电子签章，并建立了全国统一的财务信息共享平台，实现了财务数据的实时、准确、高效处理，提高了财政管理的透明度和规范性。

我国财政部门利用信息技术手段在政府会计与财政管理领域的实践案例，充分体现了信息技术在现代化财政管理中的重要作用。

数字化会计处理是财政部门采用信息技术手段进行会计核算的一种方式。通过数字化会计处理，财政部门可以将传统的纸质会计凭证、账簿等文书化数据转换为电子数据，并采用计算机自动处理这些数据。数字化会计处理可以提高财务信息的准确性和规范性，减少人工操作中可能出现的错误和漏洞。

同时，财政部门推广了电子化会计凭证和电子签章，实现了财务数据的电子化处理。电子化会计凭证和电子签章可以代替传统的纸质会计凭证和手写签章，实现财务数据的数字化存储、传输和处理。这不仅可以提高财务数据的安全性和透明度，还可以降低成本，提高财政管理的效率。

为了更好地实现财务数据的共享和管理，财政部门建立了全国统一的财务信息共享平台。财务信息共享平台是一个基于云计算技术的系统，可以实现全国各地财政机构之间的财务数据共享和互通。通过财务信息共享平台，政府机构可以实现财务数据的实时、准确、高效处理，提高了财政管理的透明度和规范性。

我国财政部门利用信息技术手段在政府会计与财政管理领域进行的实践案例，充分展示了信息技术在现代化财政管理中的作用和优势。这也表明，信息技术将在未来继续发挥重要作用，促进政府机构的数字化、智能化和精细化管理。

（二）新加坡政府云计算存储的实践案例

新加坡政府采用云计算存储技术，将政府各部门的财务数据集中存储在云服务器中，实现了数据的共享和远程访问，提高了政府财务管理的效率和灵活性。同时，云计算存储技术能够保障财务数据的安全性和可靠性。

新加坡政府是全球大规模采用云计算存储技术的政府之一。政府采用云计算存储技术，将政府各部门的财务数据集中存储在云服务器中，实现了数据的共享和远程访问，从而提高了政府财务管理的效率和灵活性。这种做法不仅提高了政府数据管理的水平，而且能够大大降低政府的 IT 成本，提高财政运营效率。

云计算存储技术可以实现数据共享和远程访问，政府各部门的财务数据可以在云平台上快速存储、共享、备份和恢复，从而可以实现政府数据的实时管理和监控。政府采用云计算存储技术还可以保障财务数据的安全性和可靠性。政府采用云平台上的各种安全措施，如数据加密、多层安全防护、权限控制等，确保政府数据的安全性和完整性。与此同时，政府还可以利用云平台的高可用性来保障数据的可靠性和稳定性。

在新加坡政府的实践中，采用云计算存储技术还可以降低政府的 IT 成本。政府各部门可以通过云平台共享 IT 资源，从而避免了资源的重复采购和浪费，提高了政府 IT 资源的利用率。此外，政府采用云平台还可以实现自动化资源管理和监控，从而减少了对 IT 资源的人工管理和维护，进一步降低了政府的 IT 成本。

（三）韩国政府区块链技术应用的实践案例

韩国政府采用区块链技术实现了电子化发票管理，并建立了全国统一的电子发票平台。采用区块链技术能够保障发票的真实性和安全性，防止发票被伪造和篡改，提高了政府财务管理的透明度和精确度。

韩国政府在财政管理领域中采用区块链技术的电子化发票管理系统，是一种基于去中心化、分布式账本技术的全新发票管理方式。通过这种方式，政府能够将发票信息记录在区块链上，确保发票的真实性和安全性，有效地防止发票被伪造和篡改。同时，政府能够利用区块链技术实现全国范围内的发票数据共享，提高了政府财务管理的透明度和精确度。

具体来说，韩国政府的电子化发票管理系统利用了区块链技术中的"不可篡改性""去中心化"和"智能合约"等特点。其中，"不可篡改性"是指一旦发票信息被记录在区块链上，就不可能被篡改或删除，因为每个区块都包含前一个区块的信息，形成了一个不可逆的链式结构。这样就能够保障发票信息的真实性和安全性。"去中心化"则是指数据被存储在多个节点上，不存在单点故障，能够有效防止数据的丢失或损坏。"智能合约"则可以自动执行发票管理中的各项规则和条件，从而实现全自动化发票管理。

采用区块链技术实现电子化发票管理，可以有效地提高政府的财务管理效率和精确度。首先，政府能够实时获取发票信息，而不需要等待人工录入和处理。这大大缩短了财务信息的处理时间，提高了财务管理的效率。其次，采用区块链技术的电子化发票管理系统可以保障发票信息的真实性和安全性，从而提高了财务管理的准确度。最后，区块链技术能够实现数据的共享和透明，政府能够更好地了解公共财政的状况，从而进行针对性财政管理和决策。

韩国政府采用区块链技术实现了电子化发票管理，成功地应用了区块链技术的优势，保障了发票信息的真实性和安全性。这为其他国家和地区的政府在财务管理领域中应用区块链技术提供了有益的借鉴。

这些实践案例表明，信息技术在政府会计与财政管理中的应用能够提高财政管理的效率和精准度，同时也保障了财务数据的安全性和透明度。

信息技术在政府会计与财政管理中发挥着越来越重要的作用。通过数字化会计处理、大数据分析、人工智能技术、云计算存储和区块链技术等手段，政府能够更加高效、准确地管理和运用财政资源，提高财政管理的透明度和规范性，为社会经济的可持续发展提供有力的支持。随着技术的不断创新和发展，我们相信信息技术将在政府会计与财政管理中发挥越来越重要的作用，为构建数字化、智能化、高效化的财政管理体系贡献更多的力量。

第三节　全球化对政府会计和财政管理的影响

随着全球化的加速推进，政府会计和财政管理面临着新的挑战和机遇。全球化带来了贸易、资本流动、信息流动的大规模增长，加强了国际间的经济联系和互动。政府会计和财政管理必须适应全球化的新形势和变化，才能更好地服务于国家的经济发展和公共利益。在这种情况下，信息技术在政府会计和财政管理中的作用愈加重要，成为政府应对全球化挑战的重要工具。

一、全球化给政府会计和财政管理带来的挑战

随着全球化的深入发展，政府会计和财政管理面临着前所未有的挑战和机遇。全球化加速了经济全球化和国际贸易的发展，促进了国际间资金流动和投资活动，进一步增强了各国之间的经济联系和依存程度。同时，全球化也给政府会计和财政管理带来了一系列挑战和机遇，需要政府机构积极应对和适应。

（一）多元化的财务报告要求

随着全球经济的不断发展，政府的财务报告要求也变得更加多元化和复杂化。政府需要遵守不同的国际财务报告准则，以及国内和国际监管机构的规定和要求。这可能会导致政府需要花费更多的时间和资源来满足这些要求，并可能增加财务报告的错误率。

随着全球化的加速和国际金融体系的不断完善，各国政府在财务报告方面的要求变得更加多元化和复杂化。例如，国际上广泛使用的国际公共部门会计准则要求政府在财务报告中披露更多的信息，如债务、资产、负债和预算执行情况等。此外，监管机构对政府的财务报告也提出了更高的要求，包括公开透明、准确无误和符合法律法规等方面。

这些要求使政府需要花费更多的时间和资源来满足这些要求，因为政府需要确保其财务报告与国际标准保持一致，并符合各国的法规要求。在满足这些要求的过程中，政府需要加强财务报告内部控制，加强对财务报告的审计和审核，并不断改进和优化财务报告流程和制度，以确保财务报告的准确性和可靠性。

此外，政府需要考虑到国际金融体系的不断变化和调整，以及国际贸易和投资的不断增加，也为政府的财务报告带来了新的挑战和压力。政府需要在制定财务报告的同时，考虑到全球经济的变化和风险，做好预测和应对工作，以便及时调整政策和措施，确保政府财务的可持续性和稳定性。

（二）跨国资金流动的不确定性

随着全球化的不断深入，跨国资金流动的不确定性也在不断增加。政府需要面对来自不同国家和地区的跨国投资和跨境贸易，这使得财政预算和管理变得更加复杂。政府需要及时采取措施来避免财政风险和损失。

首先，政府需要加强对跨国投资和跨境贸易的监管，制定出相应的政策和规定，确保资金的安全流动。政府可以通过完善财政法规，规范跨境资金流动，加强对外汇市场的监管和管理，加强对外汇储备的管理，以及建立跨国投资和跨境贸易的风险管理体系来有效地避免财政风险和损失。

其次，政府需要加强对财政预算的规划和管理，制订出合理的预算和计划，及时掌握财政情况。政府可以通过制订全面、科学的财政预算计划，建立完善的财务信息公开制度，完善财政支出和资产管理制度，加强对政府债务的管理和控制等措施，实现对财政风险和损失的有效管理。

最后，政府还需要加强与国际组织和其他国家的合作和沟通，共同应对财政风险和挑战。政府可以通过加强与国际金融组织和其他国家的沟通和合作，共同研究和制定适应全球化发展的财政政策和措施，加强经验交流和信息共享，共同应对财政风险和挑战。

（三）信息安全和数据隐私问题

政府财务数据的管理和保护变得越来越重要，随着全球化的发展，政府需要面对来自不同国家和地区的网络攻击和数据泄露威胁。政府需要采取措施来保障财务数据的安全和保密，以防止敏感信息泄露。

随着全球化的发展，政府的财务数据管理和保护变得越来越重要。政府的财务数据包括预算、会计、财务、税务等多个方面，涉及政府的资产、负债、收入和支出等方面的敏感信息。同时，政府的财务数据也包含了很多涉及个人隐私的信息，如个人身份信息、财产信息等，因此需要特别保护。

在全球化的背景下，来自不同国家和地区的网络攻击和数据泄露威胁也越来越多。政府需要采取措施来保障财务数据的安全和保密，以防止敏感信息泄露。下面是一些措施。

1. 加强信息安全管理

政府需要加强对财务系统的信息安全管理，建立信息安全管理制度和流程。在系统开发、运维、数据备份等各个环节，都需要进行严格的安全措施和监控，确保信息的保密性、完整性和可用性。

2. 提高员工的安全意识

政府需要提高员工对信息安全的认识和重视程度，加强对员工的安全培训，提高员工对信息安全威胁的识别和应对能力。同时，政府需要加强对员工的管理，确保员工不会滥用财务数据或者泄露敏感信息。

3. 采用先进技术

政府需要采用先进的技术来保障财务数据的安全，如数据加密技术、防火墙技术、入侵检测技术等，确保财务数据不受网络攻击和数据泄露的威胁。

4. 建立应急预案

政府需要建立完备的应急预案，以应对各种信息安全事件和数据泄露风险。在应急预案中，政府需要明确各个责任部门和人员的职责和任务，以及事件的应对流程和时间节点。

5. 合规监管

政府需要遵守相关法律法规，制定信息安全标准和规范，加强监管和执法，确保各个相关方都能够遵守信息安全标准和规范。

政府财务数据的管理和保护是政府工作中非常重要的一环。政府需要采取多种措施来保障财务数据的安全，以防止财务风险和损失。

二、全球化给政府会计和财政管理带来的机遇

全球化加速了各国的经济联系和交流，同时加强了各国间的竞争。这对政府会计和财政管理提出了更高的要求，要求政府能够更好地管理公共财政和实现经济发展。

（一）财务数据的国际化共享

随着全球化的不断深入，政府之间的合作和交流也变得更加频繁和紧密。政府可以通过互相共享财务数据和信息，更好地了解全球经济的发展趋势和财务状况，为决策提供更全面和准确的数据支持。

政府之间的合作和交流对于全球化时代的财务管理至关重要。随着全球经济的不断发展，政府需要更好地了解全球经济的发展趋势和财务状况，以便更好地应对各种挑战和机遇。

政府可以通过共享财务数据和信息来实现这一目标。在全球化的背景下，政府之间的财务数据和信息已经不再是一个独立的信息系统，而是一个复杂的、互联的体系。因此，政府需要共享财务数据和信息，以便更好地了解其他国家和地区的财务状况，从而更好地制定政策和决策。

政府之间共享财务数据和信息还可以提高信息的准确性和可靠性。政府之间的数据交换可以防止数据的重复和错误，从而提高数据的准确性和可靠性。同时，共享数据可以帮助政府更好地了解全球经济发展的趋势和变化，以及不同国家和地区的经济状况和表现。

政府之间共享财务数据和信息也可以促进国际间的合作和交流。政府之间的信息共享可以增进互信和合作，为政府间的合作和交流提供更好的基础。此外，通过共享数据和信息，政府可以更好地了解其他国家和地区的立法和监管情况，从而更好地制定政策和决策，促进全球经济的稳定和可持续发展。

（二）提高财务管理的效率

全球化为政府提供了许多先进的信息技术，例如，大数据分析、人工智能、云计算和区块链技术等。政府可以利用这些技术，实现财务数据的自动化处理和实时监控，提高财务管理的效率和准确度。

首先，大数据分析技术可以帮助政府更好地了解全球经济的发展趋势和财务状况。政府可以通过收集和分析各种财务数据，包括税收、财政预算、债务、支出等方面的数据，从中挖掘出潜在的趋势和规律。例如，政府可以利用大数据分析技术，发现某一地区的税收收入增长迅速，可能意味着该地区的经济正在快速发展，政府可以加大对该地区的投资，促进当地经济的进一步发展。

其次，人工智能技术可以帮助政府实现财务数据的自动化处理和实时监控。政府可以利用人工智能技术开发出各种财务管理系统，如财务预算系统、财务审计系统等，实现对财务数据的自动化处理和管理。例如，政府可以利用人工智能技术开发出自动化财务审计系统，该系统可以通过对财务数据的分析和比对，自动发现潜在的问题和异常，从而帮助政府实现财务数据的实时监控和管理。

再次，云计算技术可以帮助政府实现财务数据的高效存储和共享。政府可以利用云计算技术建立云计算平台，将财务数据存储在云端，实现财务数据的高效管理和共享。例如，政府可以利用云计算平台建立在线财务报告系统，政府工作人员可以通过该系统随时随地访问和查看财务报告，从而提高工作效率。

最后，区块链技术可以帮助政府实现财务数据的安全和保密。政府可以利用区块链技术建立安全的财务数据存储和传输通道，确保财务数据不被篡改或泄露。例如，政府可以利用区块链技术建立安全的财务支付系统，政府可以通过该系统实现对各种财务支付的管理和监控，确保资金和财务数据的安全。

（三）推动财政改革和创新

全球化也为政府提供了更多的创新和改革机遇。政府可以借鉴其他国家和地区的财政管理经验，推进财政改革和创新，提高财政管理的水平和质量。例如，政府可以学习其他国家的公共财政管理模式，提高政府财政管理的透明度和公正性。同时，政府可以借鉴其他国家和地区的先进技术，如人工智能、云计算、大数据等，推进财政信息化建设，提高财政管理的精确度和效率。此外，政府还可以通过开展财政创新活动，如金融创新和财税改革等，推动财政管理体制和机制的创新，适应全球化进程中不断变化的财政需求和挑战。

在全球化背景下，政府需要更好地管理公共财政，保障资金的有效配置和使用，提高公共财政的透明度和有效性。政府需要制定更加科学和灵活的预算管理和资金管理制度，确保公共财政的有效运转和合理分配，避免浪费和滥用公共财政权力。同时，政府需要对公共财政进行更加细致的监督和管理，确保公共财政的安全和合法性，防止贪污和腐败等问题的发生。

此外，在全球化的竞争中，政府需要更加积极地推动经济发展，提高国家竞争力。政府需要在财政管理方面加强科技创新和信息化建设，提高财政管理的效率和准确性，从而更好地支持经济发展和竞争。同时，政府需要加强与国际组织和其他国家的合作，共同应对全球化带来的挑战和机遇，推动全球财政治理体系的发展和完善。

全球化为政府会计和财政管理带来了挑战和机遇，需要政府通过加强监管和管理、推进科技创新和信息化建设等手段，更好地应对全球化带来的影响。同时，政府也需要加强合作和沟通，共同推动全球财政治理体系的发展和完善，实现更加公平、稳定和可持续的全球经济发展。

三、全球化对政府会计和财政管理带来的风险和应对措施

全球化对政府会计和财政管理带来了诸多挑战，其中包括风险方面的问题。政府需要制定相应的应对措施来规避风险，确保财政管理的稳定和可持续性。

（一）全球化对政府会计和财政管理带来的风险

全球化对政府会计和财政管理带来了一系列风险和挑战。随着国际贸易和投资的增加，政府面临着更复杂、更多样化的财务管理问题。此外，全球化还使得政府面临着来自外部环境和内部制度的不确定性和变动性，这些都会给政府财政管理带来风险。因此，政府需要采取一系列应对措施，以应对全球化对政府会计和财政管理带来的风险。

全球化对政府会计和财政管理带来的风险包括以下几个方面。

1. 国际金融危机的影响

全球化给政府会计和财政管理带来了许多风险，其中最为突出的就是金融风险。在国际金融市场的相互关联中，一国的金融风险可能会传递到其他国家，给全球经济带来负面影响。此外，国际金融危机可能对政府的财政收入和支出产生重大影响，从而导致财政赤字和债务危机等问题。

首先，金融风险对政府的财政收入产生影响。由于全球化的影响，国际金融市场的波动性增加，一国的金融危机可能导致全球经济的衰退。在这种情况下，政府的税收收入可能会减少，而政府的支出却不会减少，从而导致财政赤字的出现。

其次，金融风险对政府的债务管理产生影响。国际金融危机可能导致政府财政支出增加，从而需要增加借款来支持支出。这可能会导致政府债务的增加，从而加重政府的债务负担。此外，金融市场的波动性也可能导致政府债券的利率波动，进而影响政府的债务服务成本。

最后，全球化也可能会导致政府财政管理的透明度降低。由于国际金融市场的相互

关联，跨国公司和个人可能会通过税收优惠和避税手段来降低财务成本，从而减少对政府税收的贡献。在这种情况下，政府可能需要加强税收管理和合作来保障财政收入。

2. 跨国公司的税收筹划

全球化的发展使得跨国公司可以在多个国家开展业务活动，这为其带来了更多的商机和利润。然而，由于各国的税收制度和税率存在差异，跨国公司可以通过在不同国家进行税收筹划，从而在最大限度上避免或减少税收的支付，导致政府的财政收入减少。

跨国公司可以通过将收入转移至税率低的国家或地区，将利润最大化。此外，跨国公司还可以通过在不同国家注册不同子公司，以及将知识产权和技术等资产转移到税率较低的国家，降低税收负担。这些行为可能导致跨国公司在某些国家的营业收入相对较低，税收贡献也相应降低，进而影响政府的财政收入。

此外，跨国公司的税收筹划还可能引起跨国税收争端。在跨国公司的税收筹划中，它们可能采取一些合法的行为来降低税收负担，但这些行为在某些国家却被认为是不道德的甚至是非法的。一些国家可能会采取单边的措施来解决跨国税收问题，例如加强税务监管和征收，但这可能导致其他国家做出类似的反应，进而导致跨国税收争端的升级。

3. 财务诈骗和腐败

随着全球化的加速推进，跨境交易和资金流动不断增加，给财务诈骗和腐败行为带来了更大的风险。一些企业和个人可能会利用跨境交易的便利性进行非法活动，如逃税、洗钱、偷税漏税等。此外，一些跨国公司还可能利用不同国家税收政策的差异进行税收避免或规避，从而损害政府的财政利益。

4. 数字化转型带来的安全风险

随着数字化转型的加速推进，政府财务管理系统的信息化程度不断提高，这不仅为政府财务管理带来了便利和效率的提升，也为数据的安全性和保护带来了新的挑战。在数字化转型过程中，政府财务管理系统的信息化程度不断提高，大量敏感的财务数据被储存在电脑系统里面，这就意味着，一旦系统遭受到黑客攻击或数据泄露，政府的财务数据和信息都会受到威胁，可能导致重大的财务损失和安全风险。特别是政府财务管理系统的安全问题，一旦遭遇黑客攻击或者数据泄露，将对社会治理、公共安全等方面造成极大的影响。

（二）全球化对政府会计和财政管理带来的风险的应对措施

随着全球化进程的不断加速，政府会计和财政管理面临越来越多的风险和挑战。全球化带来的政治、经济、文化等多方面的影响，可能会对政府会计和财政管理的稳定性、透明度和有效性造成一定的影响。因此，政府需要采取一系列措施来应对这些风险，确保政府会计和财政管理的正常运行和发展。

针对全球化对政府会计和财政管理带来的风险，政府可以采取以下应对措施。

1. 建立风险管理机制

政府应建立一套完整的风险管理机制，包括风险识别、评估、监控和控制等方面，以应对全球化带来的各种风险。

为了应对全球化带来的各种风险，政府需要建立一套完整的风险管理机制。这个机制应该包括以下几个方面。

（1）风险识别。政府应该对可能影响财政收入和支出的各种风险进行识别和评估。这包括全球经济和金融形势、国内外市场变化、政策变化等方面的风险。通过对这些风险的识别和分析，政府可以更好地做出应对措施的准备。

（2）风险评估。政府需要对各种风险进行评估，确定其可能对财政收支带来的影响。评估过程应该考虑风险的概率、影响范围和严重程度等因素，以便制定相应的应对策略。

（3）风险监控。政府应该对各种风险进行监控和跟踪，及时发现和预警可能出现的风险。这可以通过建立风险监测系统和风险预警机制来实现。

（4）风险控制。政府需要采取有效的措施控制各种风险。控制措施可以包括加强监管和执法力度、完善税收政策和制度、提高风险意识和防范能力等方面。

此外，政府还应该注重信息安全和网络安全，加强对财务管理系统的保护和监管，防止数据泄露和黑客攻击等问题的发生。

政府应该建立一套完整的风险管理机制，不断完善和加强财政管理体系，以应对全球化带来的各种风险和挑战。

2. 加强监管和合规管理

应对全球化带来的财政管理风险，政府需要加强对财政管理的监管和合规管理。首先，政府应该建立起一套完整的监管机制，包括监督、审计、评估等各个方面，以确保政府的财政管理行为符合法律法规和规范要求。政府应该建立严格的财政管理制度和规章制度，加强对政府财政管理各个环节的监督和检查，及时发现和纠正违规行为。

其次，政府应该提升财政管理的透明度和公开度，保障财政管理的合法性和规范性。政府应该通过信息公开、预算公开等措施，让公众了解政府财政管理的情况，避免财政管理行为被滥用或滋生腐败。政府还应该建立健全的反腐败机制，打击各种腐败行为，维护财政管理的纯洁性和廉洁性。

最后，政府应该提高财政管理人员的专业素质和道德水平，加强财政管理人员的管理和培训，建立财政管理人员的激励和约束机制，鼓励财政管理人员遵守职业道德和规范要求，提高财政管理的效率和质量。

3. 完善法律法规

为了适应全球化对政府财政管理的挑战，政府需要及时制定和修订财政管理的相关法律法规和政策，以适应不断变化的国际和国内环境。包括加强对跨境交易、跨国投资和国际税收等方面的法律法规监管，防范财务诈骗和腐败等风险，保护政府和纳税人的利益。

同时，政府应当根据全球化趋势，调整和优化财政管理政策，提高政策的适应性和灵活性。例如，政府可以根据国际经济形势和本国实际情况，合理确定财政收支计划和政策，避免财政赤字和债务风险。此外，政府还可以根据国际贸易和投资的发展，制定和优化国际税收政策，吸引外商投资，促进经济发展。

在制定和调整政策的过程中，政府应该广泛征求各方面的意见和建议，包括专业机构、企业和公众等，确保政策的科学性和合理性。政府还应该加强与国际组织的合作，共同推进全球化的财政管理改革和创新，提高全球财政管理的水平和效率。

4. 加强信息技术应用

随着信息技术的不断发展和普及，政府财务管理系统的信息化程度也不断提高。信息化不仅可以提高财务管理的效率和准确性，还可以增加财务数据的安全性和可靠性，为政府决策提供更加准确、及时的财务信息支持。然而，随着全球化的深入发展，政府财务管理系统也面临着越来越多的信息安全威胁。

首先，政府应加强信息技术的应用和创新。政府应积极推进数字化转型，加强财务信息化建设，利用先进的信息技术手段提高财务管理的效率和准确性。例如，可以通过区块链技术等手段，实现财务数据的安全存储和传输，避免数据被篡改和丢失等问题。同时，政府也应注重信息技术的创新，开发新的财务管理系统和工具，提高财务信息处理和分析的能力，为政府决策提供更加精准的支持。

其次，政府应采取有效的信息安全措施，保障财政数据的安全性和可靠性。政府应建立健全的信息安全管理机制，采取严格的数据保护措施，防止财务数据泄露、丢失等安全问题的发生。例如，政府可以加强网络安全监测和防护，建立完善的备份和恢复机制，加强对系统和数据的访问权限控制等。

最后，政府应加强信息安全意识教育和培训，提高全体员工的信息安全意识和技能水平。政府应定期开展信息安全培训和演练活动，加强员工对信息安全风险的认知和防范意识，提高员工处理敏感数据的技能和能力。同时，政府应加强对承包商和服务供应商的信息安全管理，确保其符合信息安全管理的要求和标准。

5. 加强国际合作

随着全球化的深入发展，各国之间的财政管理互动日益增加。政府应加强与其他国家和地区的财政管理交流和合作，借鉴和吸取其他国家的经验和做法，提高财政管理的水平和质量。这有利于弥补自身在财政管理领域的不足，提升政府的财政管理水平，从而更好地适应全球化的趋势和需求。

首先，政府可以加强国际合作，与其他国家和地区的财政管理机构建立长期、稳定的合作关系，共同推进财政管理的创新和改革。在此过程中，政府可以借鉴其他国家的先进经验和成功做法，探索适合本国国情的财政管理模式。例如，日本的"税务官学校"制度，可以提高税务系统的人才素质和专业技能；美国的财政预算制度，可以加强财政预算的科学性和可行性。

其次，政府可以积极参与国际组织和机构的合作与交流活动，了解全球财政管理的最新动态和趋势，掌握国际财政管理的规范和标准。例如，可以参加国际货币基金组织和世界银行等国际组织举办的财政管理研讨会和培训课程，与国际专家和学者进行深入的交流和探讨，提高财政管理的专业素养和能力。

最后，政府还可以加强区域合作，与周边国家和地区的财政管理机构建立密切的合作关系，共同应对跨国财政风险和挑战。例如，可以与东盟国家共同推进财政管理的创新和改革，建立起财政管理机构之间的沟通渠道和协作机制，促进财政管理的标准化和规范化。

政府应采取多种措施，综合应对全球化对政府会计和财政管理带来的各种风险，以保障财政管理的安全、稳定和健康发展。

四、全球化给政府会计和财政管理带来的合作与竞争关系

全球化对政府会计和财政管理带来了复杂的合作与竞争关系。一方面，各国政府在面对全球化带来的风险和挑战时需要加强合作，共同应对全球性问题；另一方面，各国政府也需要在全球化的竞争中提升自身的竞争力和地位。因此，全球化既促进了政府会计和财政管理的合作，也带来了新的竞争机遇和挑战。

全球化对政府会计和财政管理既带来了合作机会，又增加了竞争压力。全球化促进了国际间的贸易、资本流动和信息传递，政府会计和财政管理的合作也因此日益增加。然而，全球化也使得各国政府在财政方面更加直接地竞争和比较，例如通过减税、贸易政策和外商投资政策等手段来吸引投资和促进经济发展，同时也会争夺全球经济体系的主导地位。以下是详细的说明。

（一）合作方面

全球化促进了国际贸易和投资，为政府之间的会计和财政管理合作提供了机会。政府之间可以通过相互协调和合作来减少财务风险，提高财政效率，共同解决跨国企业的税收和财务管理问题。例如，国际货币基金组织等国际机构就是为了促进全球经济稳定和财政管理合作而设立的。

在全球化背景下，政府之间的会计和财政管理合作可以通过多种方式实现。其中，国际财务合作机制是最为重要的一种方式。各国政府可以通过国际组织、双边协议、多边协议等形式，加强财务管理的合作，共同解决国际贸易和投资中的财务问题。

例如，联合国经济及社会理事会（ECOSOC）是一个旨在加强各国财政合作的机构。ECOSOC致力于促进经济增长、社会进步和环境可持续发展，通过在全球范围内开展研究、制定政策和推进国际合作等活动，为政府之间的财务管理合作提供了平台。

此外，政府之间还可以通过税收信息交换、共同打击逃税等方式来加强合作。例如，各国政府可以签署双边税收协议，共同打击跨国企业的逃税行为，保护各国财政利

益。

全球化既带来了政府之间的财务管理合作机会，也带来了财务管理竞争挑战。政府需要充分利用合作机会，加强信息共享和资源整合，同时也需要积极应对竞争挑战，创新财务管理模式，提高财务管理的水平和质量。

（二）竞争方面

全球化也带来了财政竞争和比较。各国政府在财政政策方面直接竞争，通过减税、贸易政策和外商投资政策等手段来吸引投资和促进经济发展，同时会争夺全球经济体系的主导地位。此外，全球化也使得各国政府在财务管理方面更加直接地竞争和比较。例如，各国政府会比较自己的国家信用评级、政府财务状况、财政透明度等指标，来吸引国际投资和提高国际竞争力。

同时，政府之间也会进行财务管理模式的竞争。一些国家会通过创新财务管理模式，提高财务管理效率，增强国际竞争力。例如，一些国家在财务信息化方面处于领先地位，通过高效的信息系统和数据分析技术来实现财务管理的自动化和数字化，提高了财务管理的效率和准确性。

全球化带来的财政竞争和比较不仅会对各国政府产生直接影响，还可能引发一些财政问题和政治问题。

一方面，财政竞争可能导致各国政府之间的税收压力加大和财政收入下降。为了吸引外商投资和促进经济发展，一些国家可能会通过减税和税收优惠等方式来降低企业的税负，但这也可能导致政府财政收入下降，进而影响到政府的公共服务能力和社会福利水平。

另一方面，财政比较可能引起国际政治争端。一些国家可能会通过对其他国家的财政政策进行比较和评价，来凸显自己的财政优势和国际竞争力。这可能会引发其他国家的不满和抵制，从而导致贸易战或政治冲突等问题。

针对这些问题，政府可以通过加强国际合作和制定国际财政管理规则等方式来缓解财政竞争和比较带来的影响。例如，各国政府可以通过经济合作与发展组织（OECD）等国际机构来共同打击跨国企业的税收逃避行为，加强全球税收治理。此外，政府也可以通过加强信息透明度和公开度，提高财政管理的透明度和可持续性，来减少财政竞争和比较带来的负面影响。

全球化既带来了合作的机会，也增加了竞争压力。政府在面对全球化时应当积极应对，加强国际合作，共同应对全球性财务风险，同时也应当在自身财务管理方面加强规范化、透明化和创新化，提高自身的国际竞争力。

五、全球化对政府会计和财政管理的透明度要求

随着全球化的深入推进，政府会计和财政管理的透明度问题越来越受到关注。全球化使得政府之间的经济联系越来越紧密，各国政府对财政状况和会计信息的透明度要求

也越来越高。在这种背景下,政府需要积极采取措施来提高财政管理的透明度,满足国内和国际社会对财政信息公开和透明的需求,进一步提升政府的信誉和形象。

全球化对政府会计和财政管理提出了更高的透明度要求。随着全球经济的发展和贸易的增加,国际投资和跨境贸易的规模也在不断扩大,各国政府之间的财政往来和合作也日益频繁。在这种情况下,政府会计和财政管理的透明度对于促进国际贸易、吸引国际投资、维护国际金融秩序等方面都具有重要意义。

首先,全球化要求政府会计和财政管理更加透明,使各国政府能够更好地了解和监管国际贸易和投资情况。透明度是信息公开的基础,只有政府会计和财政管理具有透明度,各国政府才能够更加准确地了解国际贸易和投资的真实情况。例如,如果一个国家的政府会计和财政管理不够透明,其他国家的投资者可能无法了解该国的真实财务状况,从而导致投资决策出现误判。

其次,全球化要求政府会计和财政管理更加透明,有助于提高各国政府的财政责任感和诚信度。在全球化的背景下,国际社会越来越注重各国政府的诚信度和透明度。如果一个国家的政府会计和财政管理不够透明,就会影响到该国政府的形象和信誉度,可能会导致国际投资者和贸易伙伴的流失,从而对该国的经济发展产生负面影响。

最后,全球化要求政府会计和财政管理更加透明,有助于促进各国政府之间的合作和协调。各国政府之间的财政往来和合作需要建立在透明度的基础之上,只有政府会计和财政管理具有透明度,各国政府才能够相互了解和信任,从而更好地开展合作和协调。例如,在应对全球金融危机时,各国政府需要进行紧密的合作和协调,而透明度则是保障合作和协调的基础。

在全球化的背景下,政府会计和财政管理的未来发展呈现出多样化、数字化、透明化和国际化等特征。政府会计和财政管理的数字化转型、信息化建设和透明度要求将成为未来发展的重要趋势。政府需要加强监管和规范,提高政府财务管理的透明度和公开度,加强信息技术的应用和创新,推进数字化转型,建立风险管理机制,加强国际合作和交流。只有这样,政府会计和财政管理才能更好地适应全球化的要求,促进经济发展和社会进步。

参考文献

[1] 陈小悦,陈立奇.政府预算与会计改革:中国与西方国家的模式[M].北京:中信出版社,2002.

[2] 李建发.政府财务报告研究[M].厦门:厦门大学出版社,2006.

[3] 杨发勇,瞿曲.试论公共财政与政府会计的关系[J].武汉大学学报(哲学社会科学版),2005(1):110-115.

[4] 王雍君.政府预算会计问题研究[M].北京:经济科学出版社,2004.

[5] 中国注册会计师协会.会计[M].北京:经济科学出版社,2007.

[6] 赵月,张黎,王娟.新准则中所得税问题的解析[J].商场现代化,2007(12):371-372.

[7] 黄丽湘.对新会计准则所得税的几点思考[J].企业家天地下半月刊(理论版),2007(3):92-93.

[8] 汪俊秀.我国新旧所得税会计准则的比较研究[J].铜陵学院学报,2007(1):35-37.

[9] 李勇,许辞寒.资产负债观&收入费用观:以国际上对所得税的会计处理方法为例[J].会计师,2005(8):50-54.

[10] 李丽娟.基于新会计准则的上市公司会计信息披露改进探讨[J].商场现代化,2007(11):329-330.

[11] 张清玉.刍议收益计量的资产负债观和收入费用观[J].经济师,2007(2):135-136.

[12] 马海涛,肖鹏.借力预算管理一体化 提升财政管理水平[J].行政管理改革,2022(8):30-37.

[13] 周宇娇.关于财政系统预算管理一体化的几点思考[J].中国产经,2021(20):176-177.

[14] 刘用铨.政府会计"资金结存"科目核算解析[J].商业会计,2022(5):41-43.

[15] 陈美娟.浅谈国库集中支付制度与行政事业单位内部控制[J].现代经济信息,2015(3):50-51.

[16] 李翔.浅谈行政事业单位国库集中支付制度[J].湖南水利水电,2014(5):56-57.

[17] 哈成华.浅谈行政事业单位国库集中支付制度[J].行政事业资产与财务,2014(15):69-70.